황숙 제2수상록

가을꽃에 내린 은총

소소리

가을꽃에 내린 은총

황숙 제2수상록

1판 1쇄 인쇄/ 2024년 7월 15일
1판 1쇄 발행/ 2024년 7월 20일

지은이 / 황　숙
펴낸이 / 우희정
펴낸곳 / 도서출판 소소리

등록 / 제300-2007-21호
주소 / 03073 서울 종로구 성균관로 5길 39-16
전화 / 765-5663, 010-4265-5663
e-mail: sosori39@hanmail.net

값 15,000 원

*잘못된 책은 바꿔드립니다.

ISBN 979-11-5891-204- 8　　03810

가을꽃에 내린 은총

황숙 제2수상록

소소리

책머리에

우리 세대는 복 받은 세대임을 철이 들어가며 깨닫습니다. 나라 잃은 슬픔과 한국전쟁과 극심한 가난도 비켜갔지요. 부끄럽게도 저는 우리 세대의 과제였던 산업화와 민주화에는 한 일이 없습니다. 그리고 꽃길만 걸었습니다. 모든 분들의 덕입니다. 꽃길에도 돌멩이와 자갈은 있었지요. 진땅과 마른 땅도 있었고요. 그러나 꽃을 보면 그러한 것들은 눈에 띄지 않습니다.

『보랏빛 예찬』에 이어 그간 써 왔던 글을 엮어 제2수상집 『가을꽃에 내린 은총』을 독자 여러분께 올립니다. 등단 이후 긴 세월에 걸친 글을 편집의 편의를 도모하다보니 시간적 순서가 어그러졌습니다.

회상하여 기억하는 것은 과거에 머물러 있으려 하는 게 아니라 인생의 여정에 나를 사랑하시는 신께서 함께 하셨음을 감사하고 그 감격을 잊지 않기 위해서입니다. 기억은 과거의 사건이 아니고 과거를 견주어 현재를 살아갈 수 있으며 미래에 대한 든든한 확신이기 때문입니다.

꽃자리를 마련해 주신 부모님. 지금까지 함께 해주셔서 한없이 고맙습니다. 올해 맞이하시는 구순 잔치 상에 이 작은 책을 올립니다.

독자 여러분과 꽃길에서 만나 함께 걷고 싶습니다. 아울러 소소리사 우희정 사장님, 문학시대수필가회 윤수영 선생님께 깊은 고마움을 표합니다.

2024년 7월 은혜에 감사드리며

황숙

1. 꽃길, 꽃자리

2. 보배이야기

3. 그리움, 따뜻함

4. 내가 사랑한 세상

1.

꽃길, 꽃자리

꽃길, 꽃자리

초등학교 때 그린 그림이 지금도 눈에 선하다. 야트막한 구릉 위에 앞으로는 개천이 흐르고 선망의 대상이었던 서양식의 하얀 집에 잔디가 깔리고 꽃밭이 있는. 왜 그런 그림을 그렸을까? 그런 풍광을 좋아했을까? 내 의식의 저변을 알 수 없다. 다만 삼십대에 우연하게 그 풍경의 유화를 발견하고 인간의 보편적인 심성인가 하고 놀란 적이 있다. 그리고 사십대에는 그런 장소를 발견했다. 아직 내 어릴 적 풍경화 속의 집을 짓지는 않았지만 장소만큼은 그곳이다. 그리고 이웃들이 이쁜 집을 지어서 풍경화는 완성되어가고 있다.

내가 먼 훗날, 가장 그리워할, 가슴 저리게 행복한 추억으로 기억할 곳을 꼽으라면 단연 이곳일 것이다. 이곳은 그냥 '좋아서' 택한 곳이다. 나는 이곳의 이름을 '봄뜨락'이라고 지었다. 담헌 선생의 당호 '봄이 머무르는 둔덕(留春塢)'과 비슷하게. 그분의 들메끈도 풀 능력이 없지만….

눈을 감고 이곳에 이르는 동안 피는 꽃들을 헤아리며 꽃길 여행을 하곤 한다. 출발은 삼천동에 있는 전주박물관에서 시작한다. 박물관이 우리의 정신사와 문명사의 태 자리라는 사실을 부연하는 것은 새삼스러운 일. 나는 박물관을 사랑한다. 어느 곳을 여행하든지 그 지역의 박물관을 찾는다. 전주박물관 앞에서 바라보는 효자, 삼천동 과수원의 꽃들, 배꽃도 좋고 복숭아꽃도 좋다. 들판이 하얗고 연분홍이 되면 나는 덩달아 부풀어 오른다. '삼천동에 내리는 가는 비'가 '완산승경'의 하나가 된 이유를 굳이 밝혀야 될까. 삼천동 일대에 가는 비가 내리는 날, 이화, 도화 꽃잎에 맺힐 물방울을 눈에 그려보자.

박물관 앞길은 유명한 국도 1호. 목포에서 신의주까지 달리는 유서 깊은 길이고 120여 년 전에는 동학혁명 부대가 전주성을 향해 달리던 쑥고개길이다. 이 도로는 눈이 쉴 새 없이 꽃을 쫓게 만든다. 박물관을 막 지나 외곽도로로 향하는 삼거리에 오면 산을 깎은 도로의 벽에 등꽃이 핀다. 암벽을 오르듯 대롱대롱 매달려 있다. 보랏빛 등꽃의 향내를 코와 가슴으로 맡는다. 꽃봉오리가 두 배 이상 큰데 향기가 없던 베이징의 등꽃이 기억되면서 갑작스럽게 애국심이 발동한다.

이 도로 부근은 나무와 꽃을 파는 농원들도 많다. 무장무장 꽃을 피우는 그것들을 보며 어디로 팔려 나가든 디아스포라의 삶이 충실하기를 기원한다.

이제 김제시에 들어왔다. 금천저수지 못미처 몇 가호 인가가 있는 곳에는 매화나무가 줄지어 서 있다. 청매와 홍매가 필 무렵은 늘 '매화는 일생 추워도 향기를 팔지 않는다.(梅一生寒不賣香)'는 구절을 뇌이며 지난다. 어떻게 살아야 매화를 잘 피우는 삶인가, 이 시대에 팔지 말아야 할 매화의 향은 무엇인가? 상념에 휩싸이다 보면 봄날은 간다.

김제시의 특화 사업 중의 하나가 금만평야 길에 코스모스를 가꾸는 일이다. 작은 혜택이 내가 다니는 길에도 주어졌다. 길지는 않아도 비교적 잘 가꾸어진 코스모스 길에서 나는 사진을 찍고야 이 길을 지난다. 인생의 통과의례는 거창하지 않아도 좋다. 해마다 맞는 코스모스 길을 달리면 나는 가녀린 허리를 하늘거리며 걷던 우리 교회 ㅇ권사님을 떠올린다. 신의 속성에는 여러 가지가 있지만 '질서'의 하나님을 강조하시던 그분을 기억하면서 그리움에 젖어 아련히 먼 하늘을 바라본다.

길은 길로 이어져 장소를 있게 하며 장소는 우리의 특별한 기억과 의미를 기록한다. 다시 길을 따라가면 금구면 소재지에 다다른다. 초등학교를 지나 조금만 굽어 가면 금구향교가 있다. 여느 시골 동네가 그렇듯 조그만 가게들이 있는데 그 언저리에 향교로 들어가는 작은 골목이 있다. 눈에 띄기도 쉽지 않은 후미지고 낡은 길이다. 하지만 그 골목길에 들어서는 순간, 무언가 알 수 없는 힘에 압도당하는 자신을 발견하게 될 것이다. 좁은 골목길 양편에 서 늘어서 있는 ○○○선정비, ○○○공적비들.

화강암의 표면이 카스테라 껍데기처럼 벗겨질 듯하고 둔탁한 비석의 갓이 마모되어 두루뭉실하며 기단석은 예외 없이 새로 보수한 흔적이 역력한 이 영세불망비들. 세월을 증거하고 자신의 존재 의의를 웅변하며 서 있다. 비석의 주인공과 이 지역민들의 모습과 이곳 금구현의 장소성을 그려볼 수 있는 이들 가운데서 문득, 반가운 이를 발견한다. '관찰사 이(李)공 서구(書九) 영세불망비' 임오년 삼월. 이서구는 40대 초반과 60대 후반에 걸쳐 전라감사직을 두 번이나 역임했던 인물이다. 지혜와 경륜을 갖춘 목민관, 이서구에 대한 이 지방 사람들의 사랑을 보여주는 선정비가 작은 금구현 향교에 세워진 사실이 새삼스레 놀랍고 반갑다. 선정비나 공적비의 순수성이 의심되는 경우도 있으나 적어도 이서구 관찰사는 진정으로 세운 인물이라고 믿어진다.

이 부근의 낮은 담장을 기웃거리며 꽃밭을 구경하는 것은 또 다른 묘미다. 휘늘어진 노송 아래 배롱나무, 수국, 족두리꽃, 봉숭아, 분꽃 등 예전에 보던 꽃들이 더 정겨운 것은 지난 시절의 추억 때문이리라. 대문의 기둥을 감고 올라가며 꽃을 피우는 능소화는 고혹적이다. 다시 길을 가면 선암저수지가 나온다. 물안개 젖은 주위의 나뭇잎을 보는 것도 그윽한 풍광이지만 누군가의 집 곁에서 크게 자란 백목련들은 저수지의 물결에 꽃잎을 나부끼며 서 있다. 눈이 부시다. 물결에 흔들리는 꽃잎을 보면 '무릉도원'의 이미지가 떠오른다. 길은 하나로 모아지고 '선암리'라는 지명이 주는 느낌이 그렇고 지난 이십여 년 간 겪은 그곳의 추억이 아련하기 때문이리라.

가까이 혹은 멀리 앉은 산자락의 벚꽃들이 신록과 어울려 펼쳐진 양탄자. 이때쯤이면 들판의 조팝나무 향이 먼저 달려오고 눈이 닿는 곳마다 꽃 천지. '고향의 봄' 노래가 절로 흘러나온다. 집집마다 고샅마다 그 고운 빛깔이 어디서 나오는지.

내 가난한 꽃밭에도 잔치가 벌어졌다. 친구가 준 백합 20여 종과 글라디올러스 7종을 화분과 꽃밭에 심었다. 알뿌리를 봉지에 담아 일일이 백합의 이름을 써 붙여서 보낸 친구의 정성에 나는 말을 잃었다. 그리고 내 마음은 이미 꽃자리가 되었다.

유기질 비료를 섞은 고운 흙에 간격을 맞춰 심고 싹이 나기를, 쑥쑥 솟는 백합 모종에 놀라는 나날에, 호기심, 기대감, 설렘에 푹 빠져서 지냈다. 그리고 꽃이 피는 순서대로 사진을 찍어 기록해두었다.

담헌 홍대용 선생은 생명의 생성과 전개에 불, 물, 흙이 필수적이며 이 중 흙은 '만물의 모체요, 생의 근본'이라고 보았다. 흙은 '비단으로도 족히 그 아름다움에 겨룰 수 없고, 구슬로도 족히 그 깨끗함에 비길 수 없는', '참으로 아름답고 참으로 깨끗한 것'이라고 썼다. 따뜻하고 윤택함이 흙보다 더 귀한 것은 없다는 것이다. 그렇다. 흙은, 대지는 모든 것을 다 품어 생명을 키운다. 만물을 품어 안을 만큼 땅은 위대하다. 땅은 여성에 비유하고 하늘은 남성에 비유한다. 하늘과 땅을 높고 낮음으로 구분하는 것은 단세포적인 발상이다. 내게 '소지(素地)'라는 호를 지어준 분에게 감사의 마음을 전하지 않을 수 없다.

과연 알뿌리를 흙에 꽂아두었을 뿐인데 하나하나에서 어찌 그런 다양한 색과 모양의 꽃을 피워내는지, 백합은 종류마다 내 작은 뜰에 오신 귀부인이었다. 글라디올러스도 일곱 색의 무지개인 양 붉은 자주, 주홍, 노랑, 연노랑, 분홍, 보라색의 꽃을 피워주었다. 꽃을 보고 있으면 무아지경에 빠져 버린다.

말할 수 없이 생명력이 강한 우리 집. 뭐든 심으면 잘 자라고 심지 않아도 잘 나는 곳. 그래서 치유의 땅이다. 늘 봄날인 우리 집 '봄뜨락'은 꽃자리, 풀자리. 나는 이곳에서 민중이 왜 '민초'라는 이름으로 불리는지, 지방자치가 '풀뿌리 민주주의' 인지를 온몸으로 배웠다. 그러나 그 극성맞은 풀도 세대교체를 하는 지혜가 있었다. 올 때와 떠날 때를 밝히 알고 있었던 것이다. 초봄, 묵은 삭정이를 떨어뜨리는 나뭇가지들은 보다 실한 줄기를 위해 자신은 스스로를 포기하는 듯하였다.

농민이 대부분이었던 우리 조상들이 지식은 없었어도 지혜가 빛났던 것은 자연을 스승으로 모셨기 때문이었다. 죽은 듯 보이는 고목에서도 꽃을 피워내는, 곁가지에서도 꽃을 피워 향기를 발하고 열매까지 맺는 질긴 생명력. 생명은 살라는 명령이다. 생명의 신비를, 종족보존의 엄숙함을 이곳 선암리 생활을 통하여 깨우치는 듯하다.

그래서 '봄뜨락'은 내게 있어 인식의 '꽃자리'다.

면죄부를 주노라

봄이다.

가장 좋은 계절, 봄에 나는 엄청난 일을 저지르고 말았다. 선암리 우리 집 옆 모퉁이 취 두렁에서부터 뒤란의 머위 둔덕에 이르기까지, 그리고 나무 울타리 밖 풍월주인 남편이 우리의 과수원이라고 분에 넘치는 이름을 붙여준 한 뙈기 풀밭 공터를 누비며, 그것도 부족해서 어디에 또 없을까 희번득거리며 간혹 두릅나무가 섞여있는 벽오동나무 담 밑까지 오리걸음으로 다니며 그 새싹을 뽑아냈다. 한 주간을 사이에 두고 두 차례에 걸쳐. 그 여린 새싹에 무슨 원한이라도 맺힌 양, 떡잎과 겨우 두어 장의 속잎이 돋아 무청보다 더 여린 실낱같은 싹들을 몇 토막을 내어 두엄자리에 던져버렸다. 이 행위는 아무도 모르게 해치운 줄 알았는데 나에게 기어이 들키고 말았고 무자비함에 스스로 놀라고 있다.

봄비 가늘어 방울지지 않더니(春雨細不滴)
밤중에야 희미하게 소리 들리네(夜中微有聲)
눈 녹아 남쪽 개울물이 불어 났겠거니(雪盡南溪漲)
풀싹은 얼마쯤 돋아났을까(草芽多少生)

'봄의 흥취(春興)'라는 정몽주의 한시다. 나 또한 선암리의 긴 겨울동안 이 시를 생각하며 새 봄을 기다려온 터였다. 구성산에 오르며 눈 덮인 산등성이에서 춘란 한 촉을 발견하고 얼마나 반가웠던가. 그리고 나뭇가지의 잎눈을 보며 새봄을 맞을 설렘으로 얼마나 부풀었던가.

그런데 이제 막 떡잎을 피워낸 그 여린 싹을 사정없이 뽑아낸 것은 그게 '한삼덩굴'이기 때문이다. 한삼덩굴은 '환삼덩굴'이라고도 하는데 덩굴성 1년생 풀이다. 줄기와 잎자루에 아래를 향한 가시가 달려 있어 만지면 꺼끌꺼끌하다. 마주 나는 잎은 단풍나무 잎처럼 5~7갈래로 깊게 갈라져 있고, 가장자리에는 톱니가 있다. 렌즈처럼 생긴 열매는 건위제로, 식물 전체는 이뇨제로 쓴단다. 길가나 빈터에서 흔히 자라는 잡초로 알려져 있다.

한삼덩굴은 주위의 모든 것을 감고 올라가며 수액을 빨아먹고 자라기 때문에 이 풀을 견뎌내는 곡식과 나무가 없다. 어떤 나무라도 이 풀이 주위에 있으면 다 말라죽는다. 어찌나 생명력이 강한지 그늘이나 돌 틈 등 어떤 악조건에서도 살아나며, 기세가 세기 때문에 부쩍부쩍 자란다. 며칠만 지나면 덩굴이 저만치 뻗어나 있다. 이래서 나는 눈에 띄기만 하면 한삼덩굴을 뽑고야 만다. 남의 밭, 길가를 가리지 않는다.

모름지기 악의 근원은 여려서 힘을 못 쓸 때 제거하는 것이 현명한 일이었다. 욕심, 게으름, 탐심, 미움…. 나는 내 맘 속의 모든 악의 싹을 뽑아내려는 듯 기를 쓰고 있었다. 뒤돌아서면 금방 다시 돋을 줄 알면서도.

그러나 항상 이렇게 잔인한 것만은 아니다. 우리는 농약과 화학비료를 쓰지 않고 무언가를 가꾸기 때문에 집안은 그야말로 풀과 곤충들의 낙원이다. 이른 봄, 햇살이 채 따뜻해지기도 전에 앙증맞은 꽃 모양에 비해 이름이 너무 심한 개불알꽃, 애기똥풀, 보라색과 하늘색이 조화롭게 꽃 색깔을 이룬 현호색, 노랑색 민들레 등이 잔치를 이룬다. 게다가 꽃밭에 심은 며느리바랑꽃(금낭화), 남편의 사랑이 눈물겨운 이름도 모르는 보라색의 들꽃, 진안 마이산 밑에서 두어 포기 옮겨왔는데 지금은 수백 포기의 무더기가 되어 등불로 밝혀주는 하얀 색의 은초롱꽃이 시나브로 피고 진다. 문제는 화단의 경계를 넘나들며, 채소와 더불어 자라고 피고 시든다는 점이다.

또 다른 문제는 내 안에서 일어나고 있는 양심의 소리 때문이다. 겨우내 얼어붙은 땅 속에서 추위를 이겨 내고 싹이 튼 생명인데 경계선을 그어놓고 어느 것은 먹을 것이라 해서 살려주고 가꾸면서, 어느 것은 잡초라는 이름으로 뽑아내기가 어렵다. 어느 꽃은 내가 좋아하는 색이라고 먼 데서 옮겨다 심고,

어느 꽃은 좋아하면서도 흔하기에 뽑아 없애야 하는가? 같이 무리를 지어 피어있으면 어울리니까 아름답다고 좋아하고 외따로 피어있으면 조화를 깬다는 것은 누구의 관점과 견해로 결정해야하나?

18세기 조선의 실학자 담헌 홍대용은 인간과 사물은 각기 보는 관점에 따라 중요성이 달라질 뿐, 그것을 만들어낸 조물주의 입장에서 보면 한가지라고 보았다. 나는 인간과 동물, 식물 등이 중요함에 있어서 모두 같다고 보는 열린 마음은 아니다. 하지만, 모든 것은 크고 작고, 귀하고 흔하고 간에, 나름의 중요함이 있어서 서로가 소중하기에 존중 받아야 마땅하다고 여긴다.

그런데 어떻게 풀을 뽑겠는가. 긴 고민 끝에 나름의 원칙을 세웠다. 어느 것이든 꽃을 피웠을 때는 뽑지 않는다고. 그간 생명력에 충실한 자신의 소임에 애쓰고 힘쓴 것에 대한 예우로. '잡초'라는 이름으로 사람들이 죄를 씌워 홀대할지라도 내가 면죄부를 준다고.

그런데 얼마 되지 않아 그들은 쾌재를 부르고 있다. 씨방을 활짝 열고 씨앗을 흩뿌리면서.

봄뜨락 꽃밭의 친구들

- 어린이날 선물(동화)

날씨가 쌀쌀해지니 소지할머니의 마음이 급해졌어요. 눈이 오기 전에 백합과 글라디올러스의 알뿌리를 캐야 하니까요. 예쁜 꽃을 피워준 백합의 알뿌리를 겨울에 잘 보관했다가 봄에 꽃밭에 심으면 더 곱고 많은 꽃을 피워주지요.

소지할머니는 "오늘은 화단정리를 꼭 해야겠어. 풀을 뽑아내고 땅속에 묻힌 알뿌리를 캐서 잘 모셔둬야지."라고 말하며 모자를 쓰고 호미를 찾아 들었어요.

그 말을 들은 백합 알뿌리가 말했어요.

"아휴, 고마워요. 나는 소지 할머니가 바빠서 깜빡 잊은 줄 알았어요."

잊을 리가 있나요. 그렇게 이쁜 꽃을 피워준 백합인데.

"나도 캐주시겠지? 그런데 나는 알뿌리가 많아져서 할머니가 다 찾으실지 몰라."

걱정 말아요. 소지할머니 눈은 무엇이든 잘 찾으니까요.

할머니는 호미로 풀을 쑥쑥 뽑아냈어요. 새 봄에 노란 꽃을 피우는 '애기똥풀'이 어찌나 많이 번졌는지 수도 없이 많았어요. 무슨 이름이 애기똥풀이냐고요? 이 풀의 잎사귀를 끊어보면 노란 진액이 나오는데 그게 꼭 아기의 똥 같은 색깔이어서 붙여진 이름이라네요. 우리 아가들도 애기똥풀 진액 같은 똥을 싸겠지요? 글라디올러스가 피었던 꽃밭에는 '먹때알'이 많아서 꽃밭을 온통 덮어버렸어요. 먹때알은 까만 진주같이 생겼는데 한약성분이 있어요. 진주처럼 올망졸망 뭉쳐서 열었는데 햇빛에 비쳐서 반짝반짝 빛났어요. 먹때알은 예쁘지만 뽑아내야 해요. 왜냐면 더욱 귀한 백합 알뿌리를 캐내야 하니까요. 소지할머니는 키가 큰 먹때알을 뽑다가 뒤로 넘어져 엉덩방아를 찧었어요.

쿵!

이것을 본 심바와 배순이가 깜짝 놀라 깨네요. 그 애들은 졸고 있었거든요. 아참, 심바와 배순이의 소개도 해야겠어요. 심바는 올해 열다섯 살. 썰매를 끄는 개 종류인데 할아버지랑 구성산을 올라 다니며 정이 든 수캐예요. 그래서 이름을 '라이언 킹'의 '심바'라고 지어주었어요. 배순이는 까만 차우차우 종류인데 잘 먹고 똥도 많이 싸지요. 암캐라서 '배순이'라고 이름 지어 줬어요. 재미있는 것은 심바와 배순이는 새들이 와서 자기 밥을 먹어도 쫓지 않고 그냥 내버려둬요. 이 동네 새들은 소지할머니네 감도 파먹고 블루베리도 따먹고, 친구들 데려다가 함

께 먹고 놀아요. 심바와 배순이가 초대하기도 하나 봐요. 사이가 좋지요? ㅎㅎㅎ

할머니는 풀을 뽑아내면서 한 손으로는 전정가위로 전지도 했어요. 블루베리나 소나무 가지를 척척 잘라내며 나무를 예쁘게 키우지요. 가시가 많은 해당화 가지는 뿌리까지 잘라내 버렸어요. 화단에 들어와서 꽃을 볼 지원이, 지후, 진헌이, 주헌이가 가시에 찔리면 안 되니까요.

"이젠 안심해도 되겠네! 우리 아가들이 가시에 찔리면 안 되지! 음, 안 되고말고."

그런데 할머니는 가시에 찔리고 말았어요. 그렇지만 울지 않았어요. 잘 참으니까요.

'쉿쉿쉿~~'

마른 나뭇잎도 정리를 했어요. 낙엽이 많이 쌓여서 밟을 때마다 바스락바스락 소리가 났어요. 그런데 이게 뭐야? 할머니는 눈을 의심했어요! 나뭇잎들 옆에 수박이 대롱대롱 달려있었던 거예요. 할머니 주먹보다도 작은 아기 수박이 마른 줄기에 달려 있다가 발견되었네요! 지난여름 할아버지가 수박을 잡수시고 씨를 "퉤, 퉤" 하고 버린 것이 새싹이 나고 줄기가 뻗어 열매까지 열린 거예요! 할머니가 너무 신기해 하니 까치가 날아와 '깍깍, 깍깍.' 하고 축하하고, 처마 밑의 풍경이 '뎅그렁, 뎅그렁.~' 종을 울려주었어요.

봄뜨락 꽃밭에서 경사, 경사 이런 경사는 처음이네요.

바로 옆에 있는 남천나무 열매들은 몸을 살랑살랑 흔들며 웃었어요.

"우리들이 수박 자라는 걸 지켜보았거든. 비가 많이 올 때는 떨어질까 봐 얼마나 걱정을 했는지 몰라."

"맞아, 남천 열매들이 늘 옆에 있어서 나도 잘 자랐어요. 혼자 있으면 외롭지요. 남천 열매들은 좋겠어요. 열매가 숭어리 숭어리 열고, 나무들도 빽빽하게 더불어 사니까요. 부러워요."

수박이 작게 말했어요.

풀 정리가 다 끝났어요. 이젠 알뿌리를 캐야할 시간이에요. 소지할머니는 호미로 백합 주위를 살살 파기 시작했어요. 잘못해서 호미가 알뿌리를 상하게 하면 안 되니까요. 손으로 더듬어 알뿌리를 캐서 줄기를 자르고 소쿠리에 담았어요. 다행히 상한 것은 없었어요.

"아휴~ 이제 살았네! 땅속에서 밖에 나올 날만 기다리고 있었답니다."

"그래도 땅이 품어줘서 이렇게 알뿌리를 키울 수 있었지. 비도 적당히 와서 목도 안 마르고."

"난 내년에는 더 예쁜 색깔로 피어 날거야! 그리고 꽃도 크게 많이 피워야지~."

땅 밖으로 나온 알뿌리들이 제각기 하고 싶었던 말을 했어요. 소지 할머니는 무척 기뻤어요. 알뿌리가 튼실하게 많이 자라 있었거든요. 지난봄에 예쁘게 피었던, 진홍색, 주황색, 노랑색, 흰색, 분홍색, 또 색깔이 혼합된 백합꽃을 다시 볼 수 있고 친구들에게 알뿌리를 나눠줄 수도 있으니까요. 글라디올러스는 꽃대를 잘라줘 가며 오래오래 피울 거예요.

무엇보다도 지원이가 한 말,

"할머니는 좋겠어요, 꽃을 많이 가꾸니까요!"

이 말을 기억하며, 행복해합니다. 지원이가 꽃을 좋아하고 부러워하는 이 말은 할머니에게 꽃밭을 가꾸는 힘이 되어주지요.

정말이지 알뿌리가 잘 자라서 작년보다 훨씬 많아졌어요. 땅에 햇빛과 이슬과 비와 바람을 주셔서 생명을 잘 자라게 하셨네요. 울안의 높은 감나무가 감 하나를 툭 떨어뜨려요. 자기도 그렇게 생각하나 보지요? 앞산의 단풍이 빙그레 웃고 있어요. 추수를 축하해주는 듯. 하나님이 주신 선물들이에요.

하나님은 올해도 말없이 열심히 일하셨답니다.

도모지 농법을 시행하며

봄빛이 들자마자 남편은 득달같이 날을 잡았다. 지난해 김장 채소밭을 갈아엎고 비료를 섞어 놓아야 땅심이 좋아지니 함께 선암리에 가자는 것이다. 좀 이른 때이기는 하나 시간이 늘 있는 게 아니니까 미리 해놓자는 것이었다. 해서 한 달도 전에 다섯 두렁 남새밭을 삽과 곡괭이로 파 엎고 유기질 비료를 섞어 두었다. 그 후 틈이 나는 시간에 남편은 두렁을 만들어 놓았다. 혼자서 할 수 있는 일은 다 끝냈다며 오늘은 비닐을 덮어야 하니 함께 하자는 것이다. 비 온 후 흙이 물기를 머금고 있을 때 비닐을 씌워 놓아야 수분의 증발을 막아 무엇이든 잘 심을 수 있기 때문이다. 우리는 게릴라식 농사를 짓는다. 시간을 내서 후다닥 해치우곤 한다.

그는 선암리에만 가면 어디서 힘이 솟는지 번개같이 일을 하면서 싱글벙글이다. 피곤해도 그곳에 가서 일하고 나면 컨디션이 좋아진단다. 선암리는 요술의 땅이다.

가보니 역시 평평한 다섯 두렁을 만들어 놓았다. 여기에 가지와 토마토를 심고, 오이는 덩굴을 올려야 하니 한 쪽에 심는다. 고추, 피망 등은 해마다 자리를 옮겨야 하고 상추, 쑥갓은 맨 끝에 씨를 뿌려야 한다. 보통은 전주 남부시장 종묘상에서 모종을 사다 심는데 모종 사는 일은 내 담당이다. 4월이 되면 시장 종묘상 진열장은 초록으로 칠해지고 길가에까지 벌여놓은 모종들을 보면 나는 설레기 시작한다. 왠지 기분이 좋아진다. 그리고 일기예보에 관심을 쏟으며 날을 잡는다. 완전 복장을 갖추고 내 단골 종묘상에 간다. 지난 철에 만났던 주인의 자문을 얻어가며 각종 채소의 모종을 규모대로 사는데 대부분 계획을 벗어나기 일쑤. 모종의 가짓수도, 포기 수도…. 새로운 종류의 모종이 나오면 그냥 못 지나치고, 판매장에 나오는 채소가 우리 땅에서도 잘 크는지 실험을 해봐야만 될 것 같아서. 거기에 덤으로 주는 주인의 인심이 우리의 계획을 트는 데 일조를 한다. 해서 지난해는 샐러리와 땅콩을 심기도 했고 올해는 고수씨도 삐어(뿌려) 볼 심산이다.

여기서 나는 호사를 부린다. 종묘장 옆, 내가 좋아하는 권사님의 '옛날 팥죽집'에 들어가 새알심 팥죽을 맛나게 먹는 일. 국산 팥, 찹쌀을 쓰고 인공조미료를 넣지 않고도 풍미를 내는 우리 권사님의 팥죽집에 가면 먹는 기쁨, 만나는 기쁨이 있는데 내가 마다할 리가? '옛날 팥죽집'의 손맛은 은근히 퍼져서 단골손님이 꽤 많은 걸로 알고 있다. 고향을 떠나 있는 딸내미랑 함께 가자고 약속을 하곤 한다. 어느 때인가는 전주의 상징적인 존재, 황손 이석 님 부부를 뵌 적도 있다.

어제 비가 넉넉히 왔다. 매화, 벚꽃, 목련이 그 아름다움을 한껏 뽐내는데 바람이 불고 비가 오니 꽃이 질까 안타까움이 짙다. 그러나 한편으로는 마르기만 한 봄 땅이 푸근한 흙이 될 봄비가 고마운, 나는 이중인격자. 시간을 아끼려고 긴장하며 살면서도 모종을 보면 30배, 60배, 100배를 내는 땅의 위대함을 알기에 계획을 초과하고 마는 표리부동하고 마음 약한 농사군. "남는 땅에 꽂아만 놓으면 나눠 먹을 수 있는데…." 하시며 아픈 다리를 이끌고 한껏 심으시던 시어머님을 닮아가는 것일까?

만들어진 두렁에 검은 비닐을 씌우는 것은 일도 아니다. 처음 몇 해는 두렁에 그냥 모종을 심어서 고추 두렁의 풀을 세 번이나 맨 적도 있다. 하지만 남편의 농법은 날로 진화하여 이젠 모든 형태의 두렁에 검은 비닐을 씌우고 돌로 띄엄띄엄 눌러 놓는다. 원래 다른 농부들은 고랑의 흙을 파서 비닐을 덮어 놓는데 제초제를 치지 않는 우리 밭은 한 점의 흙에도 풀은 안주하여 새끼를 치기 시작한다. 급기야는 무성해진다. 우리는 밭에 널려있던 돌들을 파내서 흙을 걸우었고, 그 돌들을 이용해서 비닐을 고정시킨다. 한 철 농사가 끝나면 밭두둑에 돌을 가지런히 두었다가 그 다음에 다시 쓰니 십상이다. 초기에는 밭에 돌이 너무 많아서 돌을 주워다 돌탑을 쌓아볼까 했는데 이제 탑 쌓는 것은 사치스럽고 그냥 요긴하게 쓰고 있다. 오늘도 돌이 자꾸 필요하니 부근에서 돌을 파내서 쓰기도 했다. 순간, 이게 금덩이라면? 맹랑한 생각이다.

"이게 금덩이라면 이렇게 잘 쓰지 못할 걸요?"

"그럼, 금덩이보다 지금 우리에겐 돌덩이가 더 필요해요."

"금덩이로 이 비닐 덮어놓으면, 비닐이 붙어 있을까요? ㅎㅎㅎ"

벌써 작업이 다 끝났다. 오후 서너 시에 왔는데도 봄날이 길긴 하다. 여유가 생기니 새로운 아이디어가 퐁퐁 솟는다. 채소를 심지 않는 빈 땅도 비닐을 덮어서 풀을 잡아봐? 약간 높은 세 두렁과 낮은 두 두렁 사이도 비닐을 덮으면? 풀이 무서운 우리는 생각할 겨를도 없이 두루마리 비닐을 돌돌 펴기 시작했다. 그리고 숙달된 조교는 돌을 날라다 놓아두는데 모든 밭을 다 덮느라 밟을 수밖에 없는 비닐을 찢어지지 않도록 사쁜사쁜 즈려밟고 임무를 수행했다.

이 와중에 '도모지'가 생각났다. 한지 사용의 아픈 이면인 도모지 형벌은 조선 시대에 행해졌던 사형법이다. 보통 집안의 윤리를 어긴 자녀를 죽이기 위해 개인적으로 행해졌으나, 천주교 박해에도 사용되었다고 한다. 자녀의 목숨을?…. 처형하려는 사람이 움직이지 못하도록 몸을 묶고 얼굴에 물을 묻힌 종이를 겹겹이 바르는 방식이다. 얼굴에 밀착하여 여러 겹으로 쌓인 종이가 코와 입에 달라붙어서 죽임을 당하는 사람은 비명도 지르지 못하면서 질식사한단다. 부사어 '도무지'는 '도대체 어떻게 할 방법이 없다'는 뜻으로, 위의 '도모지'에서 유래되었다는 이야기가 있으나, 민간어원설이다. 황현의 『매천야록(梅泉野錄)』에는 대원군이 집권할 때 포도청의 형졸들이 천주교 신자들을 살인하기에도 염증을 느껴 연좌된 죄인에게 이 방법을 썼다고 기록되어 있다.

풀을 잡기 위해 검은 비닐로 땅을 덮은 이 일은 땅에 도모지 형벌을 내리는 것이 아닌가. 농사짓지도 않는 빈 땅까지 비닐을 덮어 풀의 숨통을 죄고 있는 것이 아닌가. 제초제 안 뿌린다고 내심 자부심이 있었는데 우린 새로운 고민거리에 빠졌다.

'제초제는 안 뿌리고, 게으른 농사군이라 풀도 안 뽑을테니 좀 다소곳 해주었으면 해. 실하지 못한 비닐이니 찢어지면 숨은 쉬고 이번에는 너희들이 좀 기죽어 있어줘.' 나는 뇌이고 있었다.

밭둑에 하양색 철쭉이 피고 피마자가 아담하게 자라며 합환초 나무가 꽃을 피우는 우리 밭. 멀리 혁이네 집에는 빨간색 넝쿨장미가 꽃 대문을 이루고 그 밑에는 보라색 꽃잔디가 보이는, 그리고 ㅇ선생이 기쁨이, 평화와 산책하며 아는 체를 하는, 해마다 부쩍부쩍 자라는 서경이, 건호, 수연이, 다연이, 혁이의 정다운 인사가 들리는 등 추억이 서려 있는 곳.

어디 그뿐인가? 경칩이 지나자마자 개구리는 짝을 찾아서, 보리 익을 즈음에는 뻐꾸기가 새끼를 찾아, 소쩍새 소리가 푸른 공기를 가르는, 세상에서 둘째가라면 서운한 나의 일터가 슬픔으로 변한 느낌이다.

별이 빛나는 밤에

지원이와 지후는 선암리를 참 좋아한다. 오늘도 그곳에 가잔다. 그래 오늘은 새로운 풍광을 보여주마. 겨울 눈 속의 홍보석, 남천나무 열매를. 나는 선암리에 매화가 피었을까? 하는 생각도 들었다. 매화를 보면 우리 보배들이 어떤 감탄사를 발할까? 내가 찾는 것은 매화보다도 우리 아가들의 감탄사였다. 음력 초정월이어서인지 설중매는 아직 모습을 드러내지 않았다.

우리는 선암리를 감싸고 있는 금구 둘레 길을 걷고 있다. 임도를 따라서 편백나무를 심고 '명품길'이라 이름붙인 동네 한 바퀴 길이다. 우리 집 뒷길을 따라 오른다. 낙엽 쌓인 길을 앞서거니 뒤서거니 걷는다. 도로로 올라서면 양 옆으로는 숲이다. 갑자기 지원이가 호랑이가 나오면 어쩌냐고 묻는다.

"그러면 뉴스에 나오지! 우린 인터뷰를 하게 되고. 호랑이가 나오면 할머니가 꽉 붙잡아서 전주동물원에 보낼거야!"

할머니는 삼손이 될 것이었다. 할머니는 손주들만 보면 없는 힘도 솟구친다. 아무 말이 없다.

매화동산을 지나면 향나무 길이다. 하늘을 향해 끝없이 자란 향나무 군락 부근의 언덕에 서면 고흐의 그림 '별이 빛나는 밤'이 연상된다. 그리고 Don McLean의 노래 'Vincent'도 흥얼거리게 된다. '보랏빛 안개 속에 소용돌이치는 구름들'이 이 언덕에서도 보인다. 지원이가 글에서 썼던 '꽃구름'이다. 아직 별은 없고 앞 뒷산의 골짜기에서 남기가 피어오르고 있다. 어느새 우리는 편백나무 둘레길에 들어섰다. 도란도란 이야기를 하는 중에 지원이가 묻는다. 이 산에는 무슨 새가 많으냐고.

"산에는 부엉이가 많고 우리 집 감나무에는 까치가 많이 살고 있어."

나는 밤이면 가끔 들리던 부엉이 소리에 의지하여 묻지도 않는 집안의 새 이야기까지 하고 있었다. 우리 집에 많이 날아오는 까치에 대해 물으면 할 이야기가 무궁무진하기에. 지후는 부엉이 울음소리를 내며 걷고 있다. 정자가 있어서 우리는 난간에 걸터앉아 기념사진을 찍었다. 손가락을 펼쳐 V자를 그리며.

다시 걷는데 지후가 느닷없이 길을 가리키며 이 길로 가면 어디가 나오냐고 물었다.

"냉굴이 나오지. 옛날 일본 사람들이 이 산에 있는 금을 캐가기 위해 굴을 팠는데 그 굴이 지금도 남아 있단다. 슬픈 역사를 가졌지만, 여름에는 시원하고 겨울에는 따뜻해서 동네 사람들이 많이 놀러가지. 할머니도 가 보았어."

'금구'라는 땅이름도 금이 나는 것과 관계가 있다고 알려주었다. 당월저수지까지 왔다. 어디선가 개구리 소리가 들린다. 아가들은 발걸음을 멈추고 듣는다.

"저게 무슨 소리예요?"

"겨울잠을 자던 개구리들이 봄이 온 줄을 알고 친구들 부르는 소리야."

세 살 8개월의 지후는 모든 게 신기하다. 개구리 소리를 흉내 내며 폴짝폴짝 뛰기도 한다.

이제는 오르막길이다. 길 옆 바위부근에서 잠시 쉰다. 그런데 예전에 못 보던 시를 새긴 돌 판이 보인다. 현대시인 100명이 뽑은 애송시라는데 시보다 그 아래의 설명이 마음에 더 와 닿았다. 어떤 연유인지는 밝히지 않았지만, 외할아버지께서 숨어있던 바위를 발견하여 외손자가 시인 아버지의 시를 새겨 할아버지의 흔적을 표시하고 기념한다는 것이다. 손자의 할아버지에 대한 사랑의 징표였다.

그렇다. 사랑의 감정은 기억에서 나오고, 기억은 공유한 시간과 장소가 있을 때 생기는 것이리라. 지원이와 지후랑 함께하는 이곳 선암리의 기억들이 어떻게 아로새겨질까? 지금 이 시간도 '머무르고 싶은 순간들'이지만 행복한 미래를 상상하며 길을 걷고 있다. 이곳은 전주에서 가까운 교외라서 전원주택이 많다. 어느 사이 그림 같은 집들이 많이 생겼다. 띄엄띄엄 앉아있는 집에 하나둘 불이 켜지고 길은 어둠에 휩싸인다.

지후가 다리 아프단다. 당연히 업어줘야지. 지후도 할머니도 행복한 밀착이다. 할머니 등에 업힌 지후, 하늘이 부쩍 가까와졌는지 큰소리로 외친다.

"할머니! 별이 보여요! 하나, 두울~"

계속해서 별을 찾는다. 희미한 별, 좀 더 빛나는 별, 먼 산 위의 별, 머리 위의 별, 지후는 신이 났다. 동네 안길로 접어들면서 별이 점점 늘어난다. 거의 십 리가 되는 길을 걸었으니 지원이도 다리가 아프다고 했다.

"할아버지가 업어 줄까?"

올해 초등학교에 들어가는 지원이는 "저는 안 돼요. 할아버지 허리 끊어져요."

사양하는 마음, 지원이는 철이 들었다. 아픈 다리를 애써 참아 집에까지 왔다. 한계를 극복해 본 사람의 희열을 지원이는 느끼는 듯했다. 별이 빛나는 이 밤에.

그리고, 이십년 후

하나, 방초망 이야기

풀이 코로나19만큼이나 무섭다. 땅심 좋은 우리 마당은 흙 반, 풀씨 반인 듯하다. 양지바른 마당은 풀이 쑥쑥 늘어난다. 벽돌을 깔았던 사립문에서 토방까지의 중앙 길에 방초망을 깔았다. 다행히 초록과 검정의 이중망이 있어서 초록색을 겉으로 깔았다. 속에는 검은색 비닐로 한 번 더 덮고. 우린 '그린카펫'이라 부르는데 나는 만족하고 있다. 벽돌 사이에 난 풀을 끌로 파내 듯 뽑아냈는데 일주일쯤 후에는 다시 머리를 쳐들고 나오는 걸 보면 그리이스 신화의 한 이야기가 떠오른다. 시지프스는 신들을 기만한 죄로 죽어서 바위를 산꼭대기에 굴려 올리는 형벌을 받았는데, 산꼭대기가 뾰족해서 바위는 올려놓자마자 바로 반대편으로 굴러 떨어지고, 시지프스는 다시 반대편 골짜기부터 바위를 끊임없이 굴려 올려야 한다. 시지프스의 형벌이 괴로운 것은 이 형벌이 영원히 끝나지 않는다는 것.

어디서 풀씨는 그리도 날아오는지, 근심 걱정 없는 풀은 어쩌면 그리 잘도 크는지.

어느 수필가는 풀을 한산대첩의 일본군 같다고 썼다. 박완서 선생은 '포장된 인도를 걷다가 보도블록 사이에 낀 흙에서 잡초가 파랗게 돋아나는 걸 보았다. 직선으로 포장된 잇잠을 비집고 분출하는 맹렬한 생명력이 썸뜩하도록 아름다워 보였다.'고 산문집 『노란집』에 썼다. 나도 썸뜩했다. 그런데 아름다운 게 아니라 무서워졌다.

꽃을 가꾸기 위해 풀을 뽑는 것은 그래도 보람과 기쁨이 있다. 남새밭 풀도 채소 자라는 맛에 쏙쏙 잘 뽑힌다. 하지만 벽돌 길의 풀은 사이사이에 뿌리를 내려 얼마나 질기고 강한지. 그걸 뽑을 때마다 나는 시지프스가 되어갔다.

오늘이 작업 일이다. 장마철인데 흐리며 바람까지 불어 주는 일 하기 딱 좋은 날.

아침 식사 전부터 일을 시작. 예초기로 길의 풀을 깎고 빗자루로 쓸고, 풀뿌리가 남은 것은 다시 손으로 뽑는 세 단계의 작업을 했다. 하지만 감나무 잎은 계속 떨어지고 습기가 많은 집 모퉁이 부근은 방초망이 더 문제가 되겠다 싶었다. 더구나 세 줄의 붉은 벽돌을 길에 따라 유연하게 놓았던 남편의 수고가 너무 아까웠다. 해서 계획을 수정, 뒤란 처마 밑과 다니는 길만 방초망을 깔기로 했다.

23년 쯤 전 집을 고친 후 자연석을 사다 철쭉 정원을 꾸몄다. 뒷마당엔 자갈을 깔고 경계선에 패랭이꽃을 심었다. 당시 색색의 패랭이꽃을 보아 줄 사람이 없는 게 무척 안타까웠다. 우린 주말이나 한 번씩 왔으므로. 이후, 삼백초 시절을 지나 세월이 흘렀다. 당시 좋아서 보관해 두었던 각목이 흐물흐물 삭아있었다. 그리고 대나무 뿌리는 집안까지 뚫고 나올 기세다. 뒤뜰에서 캔 대나무 뿌리가 몇 수레가 된다.

마당길을 만들며 꿈, 희망, 사랑의 글자 모양으로 벽돌을 놓았던 남편의 순수함을 기억하기 위해서라도 뒤란 벽돌 길을 보존하기로 한 건 잘 한 것 같다. 그리고 깔끔한 뒤뜰을 보면 한층 머리가 개운해질 듯하다.

둘, 푸틴이 따로 없다

남편의 은근한 꼬드김, 고도로 계산된 회유를 받으면 난 맥없이 무너진다. 언제 계획을 세웠나 하듯 내 일은 밀쳐두고 기다렸다는 듯 남편의 뜻을 '열령셩' 모신다. 아니 농사일은 때가 있어서 시기를 놓치지 않으려는 자발적인 동의라 말해야 정확하다. 오늘은 뒤란에 남새밭을 꾸며야 하는데 혼자 하기에 버겁다는 것이었다. 남편이 뒤뜰 대나무와 철쭉을 다 정리하여 훤하게 치우고 봄 채소밭을 꾸미자는데 어찌 아니 갈 수가 있는가! 오후 세 시 경 아파트를 출발, 선암리에 도착하니 햇빛은 투명하고 눈부셨다.

일주일 사이 꽃잔디가 많이 피고 보라색 매발톱은 가장 예쁜 모습으로 고개를 숙이고 있었다. 백화등은 보일락말락한 꽃봉오리를 매달았는데 벌써부터 향기를 풍기고 인동초도 역시 분홍 꽃이 맺혔는데 수줍다고 했다.

내가 거금을 주고 남부시장에서 사다가 녹용을 먹여서 키운 블루베리는 꽃을 활짝 피워 벌써 화려해져 버렸다. 사실은 용든 약 찌꺼기를 먹였지만 우린 그렇게 부른다. 녹용이 스쳐가서 그런지 유독 블루베리 알이 굵으니 그리 불러줘도 괜찮을 듯. 수선화는 가냘픈 잎사귀에 꽃은 튼실하게 피워내느라 애쓰고. 올해는 수선화에 유기질 비료를 먹여야겠다.

내 사랑 백합은 쑥쑥 키가 솟아 마이산 탑사 같던 꽃줄기가 잎이 동그랗게 펼쳐져 있고. 고난주간에도 애들은 열심히 먹고 마셨나부다. 지난 주 비가 안 와서 꽃밭에 물도 줬지…. 내 맘이 화안해졌다

오늘의 미스 봄뜨락 진은 매발톱이다. 보라색, 흰색, 노란색, 빨간 색이 옹기종기 모여 있다.

그러나 뒤란에 가 보니 큰 대나무 자른 가지가 널브러져 있어서 오늘 채소밭 꾸밀 상황이 아니었다. 벼르고 별렀던 백합화단 풀을 뽑기 시작했다. 뿌리가 얕은 풀들이라 어렵진 않은데 마음이 문제였다. '내가 러시아 군대가 아닌가? 블라드 미르 푸틴이 아닌가?'

계속 자신과 갈등하면서도 러시아군인들처럼 행동했다. 민들레, 애기똥풀, 현호색 꽃들을 보며 다 뽑아내고 있으니 말이다.

아침이면 노란 꽃으로 얼마나 마음을 환하게 밝혀주는 민들레인가. 보라색 분홍색이 어우러져 이쁜 꽃을 피우는 현호색. '애기똥풀'이라는 이름이 재밌다고 깔깔거리던 아가들의 웃음소리가 귓가에 아련한데, 그 꽃들이 한창인데.

나는 그것들을 뽑아내 풀 대야에 쑤셔 넣는다. 최소한 '꽃이 피어있는 때는 뽑지 않는다'는 원칙을 무너뜨리며. 제노바 조약도 팽개쳐버린 나. 원칙도 무시하고 인정머리도 없이 메말라간다. 왜일까? 20여 년간 풀과의 밀당에서 내가 지쳐갔던 것이다.

다섯 평가량 되는 백합꽃밭에서 백합 이외의 다른 꽃을 과감히 해치우고, 쌓인 낙엽들과 여린 풀들을 닥닥 긁어서 호미로 꽃 주위를 북돋워주고 어둑어둑할 때야 끝냈다.

내친 김에 울타리인 남천나무 밑의 풀도 다 맸다. 거기는 접시꽃, 개양귀비가 예쁘게 자라고 있으므로. 앞집 형님이 우리 울 밑에 백일홍 꽃씨를 뿌려주셨는데 최소한 풀은 없이 해놓아야 하지 않겠는가?

울타리 밖 풀까지 뽑고 집에 오는 길, 자동차 시동 거는 사이에 어지러워진 길을 깨끗이 쓸고 왔다. 선암리에서처럼 살면 난 부자가 되거나 세계적인 유명인이 될 것이 틀림없다. 악명 높은 푸틴 같은.

피리와 부채

노르스름한 바탕색에 점묘법으로 초록의 그림을 그리는 듯한 착각에 빠졌다. 겨울 끝자락의 새봄맞이 행사치고는 잔혹하다 못해 전율이 흐른다. 다름 아닌 근사미 치기.

뒤란 대나무 숲에서 대나무 뿌리가 점점 내려와 방구들을 뚫을 기세다. 하니 뿌리에서 솟은 죽순이나 대나무 새싹을 자르고 그 단면에 뿌리를 죽이는 독성 농약을 바르는 것이다. 이 일은 날 좋은 날, 누군가와 함께해야 한다. 비가 오면 효과가 없고 한 사람은 새순을 자르고 다른 사람은 그 단면에 농약을 칠해야 하므로. 근사미를 그림붓에 적셔 새로 돋은 어린 대나무에 바르고 있다.

처음, 대나무밭으로 둘러싸인 이 집이 너무 맘에 들었다. 청렴, 절의, 텅 빈 마음 등 고사의 풍격이 있어서가 아니다. 막연하게 푸른빛이 늘 집안을 감싸고, 가끔 바람이 불면 댓잎 사운대는 소리가 들릴 듯해서였다. 고향집에 대나무 밭이 있었고 눈이 푸지게 내리던 겨울, 쌓인 눈으로 대나무가 휘어져 터널을 이룬 길을 따라 뒷산 위에 있던 교회에 오르던 추억도 한몫을 했다.

가을밤이면 우수수 떨어지는 댓잎 소리와 함께 처마에 달린 풍경소리가 묘한 조화를 이뤘다. 우리는 '슈슛, 슈슛~, 뎅그렁, 뎅그렁~' 하는 소리를 즐겼다. 죽순을 잘라서 된장찌개도 해 먹었다. 그러나 청춘남녀 얼굴에 여드름 솟듯 돋아나는 죽순을 감당할 수가 없었다. 죽순은 아차 하는 사이, 여린 대나무로 자라 있었다. 대나무밭은 점점 자신의 영역을 넓혀 가더니 20여 년이 되니 뿌리까지 흙 위로 드러내며 위용을 과시했다. 대나무 뿌리를 몇 수레 파내어 두엄자리에 갖다 붓고는 사진을 찍어뒀다.

"지후야! 선암리 집에 옛날에 공룡이 살았나봐! 할아버지가 그 뼈대를 캐셨거든! 한 번 볼래?"

다섯 살 지후는 믿을 수도 있다. 공룡박물관에서 얼마나 정확하게 봤는지 테스트 할 기회다.

"이거 공룡 뼈 아니에요. 공룡 뼈는 가지가 없어요!"

지후의 대답은 단호했다.

"그래? 공룡이 안 살았구나. 할머니는 공룡이 산 줄 알았네."

내 목소리는 축 가라앉은 듯했으나 손자의 관찰력이 내심 기뻤다.

대나무와 댓 뿌리를 보며 상념에 젖게 되었다. 나는 피리가 되고 싶었다. 대나무를 통째 잘라 곱게 다듬고 적당한 구멍을 뚫어서 누군가의 손에 들린 피리. 다른 악기로 대체하기 어려운 특유의 음색으로 관악 합주나 대풍류 음악에서 주선율을 담당하여 감동을 주는 피리. 향피리보다 가는 세피리도 괜찮다.

한데 실제로는 부채가 되어 있었다. 대나무를 가늘게 쪼개서 대오리를 만들고 그것을 살로 삼아 종이나 헝겊을 발라서 만든 부채. 상황과 연유야 어떻든 책임은 나에게 있다.

예전에는 단옷날 임금이 신하들에게 부채를 나눠주고, 여름을 잘 나도록 격려하고 노고를 치하하는 큰 역할을 했다. 중국 연행사들의 선물 목록에는 부채가 필수품이었다. 심지어는 "○팔아 부채 산다"는 속담이 있을 정도였다. 하지만 이제는 실용성에서는 멀어지고 예술성과 멋으로 대체된 물품이랄까.

동・서양 무용에서 부채는 중요한 소품 중의 하나이다. 에스파냐 세비야 여행에서 본 집시들의 춤, 플라멩꼬에서도 부채를 들고 춤을 췄다. 내가 김정님 무용선생님께 배운, 한국 전통춤은 '자연'이라고 했다. 숨을 들이쉬며 올려야 하고 내쉬며 떨어뜨려야 한다, 안으로 감추고, 깊이 품어 안는 정서라서 손을 올릴 때는 뭔가를 뜨는 식으로 손바닥이 하늘을 향해야 하고, 손을 내릴 때는 손등이 하늘을 향하고 바닥은 땅을 향해야 한다. 이 때 손에 들린 부채는 자연스럽게 춤추는 이의 몸과 손에 따라 움직이게 된다.

우리 몸은 소우주이기 때문에 발바닥(용천혈)에서 기를 뽑아

올려서 정수리(백회혈)를 통해 뿜어내야 한다. 음양이 조화로워서 구부러지면 반드시 펴줘야 한다. 단전호흡을 통하여 숨을 들이 마시며 몸을 긴장으로 끌면, 그 다음은 반드시 풀어서 이완한다. 이러한 품기, 풀어주기를 반복하는 것이 춤사위이다. 해서 부채를 오므리고 펴는 동작도 이 품기와 풀어주기를 병행해야 할 것이다. 내공이 쌓인 바탕에서 부채를 든 춤사위가 나와야 하고 춤에 정성이 깃들어야 한다.

한국무용의 부채춤에서는 한 송이의 꽃이 피어나는 형상을 화려한 의상의 춤추는 이들이 부채를 들어 그 아름다움을 한껏 표현한다. 꽃잎이 휘날리듯, 나비가 너울거리다 꽃 속에 깃들이듯, 부채를 펴고 오므리는 동작이 마치 나비 날개가 접혔다 폈다를 반복하는 양 한다. 화합과 협동의 아름다움을 부채를 통하여 발휘하는 것이다. 다른 나라 무용에서도 부채춤을 볼 수 있지만 우리 춤의 춤사위와 견줄 수가 없다.

피리와 부채.

이상과 현실이 서로 어그러져 동떨어진 듯하나 누군가의 손에 들려 소리로, 형상으로 아름다움과 감동을 준다면 그 본질은 하나일 것이다. 처지와 형편에 맞게 역할과 소임을 다하는 것이 삶. 그게 하늘이 내린 소명이고, 공자님이 가르쳐준 '각각 제자리를 찾은 것(各得其所)'이라고 거창한 자위를 해볼까.

금구 사람들

1921년 1월 11일자 매일신보에 반가운 내용의 기사가 실려 있다. 아니 놀랍고 고맙고 숙연해지는, 그리고 이 땅 금구 지역에 사랑이 더해가는.

전북 김제군 금구면 청운리의 송씨 문중에서 지금의 사회 풍조에 비추어 자제 교육의 급무(急務)됨을 자각하고, 과반 종족 일동이 회집, 협의하여 청운리에 사립 '청운의숙'을 설립하기로 결정한 후, 종중 소유의 토지와 건물(가격 4천여 원)을 기부하였다. 송선규, 송재만, 송재면 3명이 각 100원씩을 필두로 기부금을 쟁선(앞 다투어) 의연(義捐)하며, 기타 인근 마을 유지들로부터도 다대한 찬동을 얻어 모집된 기본금이 이미 약 2천원에 달하였다. 또한 생도의 지원자도 이미 80여 명의 다수에 이르렀으므로, 송 씨 종중의 강단을 임시교실로 충용(보충해 씀)하고, 3명의 교원을 청빙(초빙)하여, 지금 열심히 교수 중인데, 성적이 자못 우량하여 점차 발전의 서광이 있으며, 장래 교무를 일층 대대적으로 확장할 계획이라더라.

'송종훈의 근대뉴스 오디세이 - 맑은 세상 꿈꾸며 기부 나섰던 100년 전 민초들' 인용

3·1독립만세 운동이 들불처럼 일어나서 이 땅에 새로운 시대의식이 머리를 쳐들었을 때 현명한 우리 조상들은 미래세대의 교육을 먼저 생각했다. 그 혹독한 일제 강점기, 못 먹고 추위에 떠는 비참한 나날에 학교를 세워 자식들을 가르치려는 의식이 이곳 시골 마을에까지 용솟음쳤던 것이다.

이승훈 선생이 세운 정주의 오산학교, 안창호 선생이 세운 평양의 대성학교 등은 한 분의 독지가가 학교를 세웠지만 금구의 '청운의숙'은 송씨 문중에서 조상 대대로 내려온 땅과 건물을 기쁘게 내놓아 학교를 설립하였으니 이곳 사람들의 의식이 얼마나 진보적이었는지 짐작하고도 남는다. 역시 송씨 세 분이 앞 다투어 낸 기부금을 시작으로 인근마을 유지들까지 한마음으로 뭉쳐 이 일에 동참하였다니 교육 열정은 당연히 학생 모집으로 연결되었을 것이다. 하니 '성적이 자못 우량' 하고 '발전의 서광'이 비치는 것은 묻지 않아도 알 수 있는 일. '청운의숙'은 1920년 4월 4일에 설립되어, 1943년 4월 19일 청운공립국민학교로 개교하였으니 지금까지 푸르디푸른 꿈을 키워나가고 있다.

이렇게 의식이 앞서게 된 계기가 있다. 금구면에는 1910년 8월 29일 한일합병이 되고 10월에 총독부로부터 퇴관은사금이

오자 이를 거절하고, 11월 1일부터 단식을 하다가 27일 순국한 장태수(1841~1910) 선생이 계셨다. 『자죄문(自罪文)』을 지어 불충과 불효의 죄를 자책하는 한편, 『고대한동포문』을 통해 애절한 우국충정을 동포에게 호소하고 곡기를 끊으셨다.

그분은 비분강개지사만이 아니었다. 선생은 철종 12년(1861) 21세의 나이로 문과에 급제한 후 여러 관직을 거쳐 고종6년(1869) 양산군수로 부임하자 군기를 정비하고 별포군을 길러내는 등 국방에 힘썼다. 또 병조참의·대사간 등 요직을 지낸 다음 동학혁명 때는 고산현감으로 부임하여 봉급을 고산현민들에게 나누어 주는 등 선정을 베풀었다. 그러나 나라의 운명은 점점 기울어지고 고종마저 강제 퇴위 당하자 고향으로 돌아와 '신명학교'를 세워 새로운 인재를 기르고자 했다. 이때가 1907년, 정주의 오산학교가 개교한 해이다.

자신의 고향 금구군 서도면 상신리(현 금구면 서도리)에 교실 7칸짜리의 '금구신명학교'를 세우고, 학생 200여 명을 모아 개교식을 거행하였다. 사재를 털고 부족한 기금을 문중에서 어렵게 걷어 시작한 교육 사업이었으나 금구신명학교는 1910년 한일합방 때 폐교되고 말았다. 그리고는 은사금이라는 명목으로 회유하려 했으니 받겠는가.

> 설립자 장태수 선생은 변해 가는 시대에 적응하고 이를 주체적으로 이끌어 갈 수 있는 인재들을 양성하기 위하여 서울에서

신교육을 가르칠 수 있는 선생을 초빙해 일어·수학·한문을 가르쳤다. 특히 일어 교육을 통하여 배일사상을 기르게 하였는데, 단순한 감정적 소모에서 벗어나 적인 일본을 바로 보고, 바로 판단하여 구체적인 대응 방식을 갖추게 하고자 하였다. 이렇듯 영재들을 모아 '배일정신'을 고취하는 민족 교육의 도장으로 시작된 금구신명학교는 근동에서 뿐만 아니라 정읍·부안·태인 등에서까지 학생들이 모여들었다 한다. 〔출처〕 한국학중앙연구원 - 향토문화전자대전)

선각자의 안목은 역시 달랐다. 일본을 똑바로 알아야(知日) 이길 수 있기(勝日) 때문이었다. 일제를 미워만 해서는 어떤 일도 이룰 수 없다. 그리고 옛것을 배워야 새로운 것을 알 수 있는 법이므로 한문을 가르쳤다. 그리고 근대 문명시대가 다가올 것임으로 수학을 가르쳤다. 이러한 학교를 일제가 그냥 두겠는가. 한일합방이 되자 폐교를 시켜버렸다. 이 일 후에 장태수 선생은 식음을 전폐하셨다.

좁디좁은 시골 마을에서 이러한 사건은 전 주민을 의식화하기에 충분했을 것이고 선생을 거울로 오히려 금구사람들을 애국자로 만드는 사건이 되었으리라. 일제는 1911년 금구신명학교의 후신으로 서도면 신명학교와 동도면 개성학교를 합쳐 학교 이름을 '사립 금구보통학교'라 정하였다. 그리고 1912년 사립 금구보통학교는 공립 보통학교로 전환시켰다. 식민지 체제의 황국신민화 교육정책으로 억압하려는 것이었다. 이런 상황

후 10년이 못 되어 '청운의숙'이 설립되고 이제는 민간인들이 뜻을 모아 교육풍토를 조성해 나가는 것이었다.

그런데 전통은 묘한 끌림이 있고 혈통은 더 질긴 유전자가 있다. 50여 년 후 같은 마을에 살던 장태수 선생의 종증손인 장현식 제2대 전북지사의 이야기다. 종증조부 장태수 선생이 나라가 망한 울분에 단식하던 끝에 분사하자 그는 이때부터 독립운동의 길을 모색하고자 했고, 곧 상경한다.

장현식(張鉉植)은 1896년 9월 17일 지금의 전라북도 김제시 금구면 서도리(구 상신리)에서 만석꾼의 아들로 태어났다. 중앙고등보통학교(지금의 서울 중앙고)가 설립될 당시 거액을 기부하였으며, 고려대학교가 설립될 때에도 재단에 사재를 기부하여 교육을 통해 침체된 민족의 기운을 부흥시키기 위해 노력하였다. 동아일보사가 창간될 당시에는 인쇄 장비를 구입할 수 있도록 거금을 기부하였다. 1919년 4월 비밀결사인 대동단이 창단되자 운영 자금을 제공하고, 『대동신문』의 재정을 담당하였다가 체포되어 1921년 4월 경성지방법원에서 징역 1년과 집행유예 2년을 선고 받았다. 이후 민족어 보존을 염원하여 『조선어사전』 편찬을 위하여 3,000원을 제공하고 지인에게도 권유하여 1,400원을 제공하게 했다는 이유로 재판을 받고 4년간에 걸쳐 옥고를 치르다 8·15해방과 함께 출옥하였다. 제2대 전라북도지사로 재임 중이던 1950년 한국전쟁 당시 북한군에 납치되어 1950년 10월 24일 사망하였다.

〔출처〕 한국학중앙연구원 - 향토문화전자대전

나는 그 유명한 조선어학회 사건에 전북의 인물로는 정인승, 이병기 선생 등 국어국문학 전문가만 연루된 줄 알고 있었다. 그 사업에 재정적인 뒷받침이 있었으리라는 점, 더구나 이렇게 가까운 시골에서 그 중대한 일을 위해 거금을 쾌척한 죄로 옥고를 치른 큰 어른이 계신 것을 모르고 살아왔다. 진즉 알았더라면 말할 수 없이 존경하며 전북도민으로서 학생들에게 큰 자부심을 안겨 주었을 텐데.

며칠 전 금구면 문화센터에서 만난 청년과 함께 남강정사와 서강사를 참배하였다.

애국지사를 낳고 키운 집, '남강정사'는 초가지붕의 조촐하고 아담할 뿐 고루거각이 아니었다. 나라사랑의 큰마음, 책임 있는 지식인의 곧음과 푸름은 외형의 크기와 비례하지 않음을 생각하며 뜰을 거닐었다.

서도리 입구에 있는 '서강사'. 1935년 일제강점기에 인동 장씨가 중심이 되어 장태수 선생을 기리기 위하여 세운 사당이다. 사당의 내삼문 위에 '백세청풍'이라고 쓰여있다. 긴 세월 동안 잊지 않고 기억하며 뜻을 받드는 일은 이제 우리의 몫이고 책임이다. 또한 당시 일제는 장태수를 으뜸 위패로 모시는 사당 건립까지 반대하였다. 이에 장씨 문중에서는 고려 말기의 충신인 장안세를 으뜸 위패로 하고 장태수를 배향하기로 한 뒤, 건립 허가를 받아냈다. 장안세의 본관도 인동이며, 두문동 72현으로 태조 이성계가 여러 번 불러도 나가지 않은 충신 중의 충신이다. 쿠데타를 일으켜 세운 새 왕조를 주군으로 섬길 수 없어서 불에 타 죽은 두문동 72명의 강직한 선비들. 일제는 장태수 선생을 낮추고 장안세 충신을 일깨워줬으니 소탐대실한 셈이다. 치밀한 방식으로.

김제군은 본래 백제의 '벽골군'이었다. '벽성군'이라는 다른 이름도 있다. '벽성대학'이 유래한 근원인가 싶다. 그래서 김제는 금만평야의 벼농사를 가능하게 한 '벽골제'와 떼려야 뗄 수 없는 관계이고 김제시에 속한 한 면이 '금구'다.

「여지도서」에 의하면 '백성들이 순박하고 인정이 두텁다'고 한다. 그래서인지 효자, 열녀, 효녀가 많은데 그중 한 어머니와 딸을 소개한다. '단춘'이라는 여인은 남편이 술에 취해 쓰러져 있을 때 집안에 불이 났다. 남편을 구출하려 불길 속으로 뛰어들었다가 남편을 껴안은 채 목숨을 잃었다. 또한 딸 이춘은 부모가 불에 타 죽을 즈음에 달려가 통곡하기를 "부모님이 모두 불에 타 죽었는데 나만 어찌 홀로 살겠는가." 하고 불길 속으로 뛰어들었다. 이 일이 나라에 알려져 그녀들이 살던 마을에 정문을 세워 표창했다고 한다.*

*(「여지도서」 50, 전라도 보유 3, 변주승 역주, 114~115쪽 참조)

금구 사람들은 위, 아래, 좌, 우로 봐도 착하고 인정이 많다. 20년이 넘는 세월 동안 내가 직접 겪은 우리 동네 분들도 한결같다. 산천도 맑고 푸근하다. 남편은 고향 같단다.

사현사(四賢祠)에서

지원이의 경주 유적 감상글 중 「태종 무열왕릉」을 보니, 김유신과 김춘추의 이야기, 문희와의 사랑 이야기, 진골이면서 임금이 된 이야기, 외교 이야기 등이 잘 쓰여 있다. 본래 보고 싶었던 석굴암과 불국사보다 한 인물의 스토리텔링이 더 인상적이었나 보다. 나 또한 김춘추의 인생과 그의 의식, 정치적 야심, 삼국의 정세 등이 뇌리에서 떠나지 않고 맴돌고 있다. 7세기의 인물이 오늘날의 인물과 한 치도 다를 바 없다는 생각과 함께 인간의 본질은 변함이 없다는 생각이 성서를 읽으면서도 매번 들던 중이었다.

삼국유사 「도화녀와 비형랑」조를 보면 진지대왕이 나오는데 이 사람이 김춘추의 할아버지다. '황음무도'한 왕이라는 이유로 폐위된 임금의 손자로서 진골로 전락한 김춘추의 신분. 금관가야 국왕의 손자로 태어나 신라에 귀순하여 말단 귀족이 된 비슷한 처지의 김유신. 누이동생을 앞세워 정략결혼을 추진한 김유신, 너무나 인간적인 선덕여왕을 잘도 이용한 김유신을 자연스럽게 따라 처남 매부지간이 된 두 남자. 무술과 외교술로 함께 신라왕조의 주류 사회에 진입하는 두 사람의 윈윈 작전. 나라를 위해 고구려, 왜국, 당나라까지 산 넘고 물 건너는 김춘추의 거침없는 행보 등은 7세기에 살았던 21세기인 김춘추와 김유신이었다. 그런데 이 와중에서 '온군해'라는 인물을 알게 되었다.

648년에 군사원조를 얻으러 당나라에 들어갔던 김춘추가 귀국 도중 해상에서 고구려의 순찰병을 만나 체포될 위기에 처하였다. 그때 수행인인 온군해가 김춘추를 구하기 위하여 옷을 바꿔 입고 배 위에 앉아 있자, 고구려 순라병은 그를 김춘추로 여겨 잡아 죽였다.

섬기는 주군을 위해 자기의 목숨을 버릴 수 있는 남자. 급박한 상황에서 옷을 갈아입고 김춘추인 양 처신을 하다가 고구려 병사의 칼에 사라진 사람. 이슬방울처럼. 그에게도 부모와 처자식이 있었을 것이다. 자신이 세상을 뜨면 자식은 어떻게 살아갈까? 사랑하는 아내는? 부모님의 심정은 어떠실까? 수많은 생각이 삽시간에 지나쳤을 것이다. 그 와중에 결단을 한 근본적인 이유는? 상념이 꼬리에 꼬리를 문다.

온군해의 희생 덕분에 무사히 신라로 돌아온 김춘추는 진덕여왕에게 이 사실을 보고했다. 당시 진덕여왕은 온군해에게 대아찬(신라의 17관등 중 제5등급으로 대아찬부터 서불한까지는 진골만이 오름)

의 벼슬을 추증하고, 자손에게 후한 상을 내렸다. 온군해 사건으로 김춘추의 대당외교는 확실한 매듭이 지어지고 진덕여왕 사후 화백회의는 진골인 김춘추를 왕으로 옹립한다.

전주에서 1번 국도를 달려 금구로 들어가는 삼거리 즈음에 '사현사(四賢祠)'라는 간판이 서 있다. 그런데 이 사현사를 발견한 것은 내가 금구 길을 수십 번도 더 다닌 어느 날이었다. 그저 흔히 있는 사당이라고 여기며 금구를 다니던 내가 김춘추를 생각하다가 발견하고 눈이 번쩍 뜨였다.

사현사는 1934년 세워진 봉성 온씨 사당이다. 김제시 금구면 산동리에 자리하고 있다. 본래 대율리에 있었는데, 저수지 축조로 수몰되면서 현 위치로 이건되어 대율 저수지를 바라보며 서 있다. 사당에 온달 장군과 온군해 장군의 단이 설치되어 있다.

온씨(溫氏)는 고구려 평원왕 때 평강공주와 혼인하여 평원왕의 부마가 된 온달로부터 시작되어, 신라의 온군해 장군, 고려의 온수로 혈통을 이어왔다. 그러다가 온수의 둘째 아들 온신이 공민왕 때 신돈의 전횡에 대해 직언하다가 유배 받아 현 금구면(옛 봉성)으로 내려왔고, 이때부터 봉성에 온씨가 모여 살기 시작했다. 사현사에서는 매년 음력 9월 13일 추모제를 열어오고 있단다. 온씨는 금구. 경주. 청주 등 3본으로 갈라졌는데, 모두 같은 혈손이라 하여 온달을 도시조로 각 분관 조를 파조로 하고, 본관을 '봉성 온씨'로 환적하여, '온씨중앙종친회'를 구성하였다고 한다. 봉성 온씨는 전북 김제시 금구면 일대가 집성촌이다.

사현사 마당의 '신라국 대아찬 온군해지단'이라는 비석이 김춘추를 환기시킨다.

김춘추에게 당나라는 어떤 존재였을까? 백제를 제압하기 위해 꼭 필요했지만, 한편 목에 가시 같은 존재는 아니었을까? 결국 당나라는 야욕을 드러냈다. 나당 연합군이 백제를 멸망시킨 후 백제 옛 땅에는 웅진도독부를, 고구려에는 안동도호부를, 심지어는 신라 땅에 계림대도독부를 설치하여 김춘추의 아들 문무왕을 계림주대도독으로 임명하였다. 우리 영토를 손아귀에 넣어 지배하고자 하였던 것이다. 신라는 이에 맞서 고구려, 백제의 유민과 함께 당과의 전쟁을 전개하여 676년에 가서야 한반도에서 당군을 몰아내고 삼국을 통일하였다.

국내 정치 상황을 외교를 통해 극복하려 했던 김춘추. 승냥이를 피하려고 호랑이를 끌어들였으나 외교로써 역사를 움직인 탁월한 외교가인 것은 틀림없다. 그리고 한때나마 약소국을 도와주는 강대국의 행위는 자국의 유익에 따라 언제든 변했음을 우리는 역사에서, 현실에서 확인한다.

"냉엄한 국제정치에서 영원한 우방도 없고 영원한 적도 없으며 국가의 이익만이 영원하다." 영국 수상이었던 팔머스톤(Viscount Palmerston1784~1865)의 말이다.

그렇다면 복잡한 국제정치 상황에서 전쟁을 피하여 민족을 보전, 번영하게 하려면 우리는 어찌해야 하는가? '우리 민족의 미래는 우리가 결정 한다'는 신념으로 외세에 의존하지 않아야 할 것이다. 그러려면 먼저 스스로 강해야 한다. 그리고 한국전쟁 이후 지난 70년간 이뤄낸 민주화와 경제번영을 지속·발전시키야만 할 것이다.

우리는 김춘추 시대처럼 분단 상황에 처해 있다. 엄청난 군사비용을 들여가며 상대국을 압박하고 감정적, 경제적 소모를 하고 있는 것이다. 여기에서 미·중·러·일 4대 강국은 실제로 한반도 통일을 원치 않는다는 것이 학자들의 공통된 견해다. 통일코리아가 자국 이익에 부합하지 않기 때문이다.

통일을 이루려는 궁극적 이유가 한민족의 공존과 번영을 이루기 위한 것일진대, 이 길을 현실적으로 확보하는 방안은 무엇일까?

남북 양쪽 다 막말공격을 그치고 대화 의지를 보여야 한다. 그리고 이념보다 한 민족의 동질성을 찾아 공존하고 번영할 수 있는 대 전환의 자세를 가져야 한다. 미국·일본에 의지하고 중국·러시아를 배척만 할 게 아니라 국익을 위해 다자외교를 실행해야 한다.

사현사에서 갖는 나의 소망이 여러 사람의 의지가 되어 쇠도 녹일만한 역량으로 모아지기를 간절히 바란다.

2.

보배이야기

은총

장마가 시작된다고 예고된 7월 2일 화요일 아침. 오전 7시 25분 휴대전화가 울렸다. 어젯밤 딸아이와의 늦은 통화로 늦잠이 든 나는 남편이 받아서 통화하는 소리에 번쩍 잠이 깼다.

"축하한다!!!"

잠결에 들은 소리는 이것이었고, 나중에 들은 얘기지만 아들아이의 첫말은,

"할아버지 되심을 축하드립니다!"였단다. 이어서 카톡이 울리더니 임신테스트 용지 사진이 떴다. 선명하다.

순간 어제의 일이 생각났다.

오랜만에 통화한 친정어머님께서 냄비에 물을 끓이는데 물기둥이 솟는다며, 무슨 소식이 없느냐는 것이었다. 옛말에 '물기둥이 솟으면 집안에 임신한 사람이 생긴다'는데 그 말을 믿어서가 아니라 작년에 결혼한 외손자네 소식이 궁금하신 것을 에둘러 표현하시는 것이리라.

오후에는 시어머님께 전화를 드렸더니, 요즘은 증손자를 위한 기도를 제1번으로 하신다고 하셨다.

며느리에게 전화를 걸어 축하했다.

"생명을 잉태하고 키우는 것은 여성의 가장 큰 축복이고 특권이란다."

"네, 어머님. 기쁘시죠?"

"그럼. 그럼."

"신기하고 얼떨떨해요."

"차차 적응되고 자연스러워져. 우리 힘으로 할 수 있는 일이 아니야, 기도 많이 드리자."

"네, 어머님."

솔직하고 활발한 며느리, 그게 그 아이의 매력이다.

출근길의 남편에게, "세상에서 가장 멋진 할아버지! 잘 다녀오세요." 했더니, "이 세상에서 제일 인자하고, 우아하고 지혜로운 할머니! 다녀오리다."

되로 주고 가마니로 받았다. 기분 좋은 김에 칭찬의 인플레이션이 되었다.

준비도 못한 채 인생은 또 이렇게 흘러간다.

박근혜 대통령이 이번 중국 방문에서 한국전생 때 희생당한 중공군의 유해를 반환하겠다고 약속했다. 호혜적인 발언에 중국 당국자는 '빗물이 하늘에서 땅으로 떨어지듯이'라는 중국 옛

말을 인용하며 감사의 뜻을 밝혔다.

아침 방송을 들으며, 오늘 생명의 첫 장을 펼쳤다는 소식을 들었는데 대척적인 생의 마지막 이야기를 듣는 게 묘했다. 하지만 삶과 죽음은 하나라 하지 않았던가. 계속 들으면서 난 점점 감동에 휩싸이고 마침내 소망이 생겼다.

중국은 묘지가 없이 화장을 하는 게 보편적이고, 예전엔 유골이나마 평장을 했으나 지도자들의 모범으로 바다나 산하에 뿌리는 경우가 보통이란다. 세계 인구의 20%가 되는 중국인민이고 보니 전래의 매장문화를 불식시켜야 하기도 하겠지만 지도자들의 의식과 실천이 깊은 감동을 넘어 존경에 이르게 한다. 다시 한국전쟁으로 돌아가서, 마오쩌뚱(모택동)은 자기의 큰 아들을 참전하게 하고 그는 전사하기에 이른다. 그래서 북한 땅에 묻혀 있단다. 모든 장병이 다 귀한 인민의 아들인데 자기 아들만 전쟁에서 빼돌릴 수 없고, 세상 모든 유족은 유해라도 고향에 안장시키고 싶어 하는데 자기 아들만 송환해서 국립묘지에 안장해서는 안 되기 때문에 지금까지 북한 땅에 두었다고 한다. 조우언라이(주은래) 총리는 자신의 유해를 화장해서 조국의 산하에 뿌려 달라고 유언했고, 덩샤오핑(등소평)은 역시 유골가루를 동중국해와 남중국해 상공에 뿌렸는데 이는 타이완(대만)과 홍콩을 포함하는 전 국토의 통일을 염원하는 고인의 뜻을 따랐기 때문이란다. 이런 지도자의 솔선수범이 거대한 중국인민을 움직이고 지금도 숭배 받는 인물로서 그들의 가슴에 살아있는 것이다. 이 내용은 뉴스의 인용이고 지도자의 인격은 보편성을 띠어야 함을 말하고자 하는 것이다.

나는 손자녀가 이런 사람으로 태어나고 양육받기를 바란다. 자신을 사랑하듯이 나 아닌 사람을 사랑하고, 내 것을 소중히 여기듯 남의 것도 귀중하게 여기고, 내 하기 싫은 일 남에게 시키지 않는 사람. 평범을 넘어서는 사람만이 할 수 있는 인생의 과업이다. 이런 성품이면 지혜와 겸손이 그에게 깂아질 것이다. 자신이 스스로 태어나지 않았듯이 부모와 그 위의 조상을 깊이 생각하면 창조주를 알게 될 것이고, 그 뜻을 소중히 여길 것이다.

손자녀가 자신과 부모를 깊이 사랑하여 가족과 조국을 아끼는 사람으로 자라기를 소망한다. 이런 마음가짐의 사람이면 건강과 영육간의 축복은 절로 따라 올 것이다. 그리고 힘써 자신을 갈고 닦은 후에 누군가를 위해서 베풀며 살아가는 사람이기를 간망한다. 이런 실천이 있으면 다른 사람들의 존경과 신망을 한 몸에 받는 지도자가 될 것이다.

내가 스스로에게 거는 마술이 '행복 2013'인데 한 해의 중간 지점에서 행복을 안겨준 아들, 며느리. 기쁨으로 남은 날을 살아갈 것이다. 때로 시로 새로이 생성되는 새 생명을 생각하며 나를 밝혀야 할 일이다. 새 생명의 모든 것이 이루어지는 하루하루를 어떻게 허투루 보내겠는가. 내가 할 수 있는 것은 마음과 정성을 모아 새 생명에게 베푸실 은총을 구하는 일이다.

홍매화 잎눈 틀 때

분재원을 하는 제낭한테서 홍매 한 분을 선물 받았다. 자그마한 나무인데도 수령은 꽤 오래된 앙증맞은 나무였다. 꽃망울이 가지 끝에 조롱조롱 매달려 있는 홍매는 아침저녁 스프레이로 뿌려주는 수돗물을 이슬인 양 받아 마시고 가슴이 부풀더니 드디어 짙은 꽃자주색 꽃을 피워냈다. 나무의 형태를 잘 잡아준 덕에 꽃 핀 매화가지는 한국무용을 하는 손끝을 연상시켰다. 암향을 풍기며 홍매가 피어있던 날들의 우리 거실은 등불 켜진 외딴 집.

그러나 '열흘 붉은 꽃은 없다'는 말을 상기시키려는 듯 매화는 하염없이 떨어지고 나무는 벌거벗은 채 부끄럼을 감추느라 애쓰고 있었다. 여전히 스프레이로 줄기를 촉촉이 적셔주던 어느 날 나는 또 한 번 흥분하지 않을 수 없었다. 꽃이 진 나뭇가지에는 잎눈이 트고 있었던 것이다.

도담이가 우리에게 온 날은 이즈음이었다. 2월 9일 주일 새벽, 음력 정월 초열흘 새벽 6시 17분.

도담이는 우리 모두의 일상을 뒤흔들어 놓았다. 그도 그럴 것이, 우리의 호칭을 일시에 바꿔놓고 시계를 흔들어 놓았을 뿐 아니라 그의 표정 하나하나에 따라 우리로 하여금 수많은 언어로 채색을 하게 만들었다. 33년 만에 우리 가정에 내려온 천사는 생김새로부터 표정, 눈 길 하나로 일체를 다스리기 시작했다. 아들을 쏙 빼닮은 코, 귀, 기다란 인중, 두상. 며느리를 닮은 훤하게 넓은 이마와 입 주위. 우리는 신비감에 싸여 놀람의 연속이다.

도담이 할아버지는 특히 영향력을 심하게 받아서 일찌감치 손녀바보로 등극했다. 우리는 눈만 뜨면 스마트폰을 열고 사진을 보며 채팅, SNS에서 댓글 달기, 동영상 다시 틀어보며 히죽히죽 웃기, 소리쳐서 감탄하기, 하루에 한 번씩 날아오는 사진을 증조할아버님, 할머님께 퍼 나르기…. 아기는 보지도 못한 채 스마트폰이 없이는 사랑도 못할 판이다.

영화 장면이 오버랩 되듯이, 나는 30여 년의 세월을 쥐락펴락하며, 시어머니에서 며느리로 자리를 옮겨가며 상념에 빠진다. 옛일을 들먹이며 표출하기 시작하는 것이 나이 먹은 증거인데 반복하기 시작하면 심각해진다. 다행히 글은 한 번 쓰지만 독자는 여러 번 읽을 수도 있는 반면 나는 여러 번 말하지 않아도 되기 때문에 글쓰기가 새삼 고마워진다. 장기기억에서 정체성을 형성하는 에피소드 기억을 찾아 정리하고 감사하는 마음으로 이 소소한, 그러나 어느 것보다 소중히 여기는 내 생의 한 자락을 쓰고 있다.

임신말기, 서른이 다 된 나이에 현역으로 입대한 남편은 아이 출산 시기와 자신의 대학원 졸업 날짜에 맞춰 용케도 이등병 특별 휴가를 나왔다. 2월 말의 날씨도 좋은 날이었다. 신혼에 덜컥 부모가 된 우리는 순진함과 무식함 사이에서 아슬아슬한 줄타기를 하곤 했는데 그래도 무리 없이 인생의 통과의례를 하나씩 치러 나가고 있었다. 2박 3일 안에 학위수여식에 참석하여 만삭의 아내와 기념사진을 찍고, 결혼 1주년 축하도 해주고 첫아들까지 맞이해서 그날들은 우리 결혼생활에서 가장 감격적인 사건이 되었다. 임무를 충실히 수행하고 귀대한 ○이병은 모시고 있던 상관과 내무반 식구들로부터 큰 축하를 받았다나?

그러니 나머지는 부모님과 손끝도 마음도 덜 여문 새 각시의 몫이었다. 계곡이 깊으면 산도 높은 법. 시부모님과 시동생, 시누이들은 신랑의 빈자리를 넘치게 채워주셔서 나는 씩씩하고 행복한 산모였으며 '산후우울증'은 내가 아는 단어가 아니었다.

시어머님의 산후 뒷바라지는 극진하셨다. 하루에 다섯 차례씩 미역국에 밥을 차려주셨고 그때마다 손주를 보시며 피곤함도 잊은 채 지금 내가 겪고 있는 신기함을 토로하셨다.

"어쩌면 이렇게 지애비를 빼다 닮았냐?"

"할아버지가 ○○ 머리 깎아 주시며, 만들라고 해도 이렇게 잘은 못 만들겠다고 하시며 두상이 좋다고 하시더니 두상도 꼭 지애비네!"

어머님은 '두상'을 '투상'으로 발음하셨던 것까지 기억된다. 옆에서 시할머님께서는 목욕시킬 때 울지 않는 증손자가 그리도 신기하신지, "술을 얼마나 잘 마시려고 물을 이렇게 좋아하나?" 하시며 거드셨다.

며느리를 위해 특별히 담가 두셨던 백김치의 맛, 부옇게 우려내 끓여주시던 사골미역국 맛은 지금도 잊을 수 없다. 아기를 씻겨 주시고 천기저귀를 일일이 빨아서 말려주시면 시할머님은 다 개켜서 따듯한 방안 아랫목에 넣어주셨다. 지금도 낯이 뜨거워지는 것은 하룻밤 사이에도 몇 차례씩 먹는 아기 젖 때문이라 하더라도 아침식사 때마저 잠에 취해서 시간을 분간 못했던 일 등, 셀 수도 없다. 아버님은 퇴근시간이 되면 손주를 보고 싶어서 정신없이 귀가하셨다고 하시며, 우리 집안의 좋은 일들을 열 가지나 번호를 매겨 기록하시며 기뻐하셨다.

우리는 세 시간을 달려 5분 정도 유리창 너머의 도담이를 보고 되짚어 내려왔다. 마침 도담이는 눈을 감은 채 미소로 답해 주었는데 도담이 아빠는 이렇게 많이 웃어 주기는 처음이라며 자신이 베푸는 양 치사를 했다. 나는 며느리 손 한 번 잡아주고 산후조리원을 나왔다. 그것도 산후조리원 현관을 넘어가지 못한 채.

도담이 할아버지는 쌓인 피로에 당일치기 서울 다녀 온 여파인지 몸살을 앓고 있다. 그래도 하는 말, 빨리 나아야 이번 주말에 또 올라간다나? 그리고는 스마트폰 울리기만 기다린다. 동영상을 셀 수도 없이 재생시키며 그 미소를 바라보며 한 이레를 갓 지난 아기가 말을 알아듣는다고 허풍을 친다. 하루하루 변하는 표정을 화면으로 보며 예뻐지고 야물어진다면서 IT 사랑을 나누고 있다.

*도담이: 지원 양의 태명.

다시 꽃 타령

'상황 설정이 곧 글의 주제가 되면서 구조가 되는 글'이라고 쓴 비평글을 읽다가 마침 생각이 멈춰 섰다. 졸작 수필 「홍매화 입눈 틀 무렵」이 이런 경우가 아닌가? 라고. 견강부회가 될지언정 굳이 밝혀보자면 이렇다.

시기적으로 우연히 맞닿은 2월 9일의 사건에서 홍매화는 내가, 새 잎은 도담이가 되고 말았다. 선물 받은 홍매화가 지고 안타까웠는데 문득 보니 새 잎이 나서 기뻤다는 것. 그 무렵에 도담이가 우리에게 왔다는 것. 그래서 필자는 할머니가 되고 삼십년 전의 시간을 되짚어 며느리와 시어머니의 위치를 바꾸어 가며 당시와 현재의 정황을 그려내고 있었다.

그 작품을 읽은 친구는 '홍매화가 지고 새 잎이 났다'며 너무 좋아하지 말라는 경고성 메시지를 보내왔다.

세상에 바보가 많다더니

친구가 이렇게 금세 춤추는 바보가 되었네.
황매화 꽃잎 떨궈 얻은 생명이야
어찌 예쁘지 아니 할까마는
입에 침이 너무 흐른다
축하 합니다.

- 시 쓰는 친구의 감상기.

친구의 촌평은 부인할 수 없는 상황에서, 내게 충격이었다. '황매화, 나는 떨어진 꽃?' 여운은 조용하지만 파장은 상당했다. 어느 날 갑자기 할머니가 된다는 것, 마음의 준비도 안 된 채 할머니가 되는 일은 희비의 쌍곡선이라는 점을 부인하기 어려우리라. 하지만 현실은 엄연한 것이었다. 그래서 찾아낸 항변성 발언이, 내게 있어서 할머니는 '관계의 언어'일 뿐이라는 것이었다. 어느 노시인은 적확한 표현이라 하셨고 누군가는 '몸부림치는 궤변'이라 했어도 하는 수 없다.

그런데 구원자가 나타났다. 우연인 듯 다가와 내게 눈을 뜨게 하고 사고를 전환하게 하는. 어머님이 주신 백화등 한 분이 위로와 평안, 소망을 안겨주고 있다.

백화등은 작년의 잎을 매단 채 새 잎이 나고, 자라서 꽃 필 때까지 묵은 잎이 건재하는 목본식물이다. 붉은 단풍이 신록과 대비되어 독특한 분위기를 자아내더니, 여유롭게 기다리며 새 잎이 자라는 동안에도 전혀 마르거나 구부러지지 않고 원숙미를 보여주고 있었다.

"그래 잘 자라야지. 물이 조금 부족해도 속으로 참아내고, 공기가 탁하면 숨구멍을 오무려 봐. 옳지, 그렇지. 그렇게 하는 거야." 하는 듯이.

백화등은 작고 흰 꽃을 피우는데 모양만큼이나 여리한 향을 뿜는다. 묵은 잎은 그 향기까지 누리고 있다. 잎눈이 자라서 자신만큼 키가 자라고 줄기가 불어나 새 꽃을 피워내는 동안 조금 멀찍이서 기다려주면서 말이다. 조용히 감사와 소망의 기도를 올리는지도….

사랑은 허다한 허물을 덮는단다. 비평 글에 부합한 수필인지 객관적인 평은 제쳐두고라도, 내 상황에서 감정을 순화하는 사건으로 인해 포근한 봄밤이니 너무 탓하지 마시오라. 더불어 졸작 「백화등에게」를 소개한다.

백화등에게

너처럼 작은 꽃으로
희게
피고 싶다.
모래흙 속 습기로 마른 뿌리 적시지만
많은 이의 마음을 채우는.

작디작은 꽃봉오리에서 발하는 향기는
누리에 퍼지고
해를 넘겨 잎을 키우는 여유로움이

부럽구나.
강인함이 존경스러워.

흩어 지지 않은 자세로
정념을　간직한 채
그 자리에 서고 싶다.

오래 향기를 발할 수 있다면.

- 졸시, 전문

길을 즐기는 이

「꽃길(花徑)」이라는 한시가 있다.

셀 수 없는 그윽한 꽃 제각기 피어있는(無數幽花隨分開)
산에 오르는 좁은 길 일부러 배회하네.(登山小逕故盤廻)
남은 향기는 봄바람이 쓸어내는 쪽을 향하지 마라(殘香莫向東風掃)
혹시 한가한 사람 술을 지고 오는지(倘有閑人載酒來)

나는 이 한시의 정경을 떠올리며 '등산'을 '등고'로 바꿔본다. 그리고 작자보다 더욱 시로 사는, 한 시인을 보여주고 싶다. 언어, 지각 이전에 느낌으로 배회를 즐기는 낭만주의자.

그는 손가락으로 일체를 다스린다. 그가 하늘을 가리키면 새가 날고 있고, 활짝 핀 백목련이 있고, 홍매화가 있으며 지고 있는 벚꽃이 남은 빛을 발하고 있다. 길을 가리키면 온갖 차들이 달리고, 노란 유치원 차에서 아기들이 종종종 내리며 때론 긴 사다리차가 이삿짐을 올리고 있다. 나뭇가지에서는, 참새가 뽀로롱 날고 비둘기가 구구구 내려오며 까치가 깟깟 거리고 있다. 눈길을 낮추면 철쭉이 꽃망울을 터뜨리고 민들레가 무더기로 피어있고 자그마한 제비꽃도 보인다. 그는 이 모든 것을 좇으며 눈으로, 소리로, 손으로 만지며 길을 간다. 밟거나 꺾는 일은 결코 없는 범애주의자.

그는 포장된 길보다는 흙길을, 흙길보다는 자갈길을, 자갈길보다는 개울 길을 즐긴다. 발을 헛디뎌 넘어지고 이마가 깨져도 험로를 사랑하는 그의 취미는 바뀌지 않는다. 그는 봄 길을 좋아한다. 그는 벚꽃 떨어진 계단 오르기를 즐긴다. 봄비가 내려 꽃들이 삽시간에 지면 우리는 씁쓸함을 지울 수 없다. 하지만 길에 떨어져 땅을 덮은 꽃들 또한 우리에게 한없는 아름다움과 그의 존재감을 웅변한다. 이 떨어진 꽃을 관심 있게 지켜보는 그. 때론 계단에 앉아 꽃잎을 만진다. 계단 양쪽의 시누대도 쓰다듬으며 걷는다. 하루의 일과가 시작되기 전, 꽃길을 걸어야 하고 계단을 혼자 올라야 하며, 길 가는 강아지를 만나면 빠이빠이를 해야 한다. 일과가 끝나는 오후에는 그의 발길이 더 빨라진다. 동네 한 바퀴를 돌고 미끄럼틀에도 올라야 하고 철마를 타고 달려야한다.

동네를 다니다 보면 강아지를 데리고 산책하는 이들을 만난다. 갑자기 그가 "크크크…." 했다.

"아, 강아지가 크크크 짖는다고? 그러지!"

조금 있다가 고양이가 슬쩍 지나가니 또 "크크크…." 한다.

'어? 이건 뭐지?'

'크크크'는 강아지 소리의 의성어이자 '귀엽다!'는 시인의 다른 표현임을 몇 개월이 지난 뒤 알 수 있었다.

초여름이 오자 아파트 조경을 위해 조성한 시냇물이 흐르고 있다. 그에게는 자갈을 주워 물수제비를 뜨는 또 하나의 즐거움이 생겼다. 번득이는 눈으로 돌멩이를 주워서 시냇가로 향한다. 때론 시냇가에 떨어진 매실을 주워서 냇물에 던진다. 매실이 자신의 물그림자와 함께 동동동 떠가는 것을 보며 소리를 한다. 신기하다고, 함께 바라보자고.

시냇가의 바위를 오르고 마지막으로 징검다리에 앉아 흐르는 물에 손을 담근다. 간질이는 시냇물을 온몸으로 느낀다.

어느 날, 그는 황홀한 선물을 받았다. 어린이들의 사랑, 킥보드. 아장아장 걷던 오른쪽 다리가 널판에 올라가는 순간 미끄러지듯 질주한다. 방향을 전환하는 뒤태가 능숙하다. 엉덩이를 빼고 누나를 따라 달리는 솜씨가 보는 이들을 놀래킨다. 어느 사이 축지법을 쓰고 있다.

길을 사랑하는 그. 살아있는 모든 것, 작은 모래돌과 개미 한 마리까지에도 눈을 떼지 않는, 그는 23개월의 경보선수, 킥보드를 타는 지후 군이다. 아니 그는 만물을 사랑하여 온몸으로 길을 누비는 꼬마시인이다.

당신을 만난 것은 행운이에요

어젯밤 늦게 도착해서 눈을 뜬 아침은 투명한 공기에 상큼한 꽃향기 속이다. 창 밖에 있는 플루메리아 나무 두 그루가 하얀 꽃으로 우리를 맞이한다. 우리나라의 태산목 같기도 하지만 이곳 열대 지방에 많은 흰색 플루메리아가 분명하였다. 내가 이 꽃을 처음 본 것은 타일랜드의 작은 도시 '우본'이라는 곳에서였다. 어머니와 가족여행을 했는데 그곳 정원에서 우리를 환영하는 지인이 어머니의 머리에 꽃을 꽂아주셨다. 80대 중반의 어머니는 수줍은 소녀의 미소를 지으면서 그 꽃을 꽂고 계셨다. 플루메리아는 그렇게 내게 다가왔다. 그 여행에서 라오스 국경 안으로 들어가서 보니 라오스의 국화인 참파꽃과 아주 비슷했고 라오스의 비행기 꼬리에도 그려져 있을 정도로 사랑받는 꽃이었다.

이곳 필리핀에서는 '칼라쭈찌'라고 불리는데 꽃말은 '당신을 만난 것은 행운이에요.' 날씨가 쾌청하니 나무가 커도 통꽃으로 떨어진 하얀 꽃들이 꽃잎 하나도 다치지 않은 채 잔디밭에 내려 앉아 있었다. 달큼한 바람에 다섯 장의 꽃잎은 하르르하르르 떠다니듯 내려온 것이다. 김광균의 '설야'처럼. 어느 먼 곳의 그리운 소식이 한 밤 소리 없이 흩날려 초록 융단 위에 피어 있었다. 하도 고와서 몇 송이를 주워서 유리컵에 물을 담아 지원이에게 줬다. 지원이는 소중히 받아 침대 옆 탁자 위에 올려놓았지.

우리는 하루에도 여러 번 이 나무 밑을 다니며 꽃잎을 줍고 이야기를 나눴다. 수영장에도 꽃잎이 떨어져 무리지어 떠다니고 우린 꽃잎 사이를 헤엄치며 즐거워했다. 때로는 옥색 바닷물에 몇 송이를 띄우고 지원이에게 속삭였다. "당신을 만난 것은 행운이에요!" 손주는 노년에 주신 신의 선물이어서 누군들 손자녀를 사랑하지 않을까마는 지원이는 나의 이상적인 인물상이다. 그 애는 설날 아침 끓여준 떡국 각각의 색깔을 기억하고, 소고기 미역국을 가장 좋아한다. 걷기도 전부터 음악을 들으면 엉덩이를 들썩거리며 춤을 추더니 어린이집에서 배운 노랫가락에 개사를 해서 불러주는데 "감자 심고 고구마 심고~" 사과나무를 키워서 사과를 따면 가장 먼저 할아버지, 할머니께 보내준단다. 과일나무 몇 그루 있는 시골집을 그리 좋아하여 전주에 오면 선암리에 가자고 조른다. 시골 할머니의 정서를 어쩌면 그리 후벼 파는지….

말씨가 고와 상대를 배려하는 말투가 몸에 배어 있다. 그러면서도 자신의 의견을 말할 때는 주견이 뚜렷하고 조리가 분명하며 제스처까지 확신에 차 있다. '서연이'라는 상상 속의 언니가 있어서 항상 대화를 하고, 자기가 낳을 장래 아가 이름은 '김영하'인데 동생 지후하고 결혼하겠다는 야무진 꿈을 꾼다. 나를 '타샤 튜더'로 안다. 나는 그녀의 신발끈을 풀 자격도 없는데. 지원이와의 만남은 내 삶의 행운이고 그가 만날 모든 사람에게 행운이기를 기도한다.

지원이도 흰색 칼라쭈찌를 사랑하게 되었고 드디어 우리는 이 나무 아래서 가족사진을 찍었다. 지원이는 꽃잎을 오른쪽 머리에 꽂고, 나와 지원 엄마는 왼쪽에 꽂았다. 하와이를 상징하는 플루메리아, 히비스커스 등, 하와이에 가면 아름다운 꽃을 머리에 꽂아 장식하는데 기혼자이거나 연인이 있는 사람은 왼쪽에, 미혼자는 오른쪽에 꽂는단다. 우리 지후는 양 손에 꽃잎을 들고.

꿈같은 가족여행이 끝나는 날, 문득 지원이가 말했다.

"할머니, 이 꽃을 집에 가져가면 안 될까요?"

"음, 살아있는 식물을 가져갈 수는 없는데…. 사진에 담아가면 안 될까?"

아쉽지만 아이에게 정확하게 알려줘야 했다. 발걸음을 옮겨 호텔 방에 닿았을 때 문득 드는 생각, '아, 그런 방법도 있지!'

"지원아, 꽃잎을 책 속에 끼워서 말리면 색깔과 모양이 곱게 남아서 실제 꽃잎을 가져갈 수 있단다. 그런데 이젠 시간이 없네. 이걸 어쩌나?"

"꽃이 방에 있잖아요! 제가 가져온 스케치북도 있고요."

우리는 급하게 짐을 싸고 있었다. 비행장으로 떠날 시간이 얼마 남지 않았을 때까지도 지원이는 유리컵 속의 플루메리아를 건져 스케치북에 곱게 펴고 있었다. 단풍잎 같은 손으로 가장자리가 갈색으로 변한 꽃잎까지 소중하게 펴서. 유치원에 가서 친구들에게 보여 준다고.

지원이의 희고 동그스름한 얼굴이 플루메리아의 다섯 장 꽃잎과, 건강한 지원이의 신체는 윤기 있고 도톰하며 넓고 긴 잎들과, 은은한 향기는 그 아이가 말하는 사려 깊은 말을 닮았다. 플루메리아는 하와이에서 환영이나 감사의 의미로 선물하는 화관이나 화환을 만들 때 쓰이는데 지원이는 누구에게나 어느 곳에서든 사랑과 감사의 주인공이 될 것으로 믿어진다.

*2024. 7. 7.
지원이는 이제 "나중에 결혼할 때 아빠 같은 사람 만나고 싶어요"라고 고백하는 소녀로 자랐다.

스승, 진헌이

하나. 내성적인 성격?

임신한 딸이 진료를 받아야 하는데 엄마가 와 주실 수 있느냐고 연락이 왔다. 무조건 가야 한다. 코로나 상황에서 아기를 병원에 데려갈 수는 없으니까. 오전부터 진헌이와 같이 노는데 어찌나 온순하고 하는 짓이 이쁜지. 정이 잘잘 붙는다. 기저귀를 갈려면 할아버지 앞에 와서 터억 눕고, 놀다가도 할머니를 찾아 안기고…. 16개월에 들어섰는데 말귀는 다 알아듣고 한 음절 혹은 두 음절의 말을 한다. 할머니는 '니~', 바나나는 '나나' 이런 식이다. 시계를 좋아해서 어디서든 잘 찾아내는 게 신기하기만 하다. 동그란 시계는 말할 것이 없으니 아이가 이해할 수 없을 줄 알면서도, 전자시계를 가리키며 시계라고 알려주는 나에게 스스로 웃음이 터진다. 단감을 간식으로 주니 자기가 먹다가도 우리 입에 자꾸 넣어준다.

말소리나 표정이 너무도 온순하다. 볼수록 이쁜 진헌이, 곰

실곰실 사랑받게 하는 진헌이다. 남편은 에미 애비가 잘 키워서 성격도, 덕집도 건강하다고 칭찬 일색이다.

그런데 말이다. 이렇게 잘 놀다가도 지 엄마 아빠가 오면 더 흥이 나고 새살거린다. 목소리가 달라진다. 눈빛이 달라진다. 부모 밑에서 자란 아이와 그렇지 않은 사람의 성격을 알아차리겠다. 손주들이 알려줬다.

둘. 구두코에서 우주를 찾아내는

진헌이랑 아기 용품점에 갔다. 여러 물건들을 둘러보는데 "깜깜, 깜깜…." 하는 소리가 들린다. 분명 진헌이의 소리, 여기는 대형 상가의 밝은 점포 안이다. 터널이나 지하주차장에 들어가면 "깜깜, 깜깜."을 외치는 진헌이인데….

그의 눈길이 머문 곳은 예닐곱 살 여자아이 신발의 앞부리와 뒤꿈치였다. 까만 바탕에 '반짝이'가 박혀있는 구두의 작은 면적에서 진헌이는 밤하늘을 본다. 광활한 우주를 상상하는 것.

"맞아! 진헌아 깜깜하지? 우리 진헌이는 깜깜도 잘 알아요."

하자, 배시시 웃는다.

셋. 새벽 산책을 즐기는 아가

진헌이의 하루는 아침 6시 전후에서 시작한다. 그때부터 아빠는 과일을 챙겨주고 동화구연사가 되고 자동차를 손에 쥐어 줘야 한다. 해서 늘 새 나라의 아가이다. 그런데 오늘은 기척

이 없다. 어제 늦게까지 소리가 나더니 늦잠을 주무시나? 여유 있는 아침을 보내고 있는데 어느 덧 사위의 출근시간이 다가온다. 지체하면 안 되겠다싶어 안방에 가서 노크를 하니, 이제 집에 들어올 시간이란다. 진헌이가 아빠랑 산책을 나갔다.

바야흐로 때는 봄이요, 녹음방초에 새는 귓전에서 노래하는데 방에서 『북극으로 가는 기차』 이야기만 듣고 있을 수 없었던 것이다.

"산책 나가", "같이 가자"를 외치는 진헌이는 풀잎을 스치며 걷는 맛, 코를 간지럽히는 아침 공기의 신선한 맛을 알아버린 것이다.

아, 좋아하건만 침대의 그 진한 유혹을 떨치지 못해 육십갑자를 두 바퀴째 돌고 있는 이때까지 실행하지 못하는 나의 새벽 걷기. 지행합일의 스승님, 20개월 진헌이.

넷. 정으로 사는 게 인생

자는 것, 먹는 것, 싸는 것을 일정하게 훈련시키는 엄마의 뜻을 아랑곳하지 않고 진헌이는 그저 와서 안기고, 웃고 노래한다. 온 얼굴에 표정을 가득 품고 바라보는 눈길, 좋아하는 자동차를 양 손에 쥐고 이름을 번갈아 외치고, 온몸으로 신나게 놀다가도 전속력으로 달려와 안기는 진헌이. 엄마가 부르는 노래에 맞춰 두 손을 번쩍번쩍, 엉덩이를 들썩들썩, 두 발을 쿵쿵거린다. 진헌이는 우리만 가면 흥분이 되어 낮잠도 건너뛴다.

낮잠을 재우려고 곰돌이 '에요'로 아무리 꼬드겨도 침대로 향하기를 몇 번, 다시금 나와서 우리에게 달려든다. 할아버지와 할머니가 자기를 만나러 온 그 맘을 차마 저버릴 수 없는 모양이다. '놀아드려야지~' '한 번 가는 시간은 다시 오지 않아~' '인생은 계획대로 살 수 없는 거야, 열정으로, 마음가는대로, 정으로 사는 거지!'

눈으로 그렇게 말하고 있었다.

다섯. 울 애기가 웃었네!

23개월의 진헌이를 보며 내가 말했다.

"진헌이가 울면 할머니가 맘이 아파 못 봐요."

"엄마도 그런다고 했잖아. 할머니도 똑같은 말씀을 하시네."

진헌이는 곧 엄마도, 할머니도, 할아버지도 맘이 아파 못 본다는 말을 반복하며 고개를 가로로 저었다. 그리고 생각이 난 듯, "진헌이가 울면 아빠도 맘이 아파 못 봐요!" 하며 일터의 아빠도 챙긴다.

"못 봐요!" 하며 고개는 절레절레. 하지만 눈웃음을 치며 웃어댔다.

여섯. 자동차 매니아

24개월 진헌이와 3주간의 동행은 많은 것을 생각하게 했다. 인간의 무한한 능력, 의식화의 위력, 매니아의 자세 등 어린 철학자는 어른을 충분히 일깨우고도 남았다. 동생을 맞이하기 위해 처음으로 엄마 품을 떠나 생활하는데 "엄마는 병원에서 큰 주사를 맞아서 집에 못 와."라고 하루에도 몇 번씩 그 말을 되뇌인다. 말을 하며 자신을 다독이는 것이다.

진헌이와 생활하면서 나도 차에 대한 관심의 영역을 넓힐 수 있었다. '탈 것' 이상으로 생각하지 않았던 자동차가 진헌이에게는 살아있는 관심과 애정의 산물이었다. 두 살의 아가 입에서 람보르기니, 베엠베, 랜드로버 등의 발음이 자유롭고, 로고를 보고 차를 알아보는 것은 충분히 나를 놀래킨다. 진헌이에게 자동차는 그저 바라만 봐도 좋은, 언제 어느 곳에서든 가장 잘 보이는, 있는 곳이 있으면 반드시 가서 봐야 하는 그런 것이었다. 해서 동화책을 읽어줄 때도 자동차가 먼저 보이고 장난감 가게에서는 단연코 그 자리를 떠나지 못하고, 아침 산책에서 비 오는 날은 지하주차장의 자동차를 보는 것이다.

저녁 즈음이면 자기의 자동차를 정리하는데, 경찰차, 구급차, 버스-타요, 가니, 라니, 로기 크기대로-, 다음에는 택시, 트랙터 등 일하는 차, 경주차 등을 같은 방향으로 주차시킨다. 수도 없이 많은 자동차의 앞, 뒤가 바뀌는 법이 없다.

그리고는 흐뭇한 표정으로 같이 바라보기를 권한다. 타고 다니며 걸음마를 배우던 버스부터 어른 엄지손가락만한 미니카를 나란히 세워 한 방향을 바라보게 한 24개월 아가의 세심한 마음에 박수갈채를 아니 할 수 있겠는가.

사랑은 관심을 낳는다. 해서 지구본을 사왔다. 좋아하는 자동차들의 생산국을 알려주고 지구본에서 나라를 같이 찾아보았다.
"현대, 기아차는 우리나라 대한민국에서 만들어요."
"여기가 우리나라야. 우리나라 모양을 잘 봐요."
"볼보는 스웨덴에서 만들어요."
며칠 후 "볼보를 만드는 나라 스웨덴은 어디에 있지?"
"지구본에 있어요."
그래, 네 말이 맞다. 정답이다!

일곱. 기저귀 찬 형아의 배려심

진헌이는 방방 놀이기구에서 뛰는 것을 즐긴다. 하루에도 몇 차례씩 올라서서 "할머니, 박수 칠까요?"
"할아버지도 박수 칠까요?"
"엄마도 박수 칠까요?"
함께한 가족 모두를 열성 관객으로 만들어버린다.
"잘한다, 잘한다 진헌이!"
"높이높이 더 높이!, 크게크게 더 크게!"
응원의 말과 박수의 크기가 그 애의 높이뛰기와 비례하는 것은 당연지사. 여느 때처럼 박수를 하며 다소 격앙된 표정과 소리로 진헌이의 뛰기를 격려하는데, 갑자기 멈춰서 돌아보더니,
"할머니! 주헌이 깨니 소리 작게 해주세요."
진중하고 깊은 지혜의 진헌이! 큰 사람이 될 것으로 믿고 기대하며 감사기도 드린다.

담대한 미소년 달변가

언제나 미소를 지닌 남자, 더 좋으면 실눈을 뜨고 함박웃음을 웃는 아가. 우윳빛 피부에 약간 곱슬머리, 어느 한 곳 보태고 덜할 것이 없이 완성미를 갖춘 미소년. 대리석으로 조각한 아기천사의 모습으로 우리에게 오셨다.

낯을 가리지 않았다. 아주 가끔씩 마주하는 할머니를 잠시 바라보는 듯하다가 이내 싱긋 웃고는 기어온다. 어떻게 기억할까? 나를 알아보는 사실이 신비스럽다. 드디어 우리 둘만의 시간이 왔다. 약간의 긴장과 호기심으로 그를 마주한 나는 막중한 책임감을 느끼고 있었다. 삼복의 밤을 아기천사와 보내는 기분은 어떨까, 그의 욕구를 금방 알아차릴 수 있을까? 말 못하는 아기의 뜻을 알아차리지 못해서 고생시키는 것은 아닐까? 적잖이 걱정이 되었다. 그러나 모든 것은 기우였다. 우리는 언어 이전의 눈빛으로, 마음으로 통하여 아무런 불편 없이 밤낮을 지냈다.

주헌이를 밀착 취재할 절호의 기회가 왔다. 첫돌이 지난 주헌이와 여섯 시간의 비행기를 탔다. 탑승 전부터 새로운 풍경들을 둘레둘레 바라보더니 날아가는 내내 사람들을 보며 관계가 좋았다. 잘 웃고 맛나게 먹으며 재밌게 놀았다. 비행기에서 내려 버스로 이동할 때도 창밖을 보며 달라지는 풍광을 응시했다. 하늘, 나무, 꽃, 각종 자동차를 알려주면 귀 기울여 듣고 눈빛으로 화답하는 양 의미 있는 표정을 지었다. 화락한 얼굴빛으로.

그런데 돌아오는 비행기 시간이 문제였다. 저녁을 먹인 후 잠이 들면 그 밤이 평안할 줄 알았던 어른들의 예상은 빗나가고 말았다. 주헌이는 잠잘 시간에 웅웅거리는 비행기를 용납하지 않았을 뿐 아니라 서로 경주를 했다. '누가누가 잘 하나, 누가누가 이기나' 한숨도 자지 않고 6시간 내내 마라톤을 하였다. 아무리 달래고 장소를 바꾸고 엄마 아빠가 안고 돌아다녀도 울음을 멈추지 않았다. 긴긴 시간 동안 솔로로 까만 밤을 밝혔다. 반비례하여 우리 가족은 죄인 중의 죄인이 되어 숨죽이며 마음을 태웠다. 그런데 인천공항에 착륙하여 입국 수속장에 들어서자마자 앞의 미소년으로 완벽하게 돌아왔다. 언제 그랬냐는 듯이.

여행지에서도 우리는 놀랐다. 동남아의 열대성 소나기(스콜)를 만났다. 바람이 계속 불고 풍향도 돌변하여 준비한 우산은 악세서리가 되었다. 우르릉 쾅! 번쩍번쩍!! 우리는 아가들이 놀랠까봐 몹시 마음을 쓰며 애를 태우고 있었다. 하지만 주헌이는 유모차에서 잠을 자고 있다. 가르랑 가르랑 콧소리를 내며. 태평천하 주헌이와, 언제 비가 내렸냐는 듯 해가 쨍하고 나타나는 이곳 날씨의 표정이 어찌 그리 닮았는지.

주헌이는 두 살 위의 형을 '껑아!'라고 부른다. 언제나 껑아를 바라보며 열심히 배운다. 킥보드 옆에 나란히 선 사진을 보니, 형 진헌이는 질주하려고 시선이 앞을 향해 있는데 주헌이는 껑아의 발을 바라보고 있었다. 자못 심각하고 진지한 표정으로. 무엇이든 껑아를 따라하고 함께하는 게 기쁘고 자랑스러운 모양이다.

두 돌이 채 안 된 주헌이를 보는 이마다 놀라는 것은 그의 말. '껑아'에서 이제는 '형아'가 된 스승님의 말씀은 무슨 말이든 따라 한다. 그래서 "해피 버스데이 투 유!"도 할 줄 안다. 어떤 상황에서든지 형아의 말을 따라 하기에 주헌이는 진헌이의 '메아리'. 형아가 "나 따라서 하지 마!" 해도 소용이 없다. 훌륭한 네 살의 어학선생 밑의 두 살의 달변가. 그는 발음이 정확하고 어휘를 많이 아는 단계를 넘어 구체적인 담화상황에서 적절한 대화를 할 줄 안다. 그리고 적확한 단어를 구사해서 우리를 놀라게 한다. 수압이 제법 높은 우리집 목욕탕에서 그가 한 명언, "꼬추가 따끔따끔해!"였단다.

주헌이는 어린이집에서도 인기가 높은 듯하다. 민지라는 여자 친구와 찍힌 사진이 많더니 어느 사진은 민지가 그를 담쏙 안고 있다. 또 다른 여아 친구도 있나보다.

주헌이 엄마가 물었다.

"민지가 좋아, ○○가 좋아?"

~딴청을 부림~

"민지가 좋아, ○○가 좋아?"

"엄마가!"

"흐흥~"

(놀라며 행복한 엄마의 소리)

"흐흐응~"

(엄마 맘 내가 맞췄지? 하는 주헌이 소리)

주헌이는 엄마의 마음을, 인간의 심사를 꿰뚫는 독심술까지 소유한 두 살배기 철학자.

증조할아버지 구순 잔치에 황금색 조끼의 한복을 입고 참석했다. 엄마와 아빠, 삼촌, 이모들이 합창을 하는데 주헌이는 노랫말 프린트를 열심히 들여다본다. 얼마나 열심인지 혀를 쏙 빼문 채 너무 진지하게 읽고 있는 주헌이. 척척박사라 한글을 읽는 줄 알았는데, 딱딱박사(척척박사의 주헌이 발음)라 거꾸로 읽고 있었다. 그런데도 훗날 노래하는 걸 보니 박자, 음정, 노랫말이 정확했다. 그의 말대로 척척박사!

주헌이는 일상이 얼마나 재밌을까? 만나는 친구들과 놀이, 행사, 체험. 새로운 것 투성이니까. 책도, 친척집에 가는 것도, 하다못해 창밖을 바라보는 것만 해도 그는 늘 신선한 충격으로 행복할 것이다. 밀물처럼 밀려오는 그 모든 것은 주헌이의 몸과 마음, 지혜를 살찌우고 있다.

몸과 마음이 건강하고 호쾌한 성격의 주헌이! 모든 이에게 축복의 통로가 되기를 간절히 기도한다.

상처받기 쉬운 보배들

"전주 가셔도 제 생각 많이 하시고 잘 다녀오세요."

원후네 집에서 전주로 돌아오던 저녁 때 다섯 살 4개월 지원이의 작별인사.

잘 다녀오라는 말에 순간 가슴이 뭉클했다. '안녕히 가시라'는 말과는 다르지 않은가.

손이 채송화 잎 모양으로 짧고 통통한 지원이가 손톱을 물어뜯어 자라지 않는다는 지애비의 이야기를 듣고 내내 마음이 짠했다. 유달리 몸과 맘이 건강하고 영특한 손녀로 세 살 아래의 동생을 너무도 잘 보살펴서 칭찬만 했었다. 실제로 동생을 좋아하고 예뻐해서 고맙게 생각했는데, 가족들의 관심이 동생에게 쏠리니 뭔가 서운함이 있었나 보다. 또 동생에게 양보하는 게 몸에 배어서 유치원에서 친구들에게도 양보를 한단다. 손톱을 물어뜯어서 깎아준 기억이 멀어지자 엄마가 지원이만 데리고 친구들 모임에 갔단다. 그렇게 좋아했다던 지원이의 말.

"양보 안 해도 되니까 좋아요."

사랑을 독차지하고 싶은 의식이 잠재하는지, 전주 우리 집에서 2박 2일 놀다가면서 하는 말이 이렇다.

"지후 또 아프면 15일간 놀다 갈게요."

동생이 수족구병에 전염되어서 지원이만 데리고 전주에 왔는데, "지후 아프면이 아니고, 지후랑 같이 와서 많이 놀다가."

난 오답을 말했다. '지후가 아프면'에 걸려서, 지원이의 마음을 금세 잊고.

"그래 언제라도 우리 지원이만 와서 실컷 놀다가렴!"

이게 정답인데.

마음은 유리컵보다 다루기가 어렵다. 마음은 오팔(opal). 보석 오팔은 여러 빛깔이 섬세하게 섞여서 빛나는 연분홍 계열의 보석이다. 청록 계열도 있지만 지원이가 좋아하는 색상이 분홍색이어서 그의 마음과 연관이 잘 된다면 나의 억지인가. 그런데 오팔을 실온에 보관해서는 안 된단다. 보석상에서 금은보석을 보관하는 유리 상자에 물컵을 같이 넣어 두어야 한단다. 적당한 습기가 있어야 균열이 일어나지 않기에. 다른 보석과는 달리 그만큼 섬세한 보석이다. 지원이 마음은 오팔. 고모가 늘 말하던 '보물'이었다.

그런데 어디 지원이 마음만 그럴까. 우리 아가들, 아니 세상의 모든 아가들의 마음은 순수하지만 여리고 상처받기 쉬운 보석들. 어른이라는 사실에 어깨가 무거워진다.

이제는 질문에 답해야할 때

유네스코 세계 문화유산, 백제 역사기행(2021년 7월 26일~)

나는 여름휴가를 기다리며 은근히 들떠 있다. 몇 해 전부터 시작해서 이제는 정례행사가 된 손주들과의 여행. 앞으로는 초등학생인 원후남매와 유치원생인 진주형제의 프로그램을 더 상세히 준비해야겠다. 이때 자식들은 육아와 교육을 떠나 자유롭게 부부만의 밀월을 즐기는 휴가가 되겠지.

***미륵사지 석탑과 익산박물관, 서동공원의 추억**

여름방학의 설렘은 할아버지 할머니 댁에 가는 일에서 시작된다. 코로나 시절에 우리 지원이는 초등학생이 되어 드디어 첫 여름방학을 맞이했다. 2021년 7월 26~31일 전주행. 먼저 군산에 가서 증조할아버지, 증조할머니를 찾아뵙고 맛난 것을 먹었다. 그리고 미륵사지 석탑을 보고 국립 익산박물관 견학. 코로나 시절이라 사람들이 적은 오후 시간을 택해서 갔다.

아가들은 박물관의 백제 유적을 너무나 진지하게 관찰하고 석탑 아래서 달리고, 뛰고, 기념사진도 찰칵찰칵. 초코아이스크림은 이 달콤한 휴가에 한층 맛과 향기를 더해줬다. 더위도 식히고 에너지도 충전한 후 관람을 시작했다.

박물관에서 지원이는 유물사진을 열심히 찍고 지후는 유물들을 뚫어져라 바라보면서 미륵사지 9층 석탑 쌓는 동영상을 다섯 번을 보고 순서를 외워버렸다. 현재 남아있는 국내의 최대의 석탑이며 동시에 가장 오래된 백제의 석탑인 미륵사지 석탑은 한국 석탑의 최초의 탑으로 평가된다. 밖에 나와서도 지원이는 안내판의 글을 열심히 읽고 지후는 하늘을 보며 줄지어 날아가는 새들을 세느라 목청을 높인다.

푸른 잔디밭의 미륵사지 서탑은 1400여 년이 다 되도록, 저녁노을은 수수만년 전부터 지원이와 지후를 기다려왔지. 저녁나절이라 새들은 나무 위의 제 집으로 돌아가고 해오라기는 연못 수풀 속 둥지로 향했다. 잔잔한 수면 위의 세 그루 나무는 데칼코마니가 되고.

어둑어둑한 때였지만 우리는 조금 떨어져 있는 '서동공원'으로 달렸다. 서동과 선화공주의 사랑이야기를 듣고 여러 풍경들을 보기 위해서. 서동과 선화공주의 조형물들과 여러 조각들이 우리를 맞이해주고 울긋불긋한 조명이 기분을 돋워 준다. 문득 발견한 구름다리 미끄럼틀! 우리 모두는 신나게 탔다. 지후의 민첩한 몸놀림이 빛을 발하는 시간, 지후와 지원이는 깜깜한 길을 달려 몇 번을 더 탔다.

할아버지 할머니는 엉덩이가 화끈화끈, 지원이 지후는 재미가 꼴랑꼴랑!

할아버지 할머니는 행복이 둥둥둥둥, 지후 지원이와 추억이 쌓여가네!

이번 유적지 견학을 하면서 지원이, 지후의 탐구하는 모습에 우리는 반해 버렸다. 지원이의 역사지식과 지후의 관심은 매번 놀라웠고, 사랑스러운 우리 아가들을 더욱 기대하게 되었다.

그 다음 해 여름방학, 부여박물관과 백제문화 단지에서 백제 역사를 개관하고 공주, 부여의 유적을 찾기로 했다. 그래야 역사가 통시적으로 이해가 되기 때문이다. 지후는 백제 금동대향로에 대단한 관심을 보였다. 백제미술의 최고봉이라 할 수 있는 아름다운 향로를 좋아하더니 기념품 상점에서도 이 물건을 골랐다. 또한 낙화암에 투신한 여인들의 마음을 '사비의 꽃'으로 형상화한 극을 열심히, 재밌게 보았다. 특히 어린 지후가 극을 이해하는 깊이에 놀랐다. 낙화암에 갔을 때 이해를 하는 듯했다.

***공산성에서**(2022년 7월 25일~)

백제는 위례성~웅진(공주)~사비(부여)로 수도를 옮기며 역사가 전개되었다 위례시대는 송파의 롯데 월드부근에 백제토성이 있고 나라의 기틀을 잡은 초기의 근초고왕 무덤이 있다. 풍납

토성도 백제시대 유물로 한성시대로 칭한다. 이후 삼국의 각축장이던 한강부근을 고구려에게 뺏긴 백제는 공주로 남하한다. 공주에 공산성을 쌓고 웅진시대를 열었고 무령왕, 성왕 등이 치적을 쌓아간다.

이 불꽃같은 날씨에 공산성을 다 돌기는 무리여서 공산정 부근으로 올라가 왕궁터 유적지를 가로질러 걸어오니 금서루로 통했다. 지후가 앞장서서 걸으며 질문을 했다.

"의자왕이 공산성에서 마지막으로 싸우고 패해서 잡혀갔는데 그 나라가 어디예요?"

'당나라'라는 단어가 익숙하지 않아서다. 다섯 살 아기가 중국도 어려운데 어찌 당나라를 알겠는가. 질문에 우리는 놀랐다. 우리는 외세를 끌어들여 같은 민족을 망하게 하는 통일에 대해서 여러 이야기를 하였는데, "초등 2학년 싸움에 고등학교 오빠를 데려다 싸웠군요?"라 했다.

초교 2학년인 지원이의 말이다. 아가들의 인식력에 매번 놀란다. 아이들은 이끌어 주는 대로 자란다는 말이 실감이 났다. 계획은 무령왕릉 답사까지 하려했는데 무리하지 않으려고 부여로 돌아왔다.

*부소산 낙화암에서

계획은 부소산성을 돌아 낙화암, 고란사를 보고 백마강의 황포돛배를 타려했다. 그런데 아가들이 배를 먼저 타고 싶다는 것이었다. 좋아! 백마강에서 낙화암, 백화정을 보는 운치도 있을테니까. 무엇보다도 우리 아가들 뜻을 따랐다. 그런데 이 코스가 최적의 방법이었다. 부소산성을 돌아 내려가면 1.5㎞를 걸어야 했던 것이다. 배는 고란사, 낙화암 밑에서 정박하고 우리는 바로 올라갈 수 있었다. 백제 시대에는 중국으로 가는 배까지 정박했었다는 구드레 나루터에서 황포돛배 백마강1호를 탔다.

삼복의 날씨였지만 강바람이 불고 푸른 하늘의 뭉게구름이, 내 어린 시절의 여름날이었다. 국민학교 5학년 때였던가? 부여 수학여행이. 우리 아들딸과도 답사를 했지만 그때, 낙화암까지는 오지 못했다. 50여 년 만에 다시 밟아보는 낙화암, 고란사 길. 할머니가 되어 손주들과 올 것을 상상이나 했겠는가?

꽃잎처럼 떨어진 백제 여인들의 넋을 위로하기 위해 세웠다는 '백화정'과 낙화암으로 통하는 언덕에서 바라보는 주위 풍광은 한 폭의 그림이었다. 지원이는 구름이 너무 예쁘다고 순간순간 셔터를 누른다.

백제여행은 했으니 다음에는 신라여행을 하자고 지원이가 말했다. 방학을 하면 일주일간은 할머니 할아버지와 여행을 하기로 약속했다. 엄마 아빠와 하는 여행보다 할머니 할아버지와 하는 게 더 좋다고 했다. 왜냐면 잔소리를 안 한다나? 지원이는 소녀에서 어린 아이를 왔다 갔다 하는 능력을 갖고 있다. 대화할 때는 답답한 어른보다 훨씬 이해를 잘 하면서도 놀 때는 영락없는 아기. 땀에 흠뻑 절어서 뛰어 다닌다. 마스크까지 쓰고.

목표를 달성한 최고의 여행이었다. 손주들과 더욱 친밀해져서 격의 없이 놀고, 느낌, 생각, 관심사를 알고 지원이와 속내를 털어놓고…. 우린 답사를 마치면 차 안에서 역사퀴즈를 내고 문답을 했다. 지원이는 한국역사를 통시적으로 꿰고, 세세한 부분도 알았다. 지원이가 모르는 부분을 찾아 문제를 내야 했다. 지후가 소외되는 듯하면 '한국을 빛낸 100명의 위인들', '독도는 우리 땅'을 목이 터져라 불러댔다. 가사가 막히면 유투브 동영상의 노랫말을 보며 따라 부른다. 한 세대 전에 아들, 딸과 듣고 불렀던 이 노래들, 우리는 그 시절로 돌아간 느낌이다. 아니 그때보다 더 신나고 즐거웠다.

호기심 가득한 눈으로 자연과 유적을 바라보는 손주들을 발견한 행복이 넘치는 여름 휴가였다. 이번 공주·부여여행, 작년의 미륵사지 여행으로 백제 역사기행의 대강(?)을 마쳤다. 앞으로 역사문화 기행은 폭과 깊이를 점점 더해 갈 것이다.

신라 천년의 옛 수도 경주여행(2023년 7월 26일~)

기다리고 기다리던 지원이 여름방학은 꽃물들이기로 시작되었다. 지원이가 좋아하는 봉숭아 꽃물을 들이기 위해 우리 마당은 올해도 봉숭아를 많이 키워줬다. 지원이는 선암리의 봉숭아꽃을 사랑했고 전주에 온 첫날 밤, 손톱에 꽃물을 들이고 무척이나 행복해 했다. 지후는 고추 따기 선수. 선암리를 좋아하는 지후는 어느 사이 뒤란으로 내달려 고추를 따고 있었다. 그러면 모기는 반갑다고 뽀뽀를 퍼 붓는다.

군산 사인 머스켓 농장 '정인원'에 가는 꿀 재미도 있다. 옥수수도 한아름 주시고 맛있는 부침개도 해주셨다.

지원이는 첨성대와 불국사, 석굴암을 보고 싶다고 했다. 좋다, 올 여름은 경주로 달리자. 태종 무열왕릉 부근의 민박집을 정해서 짐을 풀었다. 아기자기한 골목이 있고 분꽃, 족두리꽃, 해바라기가 반겨주는 단층집이다. 대문의 문설주에는 능소화가 풍성하게 꽃을 피워내고 있었다. 꽃향기가 잔디밭 위로 떠다니고 있었다.

이 집에 머무는 동안 답사를 다녀온 밤이면 지원이와 지후는 그림을 그리고 글을 썼다. 미리 가져온 크레파스로 그림을 그리고 글을 쓰는 오누이의 모습이 경주 어느 풍광보다 더 아름다웠다.

이 탑은 첨성대 탑입니다. 첨성대는 선덕여왕이 살던 시대에 만들어졌습니다. 이 탑을 만드는데 3년 정도 걸렸습니다. 지난번 경주에 지진이 났을 때 첨성대는 무너지지는 않았지만 야깐(약간) 흔들렸습니다. 이 첨성대는 361.5개의 화강(암)으로 이루어져 있습니다. 첨성대가 10m도 넘습니다. 밤애(에) 오시면 아름다운 풍경을 볼 수 있습니다. 첨성대 박애는(밖에는) 벽돌로 만들어져 있는데 안에는 엄청나게 어두어지개(어둡게) 만들어져 있습니다. 나는 이 첨성대에 처음 와 봤습니다. 첨성대 탑은 엄청 거대하고 밑은 기단으로 둘러싸여 있습니다. 저는 이곳에 누나랑 할아버지랑 같이 갔습니다.

'첨성대의 빛나는 밤하늘'이라는 그림에 부쳐진 유치원 생 지후의 글이다. 이 외에도 우리는 태종무열왕릉을 보고 그림과 글을 쓰며 느낌을 말하는 여름밤을 보냈다.

7월 마지막 주의 뜨거운 경주의 날들. 소나기를 피해가며 토함산을 오르내리고, 불국사의 청운교와 백운교를, 다보탑과 석가탑을 보느라 지후의 첫니가 빠지는 줄도 모르게 행복했다.

전주로 돌아오는 차안에서 지후가 묻는다.

"할머니! 이순신 장군보다 하나님이 훨씬 높은 분이죠?"

"가룟 유다는 왜 예수님을 배반했을까요?"

지원이의 물음이다.

누군가의 보배들

아이들과 꽃을 보면 무념무상에 빠지며 기쁘다. 행복함의 한 부분임에 틀림없다. 딸아이가 여행을 하면 가는 곳마다 어린 아기들 사진을 찍어왔었다. 나도 어느 곳에서든 아이들을 보면 웃으며 인사를 하곤 한다.

'에쿠아도르'에서 서쪽으로 약 1,000km를 날아가면 태평양 위의 갈라파고스 제도. 공항에 내리자 계절이 바뀐 듯 태양, 선인장, 도롱룡이 우릴 맞았다. 드넓은 벌판에 녹색의 향연이 펼쳐지고 있어 다윈의 마음을 헤아려 본다. 의대를 다니다가 그만두고 해군측량선 비글호의 박물학자로 남아메리카 등을 탐사하던 그 청년도 나와 같은 느낌이었을까?

갈라파고스 군도는 16개의 섬으로 이루어졌고 그가 연구활동을 하여 현재까지 '다윈연구소'가 있는 섬은 산타크루즈이다. 공항이 있는 섬에서 작은 배를 타고 산타크루즈에 들어간다. 물이 청록색이다. 딴 세상이다. 향기 나는 공기에 터키석인 양

푸른 물에, 곳곳에 선인장은 노란색 꽃을 피우며 서 있다. 어른 키에 두 팔을 벌린 듯.

'Ninfa'라는 호텔 이름. 사전을 찾아보니 '요정'이다! 동화책에 자주 나오던 '님프'의 스페인어. 요정같이 아기자기한 집에 짐을 풀고, 다음 날 거북이농장 견학을 갔다. 다윈이 이곳의 갈라파고 거북이 연구를 해서 섬들 이름이 '갈라파고스'가 되었단다. 이곳 거북이는 해안가에서 부화해서 육지로 올라왔으며 농장에서 거북이를 사육하여 보호한다. 하니 거북이 농장 견학은 관광의 제 1코스였다.

그리고 커다란 거북이 등껍질 속에 들어가서 기념사진을 찍는 귀여운 이벤트도 진행했다. 그때였다. 그 여자 아이를 발견한 것은. 갈색 머리를 뒤로 땋아 내린 열 살쯤으로 보이는 눈이 큰 소녀였다. 안락의자에 혼자 앉아있는데 내가 말했다.

"너 참 예쁘구나!"

나는 영어로 말했는데 그 친구는 스페인어를 하는지 못 알아들었다. 몇 번 말해도 못 알아듣지만 내 눈빛은 전달이 됐나보다. 느닷없이 일어나더니 내 볼에 입맞춤을 하는 것이었다. 그 격렬함이라니. 그리고 내 목을 껴안고 담쏙 안겼다. 모두들 이 장면을 찍었는데 사진에서 보이는 나의 어색함과 너무도 자연스러운 그 소녀의 표정이 극한 대비를 이루었다. 아무튼 내가 받은 최고의 선물이지 않은가.

GDP로 보면 남미 전체 33개국 중 7위에 속하는(2023년 현재)

이 나라에서 어린이들을 학교에 보내지 않고 노동 현장에 내모는 현상을 지구본연구소의 최준영 박사는 에쿠아도르의 특징으로 말했다. 이 말은 여행 중에 사실로 확인이 되었다. 학교에 가야할 시간인데도 관광지 가판대에서 엄마를 돕는 소녀들, 민속음악을 들려주는 어른 옆에서 장단을 맞추는 소녀 등 특히 원주민들이 모여 산다는 오타발로에 많았다. 심지어 화장실에서 요금을 받는 소녀를 보고 가슴이 먹먹했다. 잔돈이 없어서 갖고 있는 지폐를 주니 한참 후에 거스름돈을 어디선가 구해다 주는 그 아이의 눈을 바로 볼 수가 없었다.

페루의 티티카카 호수를 관광하는 날이었다. 푸노에서 가까운 선착장에서 작은 배를 탔다. 이 호수는 해발고도 3,810m로 배가 다닐 수 있는 호수 중에서는 지구상에서 가장 높은 곳에 위치해 있다. 평균수심이 200m를 넘을 정도로 깊고 물의 양도 많은 편이어서 수온이 거의 10℃로 유지된다고 한다. 이곳에는 타완틴수요 시대 훨씬 이전부터 문명의 흔적이 나타난다고 하니 사람들이 처음 살기 시작한 것은 아마도 선사시대까지 거슬러 올라 갈 것이다. 하지만 관광객이 몰리며 인구가 늘고 있어 태양광 시설로 전기를 자체적으로 공급하며 어업과 관광업으로 살아간다고.

바다가 없는 볼리비아와 페루가 공동소유한 호수이다. 위도 16도에 걸쳐서 경도 70도와 69도 사이에 국경선이 쳐져 있다. 태평양 방향의 70도 쪽이 페루령, 육지 쪽 69도가 볼리비아령이다. 약 50%씩 소유한다고 했다. 뱃길로 몇 시간 걸려서 볼리비아 국경선을 넘을 수 있다니 바다라고 말할 수 있겠다. 갈릴리 호수를 갈릴리 바다라고도 부른 것처럼. 물결이 잔잔하나 시내와 가까운 쪽은 녹조로 보이는 칙칙한 녹색이고 육지에서 멀어질수록 맑아진다.

신기하게도 이곳은 갈대(토토라)가 서식해서 일정 부분을 잘라내고 그 갈대를 골고루 쌓아서 섬을 만든, 떠다니는 육지이다. 왕골보다 더 굵고 질긴 듯 이 토토라로 집을 짓고 배를 만들어 이 섬, 저 섬으로 왕래한다. 이 섬을 통틀어 우르스(Uros)라 한다. 푸노에서 배를 타고 우르스에 들어갔다. 섬마다 두, 세 가족이 모여 살며 영원히 소유는 못한다고 한다. 몇몇의 대표자가 자치적으로 마을 일을 결정하는 구조이며 유치원과 초등학교가 있어서 에스파냐어, 영어를 가르친단다.

집안의 구조를 직접 보라고 안내해서 들어가니 잉카제국의 문양을 중심으로 한 전통 수공예품과 특산품을 잔뜩 전시해 놓고 사란다. 샀다. 안사면 안 될 성싶었다.

이가 몽땅 빠진 할머니가 직접 수를 놓으며 손수 만든 수예품을 설명한다. 나이를 물으니 52세란다. 손주가 있다며 내 나이를 묻는다. 대답을 하고는 서로 놀란다.

또 다른 섬으로 이동하는데 마당에서 놀던 남자, 여자아이가 함께 탔다. 이색적인 풍경에 서로 사진들을 찍으며 웃고 떠드는데 이 아이들이 노래를 시작했다. 우리는 박수로 환영했다.

아마 전통민요를 부르는 듯했다. 노래가 끝나니 일행 중의 어떤 분이 봉사료를 주기 시작했다. 아이는 한 사람 한 사람 앞에 서서 기다렸다. 남편이 내 몫까지 챙겨줬건만 내 앞에 선 아이는 움직이질 않았다. 한 바퀴를 다 돌고 나서 아이는 배 아래층으로 내려갔다. 누군가 말했다. 남녀 아이들이 돈을 계산해서 나누고 있다고. 갈대 마당에서 천진스럽게 놀고 있던 아이가 같은 아이들이었나 싶었다.

다음 이야기는 책에서 인용한다. 페루의 마추픽추로 가는 길은 안데스 산맥의 아름다운 자연을 감상하며 버스를 타고 갔다. 높은 산에 오르려면 언제나 그렇듯 버스는 갈지(之)자를 가파르게 오르고 차창밖에는 조각구름이 산등성이에 걸쳐 있거나 낮은 구름이 산봉우리의 밀짚모자인 양 쓰여 있었다. 산이 높으면 골짜기도 깊은 법, 계곡에는 흐름이 빠른 물소리가 나그네의 귀에 달려들었다. 이런 산세에,

'마추픽추의 차스키(타완틴수요 시대의 통신을 담당했던 발 빠른 전령. 보발꾼)를 관광 상품화한 일명 굿바이보이(Good bye boy)도 열 살 안 밖의 소년이었다.'*라는 대목을 읽고 가슴이 덜컥 내려앉았다. 자동차는 닦여진 아스팔트 도로를 오르는 동안 이곳의 어린이는 지름길로 산길을 뛰어 내려와 차가 정거하는 곳에서 무언가를 팔았겠지. 보발꾼을 관광 상품화한 사업에 어린이를 내몰다니, 어른으로서 할 일인가.

물론 남미대륙을 여행하는 동안 극히 일부의 어린이를 보고

전체를 말하려는 것은 아니다. 내가 만난 어린이의 실상을 말하는 것뿐이다. 나의 보배 뿐 아니라 누군가의 보배도 소중한데 어린이들이 어린이답게 보호받지 못하면 마음이 아프다.

"한 사회의 도덕성은 아이들을 대하는 방식에서 알 수 있다."

반 나치운동을 하다가 1945년 4월 독일의 수용소에서 교수형을 당한 루터교 목사이자 신학자인 디트리히 본회퍼의 말이다.

*지리교육연구회 「지평」 지음, 『지리교사들, 남미와 만나다』 푸른길, 2022. 120~121 참조.

3.

그리움, 따뜻함

▲지원

▲지후

▼진헌

▼주헌

큰 나무 품에 안겨서 사는 행복

작년, 올해는 참으로 기쁘고 경사스런 해이다. 두 분 어머님과 아버님의 구순을 맞았으니 말이다. 초봄에 아버님께 생신상을 올리고 다가오는 여름에 어머님께 올릴 예정이다. 우리는 조촐하나마 마음과 정성을 모아 아버님의 구순 생신을 준비했다.

기억나지 않는 어린 시절부터
지금까지 저희와 가족들을
햇빛같이 비추어주셔서 감사합니다.
할아버지의 사랑은 항상 가슴에 남아 있어요.
변치 않는 해처럼 오래오래 건강하세요. 사랑합니다.

손주들의 사랑과 존경의 헌사이다. 그리고는 열세 명의 손자 손녀가 춤을 추며 축하드렸다. 자녀 손, 증손과 형제와 조카들의 축하를 받으신 아버님께서는 흐뭇해하셔서 우리도 기뻤다. 그리고 길이 우리와 함께하시기를 기원한다.

일찍이 구순을 맞으시는 아버님께 자손들에게 주실 말씀을 부탁드렸다. 사양하시는 듯하시더니 아버님은 감동어린 긴 글을 준비하셨다. A4용지에 친필로 쓰신 길고 자세한 글을 읽은 우리 형제들의 반응은 가슴 뭉클한 감동과 역시 아버님이시다, 최고이시라는 것이었다. 막냇동생은 "아빠~~~"라는 짧은 한 마디에 모든 감정을 응축하여 표현했다.

교육열이 특별하셨던 당신의 부모님 이야기, 기대에 부응하기 위해서 초등학교 6학년 때부터 밤샘공부를 하셨던 경험, 사범학교 2학년 스무 살에 결혼하신 이야기, 95%의 득표로 반장을 하시는 등 학교에서 인정받은 이야기, 군대에서 선임하사의 인성을 바꾸신 이야기, 교육 현장에서 학력을 끌어올리려고 진력한 경험과 그림으로 학생을 치유한 이야기 등을 그토록 상세하게 쓰실 수가 없으셨다. 겪으셨던 하나하나를 사실에 바탕을 두고 어찌나 자세히 쓰셨는지 평소 아버님 모습 자체였다.

할아버님의 큰아들로 태어나신 아버님은 34세에 온 집안의 가장이 되셨다. 맏아들의 무거운 어깨로, 약한 체력을 오늘날까지 관리하셔서 오히려 건강하게 장수하신, 인간 승리자이시다. 아버님은 우리 가정의 의학박사님이시다. 명예박사님이시자 다섯 번의 건강의 위기를 스스로 치유하신 진정한 박사님. 그리고 모든 것이 감사하다고 고백하셨다.

아버님은 국문학을 지망하셨으나 수학에 능하신 문이과적 재능을 공유하신 인재시다. 예민하신 감성은 삶의 체험으로 승화되어 철학, 관상학까지 이르게 되고, 수학적인 재능은 일상의 사려 깊음과 융합되어 매사에 실수를 용납하지 않으시는 성격으로 굳어지신 듯하다. 그리고 당신 스스로 실수하시지 않으심으로 상대를 정화시키는 능력을 소유하셨다. 아버님의 문학성은 34세의 대가족 가장이라는 무게에 짓눌리셔서 '엄하신 아빠'로 표출되셨는데 구름에 햇살 비치듯, 언뜻언뜻 나타나신다.

내가 아버님을 처음 뵌 것은 대학 4학년 때 화창한 봄날이었다. 큰며느릿감을 만나는 날, 아버님은 집안에서조차 하얀 와이셔츠에 타이를 매신 정갈한 차림이셨다. 첫인상부터 교육자의 면모를 유감없이 보여주시는 고고한 학의 자태이셨다. 맑은 목소리로 몇 가지 질문을 하셨다. 부족한 것 투성이였을텐데 우리의 결혼을 허락해 주시고 이후 45년 간 그 인상은 한 번도 변함이 없으셨다.

그리고 우리들이 걸어온 인생행로에서 늘 지켜봐 주실 뿐 스스로 결정하도록 기회를 주셨다. 마음에 들지 않으신 일이 한두 가지였겠는가. 그러나 긍정적으로 해석하시고 격려로 일관하셨다. 합리적이고 관용적인 성품의 아버님은 스스로 모범을 보이심으로 자녀를 교육하셨다. 골고루 사랑을 베푸시고 누구에게나 최선을 다해서 예우해주신다. 그런 가르침을 받아서 우리 형제들은 자신의 일에 한결같이 성실하고 역시 합리적이며 서로를 존중하여 우애하며 살고 있다.

아버님께서는 자녀 손 형제, 증손자의 생일축하금이나 세뱃

돈을 주실 때는 봉투에 덕담을 써서 주신다. 세뱃돈은 나이를 압축시키는 묘약! 할머니인 내가 부모님께 세뱃돈을 받는 행복을 어떻게 필설로 형용할까? 2021년 내 생일에 주신 말씀을 감사하며 길이 기억하려 한다.

"항상 건강하고 웃으며, 아름다운 꽃길만 걸어가기 바란다."- 아버지, 어머니가.

해서 나는 잘 웃는다. '꽃길'에 대해 다시 생각하는 기회가 되기도 했다. 우리 딸은 할아버지께서 해마다 주신 덕담을 냉장고 문에 붙여놓고 행복을 가꾸며 사는 듯하다.

아버님! 그거 아세요?

저희 네 식구, 처음 가족사진을 드렸을 때, "실물보다 못 나왔네." 하신 말씀.

제 관상이 90점 이상이라고 하셨지만 수상 좋은 것이 관상 좋은 것만 못하고, 관상 좋은 것이 심상 좋은 것만 못하다고 하시며 은근히 압박하신 말씀.

할아버님이 운명하실 때 하신 말씀을 전하시며, 목소리가 젖어들던 아버님의 표정.

어머님을 항상 칭찬하시며 대우하시는 말씀과 태도.

오히려 우리보다 패션 감각이 뛰어나셔서 저희를 부끄럽게 만드시는 것을 기억하며 행복하게 여기는 것을요. 얼마나 감사하게 여기는지를요!

온유하고 겸손해야

2022년이 저무는 11월 10일, 구순을 코앞에 두신 어머니께서 코로나19에 감염이 되셨다. 코로나 발생 후 외식 한 번 안 하시고 예방주사도 철저히 맞으신 엄마. 겨우 고향의 선영에 다녀오셨는데, 덜컥 걸리신 것이다. 청천벽력이었다.

다음날 엄마를 모시고 보호자로서 코로나전문치료 병원에 입원했다. 그리고 이어서 나도 감염이 되었다. 집안에서 격리하라는 명령이 떨어졌다. 다음은 동생이 보호자로 들어갔다. 그러나 3, 4일 후 동생은 코로나 환자 소굴에서 사자굴의 다니엘처럼 털끝 하나 안 다치고 엄마를 모시고 퇴원했다. 불사조였다. 철저한 정신력은 코로나 바이러스도 범접을 못하는 듯했다.

그러나 후유증이 문제였다. 코로나19 바이러스는 엄마의 가냘픈 몸을 휘젓고 다녔다. 신장을 망가뜨리고 퇴행성관절염을 앓고 계신 무릎에 염증을 배가시켜 수치가 위험 수위를 넘기고 있었다. 두려운 것은 정형외과에서는 더 이상 치료할 방법이 없다는 것이었다.

코로나 치료는 했는데 기초체력이 약한 어르신들의 망가지고 약해진 신체로는 일상생활이 불가능했다. 이제 한방치료를 해야 할 때. 한방병원에 입원하여 한·양방 협진으로 체력을 보완하고 재활운동을 통하여 다리 힘을 기르기 시작했다. 새해를 맞아 음력설까지 지났건만 엄마의 체력은 그 자리에서 맴돌고 있었다. 때로는 빈혈이 심하여 수혈이 필요한데도 면역체계가 불안정하여 수혈을 결정하기가 매우 어려웠다. 치료의 방향을 정하느라 하루에 짐을 세 번이나 쌌다 풀었다 해야 했다. 우리 가족들의 마음은 타들어가고 있었다. 애간장이 녹는다는 경지가 이런 것인가?

그러는 와중에서도 훌륭한 의료진과 좋은 분들을 만나 모든 것이 합동하여 선을 이뤄가고 있었다. 체력을 보강하여 왼쪽 무릎에 인공관절 치환수술을 감행하기로 했다. 모든 검사 결과 수술이 가능하다는 판정을 받았기 때문이다. 대학병원에 입원하여 수술을 받았다. 경험이 풍부한 의사 선생님의 집도로 수술은 성공적이었다. 이 병원 정형외과에서 무릎 수술한 환자 중 둘째 고령자라고 했다. 그런데 마취에서 깨어나는 것이 관건이었다. 마취에서 깨어나는데 '섬망'증상이 있고 이 경우 악화되면 '치매'로 진행되기도 한다고, 부작용을 감수하고라도 수술을 받겠다는 보호자 서약을 요구했다. 화살은 이미 활시위를 벗어났다.

우리들의 불안감 속에서 엄마는 여전히 자올자올 하셨다. 그런데 조그마한 목소리가 들렸다.

"온유하고 겸손해야 혀."

"엄마, 누가요?"

"사람이…."

"엄마, 다시 한 번 말씀해 보세요!"

"사람은 온유하고 겸손해야 혀."

분명히 그리 말씀하셨다. 그리고 몇 말씀을 더 하셨다.

엄마는 혼몽의 늪에서 의식을 곧추세우셨다. 응급실에 실려 가는 극한 시기도 있었고, 하나님께 빨리 데려가 달라는 기도를 하라는 말씀도 하셨다. 하지만 우리 엄마는 오뚝이처럼 일어나실 것이라고 믿어졌다. 이 믿음을 저버리지 않으시고 엄마는 모든 아픔을 이겨 내셨다. 재활치료를 열심히 하셨다. 망가진 신장도 차츰 회복이 되어 갔다. 엄마는 여섯 군데의 병원을 순례하시며 벚꽃을, 장미와 단풍을 병원 창문 너머로 보시고 퇴원하셨다.

육체는 예전의 생활로 완벽하게 돌아오시지 못했으나 감사의 폭과 깊이는 훨씬 더해졌다. 모든 것이 하나님 은혜로서 감사하신다. 모든 분들의 사랑과 기도의 덕택이었다. 이제 엄마는 바퀴의자, 보행보조기 이용 시기를 거쳐 집안을 조금씩 걸어 다니신다. 열심히 텔레비전을 보셔서 세상 돌아가는 정황을 꿰뚫어보신다. 대화를 즐기신다. 증손주들 사진과 동영상을 보시며 예쁘게 큰다고, 지혜롭다고 좋아하신다. 그리워하신다.

우리는 의식의 저변을 알 수 없다. 무의식중에 어떤 말이나 말씨가 튀어 나올지 모른다. 해서 두렵다. 어머니께서 마취에서 깨어나시며 하신 첫 말씀을 전하니, 어느 의료인이 하는 말, '영혼이 참 맑다'는 것이었다.

영혼이 맑다는 것은 어떤 것일까.

홀몸으로 세파를 헤쳐 나오시는 그 고생을 하셨음에도 하나님께 감사하다고 고백하는 믿음일까. 하나님께서 주신 생각과 판단으로 그때그때 최선을 다했을 뿐이라고 고백하신다. 어떤 상황에서도 긍정적인 태도를 유지하셨던 것이다. 자아존중감이 높으셨다. 해서 고생이 되어도 함부로 말씀하지 않으셨다. 윤리적이고 도덕적인 선택을 해 오셨다.

흠이 많은 자식들은 "사람은 온유하고 겸손해야 혀"라는 말씀을 평생 가슴에 새겨야할 숙제가 생겼다. 그리고 작년에 치르지 못한 엄마의 구순 축하잔치를 준비하며 행복한 이즈음이다.

열정 · 집중 · 빛으로 사신 분

- 백운 이길구 장로님과 석별하며

신록은 아가의 뺨이다. 보드랍고 상큼하기가 비단보다 매끄럽고, 날로 시로 더해가는 초록 색깔은 눈부시지 않게 황홀하다. 나무들은 일 년 중 가장 소중한 자태를 보여주고 있다. 서럽도록 찬란한 신록이 우리의 산하에 출렁이고 있다.

짧아서 연약한 인생. 인생이 순식간임을 깨닫는 이즈음, 구십도 금방이고 팔십은 더더욱 서운하다. 이 장로님은 친정아버님께서 돌아가신 후 20여년 만에 알게 된 아버님의 친구 분이다. 그분은 내게 봄 숲속, 신록으로 오셨다. 만나서 배우고 사랑을 받았다. 1980년대 초, 내가 아들아이를 업고 연구실에 찾아왔다고 회상하시는 그분은 친구를 만나는 듯했다고 하셨다. 20대의 새댁이 아이를 들쳐 업고 백주에 대학교에 찾아갔다면 그 역시 헤어진 아버님을 뵙는 심정이 아니겠는가?

우리의 만남은 그렇게 시작되었다.

시댁이 있는 대야 지경교회에서 들은 장로님의 설교 중, 시편 23편의 해석과 바울의 고백 등은 지금 생각해도 내가 들은 50여 년간의 어느 설교보다 성서해석에 있어서 명징하고 확신에 찬 설득력 있는 말씀이었다. 또한 그분의 글은 유려한 문체로 물 흐르듯 한다. 더구나 내용에 나타난 기억력은 가히 상상과 세월을 초월했다.

남들이 흘려보는 일들을 그냥 보아 넘기지 않으셨고 멀리서 가까이서 우리 형제들의 삶을 살펴주셨다. 이성춘 목사님의 자서전 『추우의 실기』를 출판할 때 기획, 편집자로 나를 추천해 주신 분이 이 장로님이셨다. 또 동생이 치과의원 문을 닫고 있으니 궁금증이 이만저만이 아니셨던 모양이다. 내게 전화를 걸어 근황을 물으시길래 '재충전을 위한 휴식 중'이라고 하니 안심이 된다며 크게 웃으셨다. 환경운동하다 국립호텔에 들어간 줄 알았다고 하시며.

따뜻함이 내 둔한 가슴을 적셔 두고두고 목울대가 뜨거워질 일이 있다. 2001년 남편이 베이징에 교환교수로 떠나게 되어 인사 전화를 드렸다.

"큰아이 대학도 합격하고 작은아이도 고교 입학해서 모든 것이 순조롭게 준비도 잘 되어갑니다." 했더니 "모든 것이 평안할수록 근신해야 한다네."라고 하셨다.

남편이 도중에 한국에 나와 위암수술을 받을 즈음 나는 베이징과 인천을 10여 차례 날아다녔다. 초가을에, 두고 온 아이들을 만나러 베이징으로 들어가는 때였다. 공항에서 만나자고 하셨다. 영문도 모르는 채 공항로비에서 뵈었다. 이런저런 얘기 끝에 장로님은 인삼 한 곽과 김 등을 내놓으시며 "층층시하에서 남편이 아픈데 제 몸 돌볼 틈이 어디 있겠어." 하셨다. 나직이. 그리고는 보안검사를 할 때까지 시간을 함께 해주셨다.

교수로, 교회 일로 전국을 무대로 뛰는 장로님께서 집필에, 강의에 시간을 분초로 쪼개 쓰시는 분이 공항까지 오셔서 배웅해주시며 나를 염려해주시던 그 사랑을 누구에게서 또 받을 수 있을까? 사실 그때, 한 친구는 내가 날씬하고 갸름해져서 나름 이뻤다고 후에야 얘기 했었다. 장로님께서 생각해주시는 그 마음에 나는 가슴이 따뜻해지며 힘이 났다. 내 인생의 터널을 통과할 때 우리 가족에 대한 여러분들의 기도와 사랑으로 오늘의 우리가 있을 수 있다고 굳게 믿고 있다.

50년 만의 사부곡 『자유인』 -나의 아버지 황순재-를 기획하고 원고청탁을 했을 때, 선뜻 써주신 귀한 글은 길이 우리의 등대가 될 것이다. 아니 누가 읽어도 명석한 사고력과 사건의 핵심을 뚫는 혜안으로 위트까지 겸한 명문장이다. 그뿐 아니다. 아버님 48주기 추도예배에 참석하시고 친구의 묘소까지 둘러보신 장로님은, "순재 형과 대화를 나누는 듯, 환청이 들리는 것 같네." 하셨다. 남편의 장로 임직식에도 찾아오셔서 축하해주시고 기뻐하시던 그 모습을 어떻게 다시 볼 수 있을까. 이때까지가 행복했던 추억이다.

대학교 정년퇴직 후에도 서울에서 군산을 매주 다니시며 지경교회와 부설 노인대학 친구들을 섬기시던 강철 같으신 몸에 성질 고약한 암이 끼어들었던 것이다. 그리고 오시는 일이 점점 줄어들었다는 소식이 들려왔다. 서울에 찾아뵈었다. 혼자서는 거동이 힘드셔서 사모님과 동행하셨다. 그리고 말씀보다는 필담이 쉽다고 하셨다.

마주 앉은 우리에게, "내가 쓸 말, 몹쓸 말 너무 많이 해서 하나님이 벌 주셨나봐. 너무 많이 했으니 듣지 말라고."

특유의 위트로 우리를 웃음 짓게 하셨다. 사랑하시는 하나님을, 가까이 하는 그 천진스러움이라니. 그때만 해도 새벽이면 일어나셔서 성경과 신문을 읽으신다고 하셨다.

사모님의 자상하시고 사려 깊음을 느낄 수 있었다. 언젠가 하셨던 말씀이 기억났다.

"형제들이 집사람을 천사래. 그럼 나는 사람도 아니고, 뭔가? 하하하."

우리는 숙제를 한 것처럼 마음을 가벼이 하고 일상에 매몰되어갔다. 올 봄 어느 날 오후, 사모님의 전화번호가 떴다. 직감적으로 두려웠다. 하지만 사모님은 잔잔한 목소리로 병세가 악화되어 중환자실에 계신다고, 어느 날 문득 부고를 받으면 너무 놀랄까봐서 전화라도 드린다고.

그때 달려갔어야 했다. 그러나 후회꺼리를 잘 만드는 나는 소식이 궁금하면 군산 동생에게 묻기만 하고 그렇게 또 한 분의 귀한 분과 이별연습을 해왔다. 최근에는 산소 호흡기를 떼고 자가 호흡을 해서 요양병원으로 옮기셨다는 소식을 듣고 조금 안도를 하며 한국의학의 발전에 감탄하고 있었다. 그리고 오늘. 인생의 쓴 잔들을 열정으로 불태우며 당신의 과업에 집중함으로써 86년의 세월을 빛처럼 사셨던 멋쟁이 이 장로님께 국화 한 송이를 선물했다.

촌뜨기들의 위대한 합창

요즘 들어 회갑은 첫돌만큼도 대우하지 않는다. 우리 세대는 태어나서는 돌상도 못 받았고, 회갑을 맞아서는 '회갑' 운운만 해도 눈총받기 쉬운 한국인의 샌드위치 세대이다. 한국전쟁 후 태어난 우리 동창들은 전후세대로서 한국현대사에서 '출산율 최고점'을 찍으며 오늘에 이르렀다. 우리 부모세대들은 식민통치와 전쟁의 와중에서 생존 자체를 위협받으며 목숨을 부지했기에 그분들과는 비교도 할 수 없지만 말이다.

우선 우리들은 교육에 있어서 아픔을 지닌 채 살아왔다. 콩나물교실. 베이비부머라는 단어를 있게 한 이 나이 또래들은 오전반, 오후반을 경험하게 했고 한 학급당 6~70명 정도의 어린이들이니 어느 신출귀몰할 교사가 어린이들의 마음을 헤아릴 수 있었겠는가?

우리 63명 한 학급의 촌뜨기 친구들은 함께 모여 회갑을 자축했다. 학년 전체가 한 학급씩인 시골학교에서 6년간 부대끼며 키가 자란 우리들. 하늘나라에 간 두 친구를 제외한 40여 명의 친구들이 집행부의 헌신적인 노력으로 아름다운 서해안의 저녁놀을 바라보며 회포를 풀 수 있었음에 가슴 깊은 고마움을 전한다. 그리고 학교 부근의 다송 매화마을에서 졸업 50주년 기념행사도 치르며 우정을 돈독히 다졌다.

면소재지 학교에서 전학을 간 나는 학교생활에 불만이 많았지만 지금 생각하면 내 인생의 가장 '빛나는 한 시절'이었음을 고백하지 않을 수 없다. 그리고 열악한 환경에서도 어쩌면 그렇게 올곧은 마음과 행동으로 인생의 역경을 극복해 나갔는지, 그러면서도 마음속에 따뜻함을 간직하고 사는지, 친구들의 면면을 보면 훈훈해지면서도 가슴이 저릿해진다.

우리가 자랄 때, 장남은, 아들들은 태어날 때부터 특권을 지닌 채 태어났다. 형들 대학 보내야했기에, 아들들 더 가르쳐야 했기에 나머지들은 포기해야만 했다. 특히 여자 친구들에게 위로를 전하고 싶다. 아픔을 건드리고 싶지 않지만 번지르한 칭송은 할 수 없어서.

우리 세대는 잠시 미국이 원조한 옥수수 죽을 먹고 자랐고 초등학교 때에도 기성회비 독촉을 받고 공부를 했으며, 난로의 갈탄을 아끼기 위해서였는지 학교 주위 산에서 솔방울을 줍느라 오후 수업을 생략하기도 했다. 어디 그뿐이랴. 여름방학 후에는 퇴비해 오기, 추수기에는 이삭 주워오기 등의 숙제도 있었다. 대한민국에 사회보장제가 있으리란 생각은 꿈에도 하지 못한 세대이며 중학교 입시의 마지막 세대이다. 더 아픈 것은 실력이 있는데도 중학교 진학을 포기해야 했다는 것. 지금도 가슴이 저려온다.

우리들 중 3때인 1972년 12월 27일 남한에서는 유신헌법을, 북한에서는 사회주의 헌법을 시행했다. 역사의 우연치고는 참 묘한 겹침이다. 그런데 이 두 법의 존재근거는 '분단'이라는 상황이다. 동서냉전의 경계선이 된 한반도에서 형제의 가슴에 총부리를 박으며 원하지 않는 휴전선으로 분단이 되고, 정치권에서는 기득권을 쥔 자들이 분단을 이용하고 굳혀버린 것이다. 그래서 우리는 '국민교육헌장'을 외워야 집에 돌아갈 수 있었고, 시골 마을의 담벼락에는 간첩을 색출하기 위한 생경한 표어가 당시는 전혀 어색하지 않았다. 얼핏 보기에는 애국심을 기르기 위한 것 같지만 반공을 국시로, 유신헌법을 공고히 하기 위한 이념교육이었음을 나이 든 후에야 알게 되었다.

게다가 누구누구 할 것 없이 남루하던 시절, 초등학생이 '시보리'라 부르던 '홀치기'를 잘 한다고 운동회 날인가 상을 받은 적도 있다. 일본인들이 인건비가 싼 한국에 부업거리로 보낸 그 일. 초등학생 여자애가 푼돈 몇 원을 벌기 위해 공부나 자기개발은 던져두고 숙련공이 되어 실적을 올렸다면 요즘 세상 사람들은 이해가 될까? 가슴이 아프다 못해 화가 치민다.

우리 친구들은 그럼에도 씩씩하게 잘 살았다. 친구들을 보면 참 아름답게 나이 들어가고 있어서 흐뭇하고 존경스럽다. 특별히 한 친구는 70을 바라보는 나이에 고등학교를 우수한 성적으로 졸업하고 방송통신대학에 진학하여 못다 이룬 꿈을 이루고 있으니 얼마나 장하고 아름다운 일인가. 지금 어디서 무슨 일을 하든, 어떻게 살든, 우린 고난의 한 세대를 두 팔로 헤쳐 나왔다. 늙으신 부모님을 모시고 형제간에 우애하며 더구나 고향 땅을 지킨 친구들은 척박한 동네를 풍요로운 농촌마을로 바꿔놓은 주역들이다. 진정으로 감사한 마음이다.

실수가 있었어도, 실패를 했다 해도, 성공을 했다 해도 지금 결승점에 선 것은 아니니 너무 자책하거나 뽐내지 말 일이다. 삶의 가치는 그 사람의 장례식장에서 판가름 난다 했으니 아직은 수지타산을 할 때가 아니라고 본다.

특히 우리 11회 동창은 6학년 때 좋은 담임 선생님을 만나 졸업 몇 년 후부터 '녹지회'라는 이름으로 만났다. 푸른 뜻을 가진 사람들의 모임, 고삼신 은사님께서 지어주신 걸로 기억한다. 해서 학창 시절에도 가끔씩 만나다가 중년이 되어서는 SNS의 혜택으로 뭉치고, 찾아내고, 만나는 농도가 진해지고 있다. 가정사 때문에 동창회에 못 나오던 친구들이 이제 여유가 생기니 연어처럼 귀향했다. 그리고는 꼬마시절의 미안했던 일을 사과하는 아름답고 귀여운 일화들이 많다. 큰 일 작은 일에 축하와 격려를 해주고 위로를 아끼지 않으며, 정보를 주고받고, 깊은 마음의 교류를 한다. 이제는 부모님, 스승님도 가셔서 친구가 스승인 때가 되어버렸다. 각 분야에서 우리 친구들이 스승이 되어주기를 부탁드린다.

우리 모임에 친구들이 잘 만날 수 있는 것은 일마다 때마다 집행부에서 발 벗고 나서고, 부부들까지 도와줘서 우리 동창회 모임이 잘 이뤄지고 있다. 그저 고맙고 감사할 따름이다. 부디 오늘이 어제보다 낫고, 내일이 오늘보다 기쁜 우리 친구들의 삶이되기를 빌어본다.

"동무들아 모여라, 달맞이 가자!"

푸른색이 쪽에서 나왔으나 쪽보다 더 푸르다

40여 년 전, 나는 면소재지의 중학교 새내기 국어교사로 부임했다. 학년에 따라 학급인원은 달라서 60여 명인 때도 있었지만 내가 담임한 3학년은 여드름도 나기 전의 까까머리들이 70여 명 있었다. 한 학급을 증설하기에는 어중간해서 인원이 초과된 채 반 편성을 한 듯했다. 형제 많은 농가에서 자라난 친구들의 환경 또한 비슷비슷해서 몇몇 친구를 제외하고는 가정환경을 자세히 파악하기 어려웠다. 내가 풋내기 교사라서 더욱 그랬을 것이다. 교무실 안에서 전 담임선생으로부터 받은 사전 정보로 그들의 몇몇은 파악하고 있었다. 더구나 당시는 고입을 앞 둔 졸업반이었기에 입시에 열을 내고 있었다. 석기시대의 이야기일랑 이쯤에서 접어두자.

신학기를 벗어난 5월, 스승의 날이 있었다.

교문에 들어서기도 전, 시멘트 담벼락에 전교생이 줄지어 서서 "스승의 은혜는 하늘같아서 우러러볼수록 높아만 지네~"를 연창했다. 순간 전율이 흘렀다. 과분한 대우와 어깨가 무거워서였다. 은혜가 하늘같다니……. 그리고 빨간 카네이션. 조회시간에 운동장에 서면 앞부분은 내가 솟고 중간을 지나 뒤로 갈수록 그들에게 파묻히던 중학교 남학생들이 밝게 웃으며 "선생님 감사합니다!"를 외쳐대던 스승의 날이었다.

얼마 뒤에는 근교로 봄소풍을 갔다. 3학년 4반 친구가 사회를 보았는데, "우리를 인격적으로 대해주시는 ○○선생님의 노래를 듣겠습니다." 하는 게 아닌가. 장난 잘 치는 개구쟁이로만 보였던 그들에게 여느 성인 못지않은 '눈'이 있었던가.

2년 후 나는 그 중고등학교를 떠나왔다. 작은 연못에서 반복되는 일상이 답답하여 더 큰 세상과 좀 더 깊은 공부를 하고 싶다는 막연한 기대를 품고. 그런데 담임했던 3학년 중학교 졸업 30주년에 은사랍시고 내게 초대장을 보내왔다. 나는 자식을 해외 입양시킨 부모의 심정이었지만 그래도 그리움을 안고 장소에 나갔다. 중년 남성 얼굴에도 소년 시절의 표정과 미소가 있었다. 이름은 때로 컨닝을 하며 회포를 풀었다. 그날 만난 몇몇은 지금까지 연락을 지속하며 이제는 그들이 스승이 되어 가고 있다.

나의 제자들은 어떻게 커 왔을까? 그들은 대단한 학벌과 재력의 가정환경과는 거리가 멀었다. 공부보다 농사일을 도와야 했고 많은 형제들의 공납금을 내기가 버거워 수업료 때문에 교무실에 불려 다녔다. 어떤 재능이 있는지 찾아서 계발해주는 것은 사치스런 일이었다. 그럼에도 그들은 사회의 중견기업가, 기술인, 공무원으로 튼실하게 살아가고 있었다.

제자들의 고백이다. 지역의 석재공장에 취업하여 일일이 정과 끌로 돌을 쪼아 조각을 배우고 기계를 이용하기 시작했고, 잔뼈가 굵어진 후 사업을 차렸다. 중학교 때부터 몰려다니며 우정과 패거리를 과시하던 친구들끼리 의리를 저버리지 않고 서로 밀어주고 끌어주며 세월을 견뎌왔다고. 한 친구가 건물을 지으면 친한 친구가 현장 감독을 하여 도와주고, 다른 친구의 매장에서 물건을 조달하여 인테리어를 하는 등 서로의 연결망으로 사업을 이루고 키워왔다. 이들은 익산 쑥돌보다 더 치밀하게 인간의 정을 챙기고 쑥돌을 쪼고 어루만지며 체화한 인내심으로 만만치 않은 세상을 이겨온 것이었다.

한 제자는 전통 떡을 생산하는 공장을 경영하고 있다. 원래 사업을 일으킨 지역에서 업체가 번성하여 타 지역에까지 공장을 짓고 진출한 성공한 경영인이다. 그런데 선생님에게는 아직 자기가 만든 떡 맛을 보이지 못하겠단다. 이유는 자신이 목표한 명품에 아직 도달하지 못했으므로. 그 말을 듣고 나는 고맙고도 송구했다. 나는 내가 하는 일에 그러한 경지를 상정하지도 못했을 뿐 아니라 그 명품을 드릴 대상으로 나를 지목했다는 사실이 벅찼다. 그의 생각의 깊이를 나는 헤아릴 수가 없다. 사실 그가 생산한 전통 떡은 진즉 맛보고 지인들과 나누며 칭찬을 받았는데. 평범을 넘어서는 에피소드가 많아 다 밝힐 수 없다.

지난 가을에 카톡방에 신문기사 하나가 올라왔다. '육탄용사' 호국영웅 성증갑 공적비를 건립한다는 소식이었다.

'육탄용사'란 폭탄을 들고 자폭 공격하는 군인, 즉 자살특공대를 가리킨다. 성증갑 님은 1945년 광복 후 대한민국 육군의 전신인 '국방경비대'에 입대하여 옹진 학치산, 국사봉 전투 등 서부 도서지역에서 공산당을 진압하던 중에 총탄을 맞아 명예 전역을 하신 분이다. 그 후 한국전쟁이 발발하자 '반공유격대'를 결성하여 큰 공을 세우시고 부상으로 귀향해서 2004년 79세로 운명하셨다.

그 기사는 성증갑 님의 아들인 제자가 올린 것이었다. 한국의 군대가 창설도 되기 전 의용군 시절에 입대하여 몸을 폭탄 삼아 공산군을 무찌르다 상이군인이 되셨으니 그 남은 생은 어떠했겠는가? 생전의 아버님은 주무시다가 소스라치게 놀라기가 일쑤고 술 한 잔을 하시면 그 전쟁 이야기를 끝도 없이 하셔서 어린 아들은 도무지 이해할 수가 없었다고 했다. 그렇게 앓다 가신 아버지. 보훈청에 변변한 기록도 없는 상황에서 군번으로 역추적하여 아버지의 명예를 찾아 모신 아들이었다. 9순을 바라보시는 어머님이 가장 기뻐하셨다는 말도 잊지 않았다. 그는 형제간의 대소사를 자신의 일처럼 챙기는 인간주의자.

평소 말이 없이 무뚝뚝하고 느릿한 말투의 한 제자가 딸바보 아빠가 될 줄은 꿈에도 몰랐다. 삼 공주와 함께 아기자기한 꿈을 펼쳐가는 이 제자는 친구의 건축공사를 도맡아서 자기 일처럼 해주는 의리와 뚝심의 사나이. 어머님을 모시고 사는 효자이기도 한 그의 가정에서 피어나는 웃음꽃이 들리는 듯하다.

중3 때 의젓하고 멋진 범생이 제자가 이제는 더 여유롭고 따뜻하게 사회를 위해 봉사하고 있다. 담임을 위해 여러모로 잘 도와주더니 이제는 말쑥한 중년신사로 친구들을 포용하고 도와준다. 언제나 서글서글한 미소를 머금고 보이는 일과 안 보이는 일까지도 묵묵히 솔선수범한단다.

우리 제자들은 예나 지금이나 개성이 넘친다. 말로는 표현하지 못 하는지 안 하는지, 만나면 넙죽 큰절을 하는 친구는 고귀한 사랑을 이루어 가고 있다. 학창 시절부터 유머가 넘치며 신소리를 잘 하더니 지금도 전혀 변하지 않고 더 깊어진 친구는 만날 때마다 유쾌함을 선사한다. 민첩한 말과 행동으로 생기발랄한 일상을 보내더니 지금은 사업가로 변신하여 동에 번쩍, 서에 번쩍 한다. 거기에 경륜과 통찰력이 더해졌다. 이른 아침, 잠에서 깨면 곧장 출근하여 직장에서 운동으로 하루를 열며 업무 준비를 한다는 성실파 경찰공무원도 있다. 서로들 아끼고 대접하고 싶어 한다. 너무 아름답게 나이 들어가고 있다.

"그대들의 노력과 헌신으로 대한민국의 오늘이 있습니다."

그리운 제자들이 더 많다. 늘 마음에 두고 평안과 형통을 기원하고 있다.

나는 인간의 다양한 가능성을 믿고 속단하지 않는 편이다. 우리 제자들이 이룬 오늘의 성취를 보며 그 신념이 더욱 굳어졌다. 더불어 그들이 흘렸을 땀과 눈물과 인내와 좌절에게까지도 경의를 표한다. 이들이 온몸으로 터득한 것은 인간적인 정과 의리와, 더불어 사는 지혜였다. 그리고 몸으로 익힌, 세상을 바라보는 통찰력이었고 끈기와 결단이었을 것이다. 학교에서의 지식은 지엽적인 것에 불과했다. 부디 이들의 삶과 성취가 더 풍요롭고 폭과 깊이를 더해지기를 마음 모아 기원한다.

인간에 대한 신뢰와 기대는 나 자신에게도 희망과 역동성으로 작용한다.

나를 부끄럽게 만든 사람

봄날 같은 가을의 끝자락. 월명산에는 마지막 단풍이 불타오르고 선암사 앞 소나무는 아직도 푸르름을 뽐낼 11월 27일 오전 문○○ 제자가 우리를 떠났다. 일주일 전 병실에서 활짝 웃던 그 맑은 웃음만을 우리에게 남기고 짧은 만남에 긴 이별을 안겨줬다.

선생님이 오셨다고 병상에서 일어나 앉아 초탈한 듯 그는 처연하게 웃었다. 자신의 병에 대해 알고 있는데 저런 표정과 웃음이 나올까? 이젠 인생의 제자가 된 내가 드는 의구심이었다.

'참으로 착한 문○○씨, 당신을 사랑합니다. 신의 은총이 함께 하시기를 빕니다. 옛 담임 ○○'라고 쓴 고백이 과연 그에게 위안이 되었을까? 병이 낫기를 바란다는 말을 하지 못했다. 다만 힘들어도 견디고 가족과, 우리와 좀 더 있어달라는 부탁을 남겼을 뿐. 같이 문병한 친구들은 동창회 끝나고 다시 오마고 했지만 그는 기다려주지 못했다. 췌장암 말기라서 수술도 못하고 통증 완화치료만을 해준다는 부인의 눈물어린 말을 듣고 우리는 그래도 한 번은 더 기다려줄 줄 알았다. 일주일 후 중환자실로 옮겨졌고 다음날 부음을 들었다.

48세의 나이에 '이쁜 손녀딸하고 순천 선암사에서'라는 메시지와 함께 맑게 웃는 사진을 SNS 프로필 사진으로 올린 사람. 30년 만에 만난 중학교 담임과 친구들에게 자기의 삶을 흔연스럽게 이야기하며 치부를 드러내서 도리어 나를 부끄럽게 만든 사람. 춥고 허기지게 살아왔지만 바르고 순수하게 최선을 다해 왔기에 감사하다고 말한 사람. 이기적으로 살지, 왜 그리 남을 위해서만 살았냐고 말해주지 못해서 더 마음 아프게 하는 사람.

그의 말은 이랬다.

"중학교 다닐 때, 여름에 농약을 치면 너무 힘이 들어서 죽겠드라고."

"엄마한테 힘들어서 못하겠다고 말씀드리지…."

"다른 식구가 있는 것도 아니고요. 농약 통을 멜 수 있는 사람은 저밖에 없는걸요."

"바로 밑 동생에게 교대라도 하자고 말하지 않았어요?"

"차마 그 말이 안 나와서…."

'차마'라는 말을 하기까지 그가 참아낸 고통의 무게는 어느 정도였을까? 나는 제자가 그런 가정환경인 줄도 모른 담임이었다. 1980년대 초, 70명 가까운 학급정원, 교사경력 2년 차의 선생에게 그는 말이 없어서 고마운 학생이었던 것이다. 졸업 30주년 기념 모임에 은사랍시고 중3 때의 담임으로 참석했을 때, 나는 그의 이름과 '그저 착했던 학생'으로밖엔 기억하지 못했다.

가난한 농가 홀어머니의 장남으로 삶을 헤쳐 나갈 때마다 그는 얼마나 막막했을까? 경제적 고통, 사람 사이의 관계, 세상에 대한 답답함, 모든 것이 팍팍했을 듯하다. 하지만 그는 세파를 이겨내고야 말았다. 그리고 고달팠던 생의 터널을 지냈어도 그의 착함은 전혀 얼룩지지 않았다. 그는 자기 앞의 생을 묵묵히 견디며 살아냈고 드디어 안온함에 이르는 듯했다.

그가 맛본 행복감이 몸의 이상을 지나칠 정도로 컸을까? 참아 견디는 것에 익숙했던 그는 몸의 기미를 못 알아차렸을 수도 있다. 새벽부터 밤까지 가족을 위해, 아니 대상을 의식하지도 않고 그저 자신의 업무에 충실했을 테니까. 지난겨울 한옥마을 찻집에서 이야기를 들은 후 그의 일상이 늘 눈에 밟혔다. 어려운 형편의 제자들도 이제는 과거의 주름진 삶의 한 자락이 말끔히 펴졌는데 유독 그는, 늘 저리는 새끼손가락 모양 얼얼한 느낌으로 마음 한구석에 자리해 오던 터였다. 그러던 중 암투병 중이라는 소식을 들었고 희망의 끈은 너무도 가늘었다.

이제는 이생의 그 무거운 짐을 아예 내려놓고 본향으로 돌아갔다. 병실에서 만난 얼굴과 미소가 똑같았던 청년, 갸름한 얼굴에 희고 맑은 눈매로 우리를 주시하던 아들에게, 그의 심성과 나머지 그의 몫의 삶을 기대한다.

흰 국화 한 송이를 그에게 선물하던 날은 하늘도 잿빛이었다.

- 차마 탈고하지 못하는 옛 담임.

2020년 성탄절에

유사 이래 이런 일은 없었다. 성탄절 예배를 비롯한 축하행사를 하지 못하고 집에서 영상으로 짧은 예배를 드리다니. 크리스천이 성탄절에 교회와 성당에 가지 못하는 비극적 상황이 2020년의 현실이다. 코로나19의 대유행 때문이었다.

성탄선물로 학용품을 받으면 가장 기뻐하던 시절, 아니 산타할아버지의 존재조차 희미하던 내 소녀시절의 성탄절이 귀하고 소중하여 그리워진다. 12월이 오면 거리거리에는 크리스마스 캐럴이 울려 퍼지고 기차 통학을 하던 이리역(현 익산역) 부근 적십자 학생회관에는 카드 전시회가 열리곤 했다. 시내의 각 학교 미술부원들이 그린 수채화의 성탄카드에는 흰 눈이 소복이 덮인 교회당이 별빛에 반짝이고 있었다. 몇 장씩 사서 귀한 분들께 성탄과 송년 인사로 보냈다. 성탄절이 가까워지면 기말고사도 끝나고 우리는 교회에 모여 성극을 준비하거나 여학생들은 무용연습을 했다.

드디어 성탄 전야.

3, 4동네의 비신자들이 모여들만큼 지역축제였던 그 밤. 소박하다 못해 촌스러운 행사를 우리는 얼마나 정성을 들여 기쁘게 준비했던가. 교회 선생님이 위대해 보이고 선배들이 존경스러워지는 그 즈음이었다. 상업화에 물들지 않은, 지역의 세대에서 세대로 전해지던 성탄축하 무대. 하늘에는 영광이요, 땅에는 기뻐하심을 입은 사람들에게 평화였다.

그뿐이 아니었다. 이 축하행사가 끝나면 우리는 신새벽의 목동이 되었다. 들판에서 양을 지키다 큰 별이 움직이는 대로 따라가서 베들레헴 마구간에서 태어나신 아기 예수님을 뵙고 이 기쁜 소식을 알리는 목자들. 이 목자들을 본받아 교회의 청년, 소년소녀들은 몇 그룹으로 나눠 새벽송을 하러 출발한다. 오리털 파카나 부츠도 없던 시절, 우리는 중무장을 하고 나선다. 시골 눈밭을 누비는 험한 길이지만 될 수 있는 한 먼 곳으로 가기를 희망한다. 교회 주변 신자들의 집보다는 가보지 못한 동네가 신선하지 않은가. 새벽송을 드리던 기억들은 50년이 지난 지금도 또렷하다.

몇 곡의 성탄 찬송가를 돌려가며 부르는데 그 새벽은 노랫말 그대로 '고요하고 거룩'했다. 교인의 대문 앞에 서면 성가를 지휘하시는 대장님이 곡을 말씀하신다. 마음을 정돈하고 목청을 가다듬어 부르는 그 새벽의 성가대원의 심정은 빠리 나무십자가 합창단원 못지않았다. 그리고 함께 모여 다니며 송가를 부르는 게 기쁘고 즐거웠다. 늘 부르는 송가였건만 모두가 잠든 새벽의 설원에서 비치는 어스름한 눈빛 아래서, 랜턴으로 찬송가를 비치며 부르는 새벽송은 성스러움 자체였다. 동네의 개 짖는 소리는 간주가 되고, 다른 성가대원들과 마주치기라도 하면 "메리 크리스마스!"를 외쳐댔다.

꽁꽁 언 발이 시려움을 느낄 때쯤, 가장 먼 동네의 장로님 댁에 도착했다. 쩔쩔 끓던 구들장 방에서 마셨던 김이 폴폴 나는 식혜. 감기 기운을 몰아내기 위한 고추감주의 알싸한 맛은 다시 맛보기 어려운 경험이었다. 또한 대문 앞에서 집집마다 새벽송을 부르면 교인들은 과자 등을 준비하여 내준다. 그걸 받기 위해 아예 큼지막한 자루를 메고 다녔다. 과자 선물을 받는 맛도 쏠쏠했다.

새벽 공기를 가르며 교회로 돌아오면 혼곤한 잠에 빠진다. 목사님의 성탄메시지는 기억에 없다. 성탄절 시상식에서 상품과 기념선물을 받고 공동식사의 떡국을 먹고 나면 새벽송 때 받았던 과자를 먹는 시간이다. 교회 강대상 밑에서부터 마룻바닥에 흰색 전지를 길게 깔고 과자를 풀어 놓으면 전교인이 좌우로 앉아서 나눠 먹었다. 담소를 나누며 먹었던 게 무슨 과자인지 기억도 나지 않지만 레드카펫이 아닌 흰색 전지의 추억은 성탄절마다 아련해진다.

한 세대가 지났다. 거리에 크리스마스 캐럴은 사라졌지만 성탄 전야 축하행사는 지속되었다. 어린 아기들의 축하행사는 해마다 신인 발굴의 장이 되고 학생들과 청년들의 문화행사는 아이디어 축제가 되었다. 프로그램과 내용이 바뀌지만 아가들과 어린이들의 천진난만함은 어찌 그리 변치 않는지. 어느 가정에 아기가 태어나 축하인사를 나누고 좀 지나면 유아세례를 받고, 성탄절 축하행사에 신인으로 데뷔한다. 우리는 "벌써 이렇게 이쁘게 자랐느냐", "저 잘 생긴 아기는 뉘 집 자식이냐"고 소근대며 기대에 부푼다.

한 번은 요셉과 마리아가 품은 아기 예수님 역에 실제 아기가 등장하여 우리를 놀래켰다. 삼형제를 둔 가정의 늦둥이 동생을 맏형이 안고 성극무대에 선 것이다. 극이 진행되는 동안 돌이 갓 지난 아기는 새근새근 잠을 자고, 엄마인 ㄴ집사님은 만면에 웃음기를 머금은 채 아기가 깰까봐 무대 옆에서 대기하고 있었다. 우리는 2000년 전의 아기 예수님을 뵌 듯 기뻐했다. ㄴ집사님은 마리아로 추앙되는 영광을 안고.

공부와 취직준비에 바쁜 틈에도 청년들은 성탄 전야만큼은 번개같이 모여 우정을 과시하고 기성세대는 교회의 미래에 대한 비전을 얻을 수 있었다. 해마다 성탄절에 맞이하는 아기자기한 축제 한마당이었다.

어느 해는 이런 일도 있었다. 크리스마스 행사를 마친 성탄 전야. 우리 부부는 산타 복장을 하고 익산으로 달렸다. 연년생의 고만고만한 삼남매의 조카가 있는 동생 집으로. 성탄절 새벽에 산타 할머니는 존재가치가 있는가, 자동차 안에서 기다리고. 할아버지 혼자 미리 짜두었던 집 주인의 안내로 조카들 앞에 섰을 것이다. 잠에서 덜 깬 대여섯 살의 조무래기들을 감쪽

같이 속이고 임무를 완수하고 썰매를 달렸다. 그 장면들을 몰래 카메라로 담은 동생 내외는 조카들이 소년소녀가 된 후 공개했는데, 산타를 바라보던 꼬마들의 그 순박함이라니….

이후 새벽송은 민폐가 된다 해서 없어지고 재활원 등에 위문을 다녔다. 우리 아들, 딸과 함께 다녔던 완주군 소양에 있는 ○○재활원. 우리 교회가 지속적으로 도왔던 재활원에 성탄절에도 갔다. 그런 영향이었을까? 아이들은 대학에 가더니 장애우들을 보살피는 동아리 활동을 했다. 그리고 국내외 어린이 구호단체나 장애우 돕는 일에 지속적으로 후원하고 있다. 우리 아이들에게 감사와 사랑을 전한다.

또다시 세월이 흘러 2020년이다. 유례없던 코로나19의 대유행으로 5인 이상 모임이 금지되고 예배를 비대면으로 전환하라는 정부의 지침이 시달되었다. 특히 연말연시 집합으로 인한 3차 대유행을 염려한 거리 조정 단계가 강화되며 성탄 예배마저 금지되니 가슴이 덜컥 덜컥 내려앉았다. 교회학교에 참석하는 어린이와 학생이 없다. 함께 부르는 찬양도, 어떤 음식점보다 맛있는 교회의 공동식사도, 몸을 부대끼며 하는 율동도 못한다. 이 상황이 지속되지는 않겠지만 어서 빨리 정상화하여 모든 예배가 드려지는 세상이 오기를 간절히 기도드렸다.

신세대 부모세대들에게 바람이 있다. 어디서 어떤 성탄절을 보내든지 아이들에게 예수님 탄생의 의미를 되새기며 마음 따뜻한 공동체 체험을 하게 했으면 하는.

작아지고 부끄러워지는

20년이 넘게 교회학교 중고등부 교사를 하고 다른 부서로 옮겼는데 마지막 수련회 주제가 '예수님의 길을 따라 걷기로 결심하다'였다. 전남 신안군 소재 소악도의 12사도 순례 길을 걸으며 예수님은 내게 누구신가? 예수님이 걸으신 길은 어떤 길인가? 예수님의 길을 따르는 삶은 과연 어떤 것인가? 등에 대해 생각하고 앞으로의 삶에 대해 결단하자는 취지의 수련회였다.

중고등부 남녀 학생들과 청년들의 연합으로 2박 3일 동안 계획한 이번 수련회는 잘 짜여진 계획에 따라 모두가 가까워지고 한 마음이 된 알찬 수련회였다. 그리고 학생들의 의식과 감정, 행동방식 등 면면을 가까이에서 지켜 볼 수 있는 귀한 수련회였다. 코로나 이후 야외에서 행사를 진행하는 것 자체가 신선하고 활기찼다. 이렇게 즐겁고 의미 있는 수련회가 이루어지기까지 윤인실 목사님 부부의 헌신적인 노력이 있었음을 밝히고 싶다.

크리스천은 이 세상에 살고 있지만 하나님 나라를 이 땅에 구현하고자 하는 소망을 품은 사람들이기 때문에 어느 면에서 이중국적자이다. 해서 나는 학교를 다니듯 교회학교를 다니며 성경을 배웠고, 대학 시절부터 교사로 임명받아 교사로 살아왔다. 물론 우리 아기들이 어릴 때는 겨우 대예배만 참석했다.

한데 막상 교사직을 내려놓으려니 그간에 걸어온 발자취가 너무도 희미했다. 아니 길이 아예 안 보이는 것이었다. 그간 나는 무엇을 해왔나? 중고등부 학생들을 위해서 한 일은 없는 듯 특별한 꽃도 열매도 없다. 아이들을 위해 같이 고민하고 안타까워하며 기도해왔다. 그러나 너무도 부족했다. 다만 우리는 물을 줄 뿐이지 자라게 하시는 분은 그분이심을 믿기에 학생들을 위해 기도하며 기다리고 있다.

그럼에도 나는 교회학교에 속해 있으며 시시때때로 큰 감동을 받고 헌신적인 분들 곁에서 많이 배웠다. 지금은 하늘나라에 가신 많은 선생님들, 목사·장로·권사님들에게서 성경의 기초를 배우고 나누고 베풀며 더불어 사는 법을 배운 것 같다. 그 분들은 더 열악한 환경에서 사시면서 헌신의 모범을 보이셨고 더욱 순수하게 교회를 섬기셨다. 지금도 마찬가지다. 선후배 교사들은 묵묵히 기독교 교육을 위해 고민하며 봉사하기에 이 분들에게 늘 감동을 받아왔다. 나보다 젊은이들에게서 배웠다. 무엇보다 즐거웠다. 특히 2006년부터 남편과 함께 봉사한 6년

간은 더 행복하고 열성적인 기간이었다.

성경 말씀도 마음에 와 닿아 어떤 말씀이든 감동이 된다. 인간사의 모든 문제에 대해서 성경은 그 근본을 제시한다. 내가 좀 더 일찍 성경을 바로 읽고 지식이 쌓였더라면 내 인생은 크게 달라졌을 듯하다. 연습이 없는 인생행로에서 성경은 '인생 사용설명서'라고 감히 밝힌다.

내 이상은 이러하건만 현실은 크게 못 미친다는 것도 밝혀야 한다. 이 세상의 국적자로서 세상일과 하늘의 일의 조화를 이루기가 쉽지 않다. 어느 한 쪽에만 쏠리는 것도 바람직하지 않다는 것이 지금의 신앙관이다. 조화로운 균형 잡기가 숙제다.

예수님은 내게 누구인가?

빛이셨다. 예수님의 존재 자체가 빛 되신 분이고 내게 빛이 되어 주셨다. 어둠 속에서 희망이 되시고, 내가 가는 길을 비춰주셨으며 나의 더럽고 부족함을 알게 해주신 빛. 우리 반 친구들에게도 이 물음을 던졌고 이렇게 고백했다.

예수님이 걸으신 길은 어떤 길인가?

예수님은 시대, 지정학적 위치, 소명이 가장 어둡고 척박하고 험난한 때와 나라에서 태어나셨다. 그리고 아버지의 뜻을 이루기 위해 자신을 죽이는 길을 걷다가 33세 청년으로 다 이루시고 아버지 곁에 가신 분이다. 그럼으로써 인류의 가슴 속에서 영원히 사시는 분이다.

예수가 죽음에 이르게 된 의학적 원인에 대한 연구결과가 발표됐다. 십자가를 지고 골고다 언덕을 오르며 어깨가 탈구됐고, 그 상태에서 십자가에 매달리며 동맥이 파열돼 사망에 이르렀다는 주장이다.

16일 텔레그래프에 따르면 패트릭 풀리치노 신부는 예수의 시신을 감싼 것으로 알려진 '토리노 수의'에 대해 법의학자와 의학자들이 수행한 연구 결과를 분석해 예수의 사망원인을 밝혀냈고, 가톨릭 의학 계간지 최신호에 논문을 게재했다.

– 중앙일보, '물과 피 콸콸' 성경 사실이었다…과학적으로 밝힌 예수 죽음. 2022.4.16. 일자

2천여 년 전의 사건을 현대 의학적으로 규명한 논문이 증거하듯이 철저하게 자신을 희생하신 분이다.

예수님을 믿는다고 고백하면서도 그분처럼 희생하는데 도저히 용기가 안 난다.

그러면 어떻게 살아가야 하는가?

당신의 형상대로 기쁨으로 창조하신 모든 사람은 귀한 존재. 내가 소중한 만큼 남을 귀하게 여기며 살아갈 것이다.

강자보다는 약자의 편에 서서 기쁜 사람들과 함께 기뻐하고 슬퍼하는 사람들 곁에서 함께 슬퍼하며 살 것이다. 남에게 대접을 받고 싶으면 남을 먼저 대접할 것이다. 그리고 함께 살아가는 이 세상이 조금이라도 더 나은 곳이 되는 길에 내가 쓰임받고 싶다.

차츰 더 왜소해지고 작은 일에 매달리는 자신이 안쓰럽다. 부끄럽다.

사랑의 미로

근래 수술대에 두 번 올랐다. 첫돌을 맞은 지후의 웃는 모습을 그리며 눈을 쪼는 아픔을 참아냈다. 이번에는 주헌이가 수술을 잘 받으면 안아 준단다. 두 돌 지난 주헌이에게 안기는 황홀함을 상상하며 견뎌냈다. 모든 것을 부모님께 받았으면서 이 극한의 시간에 손자를 생각하는 나의 배은망덕함을 어머님은 이리 말씀하셨다.

"내리사랑은 있어도 치사랑은 없단다." 아니, 내리사랑은 개울물이고 치사랑은 펌프 물이라고. 나도 모르게 웃음이 나왔다.

눈을 보호한다는 핑계로 쉬다보니 슬슬 잠 속에 빠지기 마련이다. 저녁에도 긴 잠을 청하니 꿈이 파노라마.

희한한 꿈이다.

친정집에 있는데 마당이 정원으로 꾸며졌다. 토방을 구름모양으로 만들었고 그 밑 부분은 통로로 만들고 남새밭이 있던 자리에는 연못을 팠다. 가장자리에는 진보라색 창포꽃이 피어 있었다. 생전 처음 보는 구름 모양의 토방을 '시멘트로 발라서는 안 되겠고 흰색 잔돌을 깔아야겠지'라고 꿈에서도 생각했다. 그리고 우물가는 자연석을 놓아 보기 좋게 꾸몄다. 마당에는 보라색의 수국이 탐스럽게 피어 있었고 멀리에는 큰 콩꽃이 역시 보라색으로 송글송글 피어 있었다. 곁에 있는 할아버지 댁으로 왔더니 아! 여긴 더 잘해 놓았다. 기와집 본채를 원형대로 복원했고 사랑채 또한 전통한옥으로 꾸며서 전체적으로 ㄴ자 형태의 고래 등 같은 기와집이 되어 있었다. 마당은 정원을 만들고 휘늘어진 노송이 잘 어울리는 멋진 집이 되어 있었다. 꽃밭에는 백합이 한 뼘쯤 솟아 있었는데 어찌나 탐스럽던지. 더구나 사람들이 꽃구경을 와서 줄지어 다니는 게 아닌가.

나는 할아버님 생각이 나서, "할아버님 살아계실 때 이렇게 해 놓았으면 얼마나 좋아하셨을까? 우리 할아버지!" 눈물이 났다. 한참 후 사랑채 안으로 들어가 집의 구조를 살피기 시작했다. 지금 주차장을 향해 바라볼 수 있는 겹집으로 되어있었다. 긴 회랑 위에 난 격자 창문으로 잘 꾸며진 정원이 보였다. 다시 본채로 돌아왔는데 어찌된 일인가? 할아버님이 계셨다. 예리한 인상에 날씬한, 부모님 결혼사진 속의 할아버지! 집 지으실 당시의 모습이었을까?

행복한 꿈이었다. 다송 집에 대한 꿈 중에서 가장 기쁘고 이상적인. 대부분이 그렇다지만 나도 꿈을 꾸면 어릴 적 고향집이 그려진다. 주로 집안의 꽃밭에 잘 가꿔진 꽃이 탐스럽게 피어 있거나 채소가 잘 자라고 있는 꿈을 꾼다. 그런 꿈을 꾸고 나면 왠지 하루 종일 기분이 좋다. 이번 꿈에는 주인공이신 할아버님이 계셨다. 일화를 쓰지 않을 수 없다.

어느 무더운 여름날 등목을 해 드리며 사촌동생이 물었단다.

"할아버지! 제가 좋아요, 숙이 언니가 좋아요?"

"너도 좋지만 숙이 언니가 더 좋아."

"……."

질문자의 뜻을 헤아리지 못할 그분이 아니었다. 그러나 그 '곧음'이 할아버님의 장점일까 단점일까 하는 외람된 생각이 들었다. 하지만 할아버님은 그 '곧음'을 살려서 다송교회와 다송초등학교의 '터'를 내놓아 지역사회의 신앙과 교육발전에 이바지하셨다. 나이가 들수록, 공익을 위해 내 것을 희생하는 삶의 위대함에 고개가 숙여진다. 또 이 일화를 전해준 사촌 동생의 그 '넓음'은 사랑을 충분히 받아본 사람의 여유로움이다. 여유로움은 아름답다.

지금도 시골집에서 꽃밭을 가꾸지만 현재의 내 집은 꿈에 등장하지 않는다. 오히려 생활의 여유를 갖고 나무를 심고 가꾸며 꽃도 여러 종류를 피워내지만 그 옛날의 꽃밭이, 집과 풍광이, 할아버님이 내 꿈속의 주인공이 되는 것은 무슨 연유일까.

어느 여성 방송인을 향한 사랑가

- 정 때문에 정, 정, 정

최근` 5·18 민주화 운동을 세계에 알린 미국인 테리 앤더슨 기자가 향년 76세로 뉴욕 자택에서 눈을 감았다는 기사를 읽었다. 1980년 5월 광주에 목숨을 걸고 들어가 취재를 한 외신기자들 덕분에 우리의 함성이 전 세계에 알려졌다. 앤더슨 기자는 1985년 레바논 전쟁 취재 중 무슬림 단체 헤즈볼라에 납치돼 7년 가까이 인질 생활을 했던 것으로도 유명하다.

나는 평소 기록의 위대함에 대해 경외의 마음을 갖고 산다. 각 종교의 초기에 누군가가 기록을 하지 않았더라면 신앙의 경전이 존재할 수 있는가. 인류의 위대한 스승의 어록이나 역사가 기록되었기에 우리는 유구한 세월 속에서 문화와 문명을 누릴 수 있다. 그리고 기록물을 통하여 문화는 전수, 전파되기에 더더욱 존중한다. 따라서 현대는 기록물을 통하여 사건 사고를 알고 여론을 조성하며 궁극적으로는 한 나라의 국민이나 세계인들의 시대정신을 형성하기 때문에 언론인들의 존재를 중요하게 여긴다.

나는 한 여성 저널리스트의 활동과 전문성과 자기 관리 능력에 찬탄하며 살아왔다. 그러하기에 이 글을 쓰기에 이르렀다. 그녀는 원래 프로듀서 출신인데 현재는 라디오 프로그램을 진행하고 있다. 그녀는 신문방송학을 전공하지 않았다. 대학 시절 학원방송국원으로 시작한 아마추어 언론인이 현재는 여성 방송인으로 우뚝 섰다. 이 말은 그녀가 생래적이며 천부적인 언론인, 방송인의 재능을 타고 났다는 것을 의미한다.

그녀는 세상에서 시시각각 변하고 모든 영역을 아우르는 시사프로그램을 진행한다. 자그마치 15년을 사시사철 이른 아침 100분간의 생방송을 진행해왔다. 아이를 출산한 기간을 뺀 15년이다. 나는 그녀가 날마다 새벽 3시 30분에 기상하여 4시에 출근한다고 말하는 것을 들었다. 이게 가능하다니!

2020년 8월 한국방송광고 진흥공사에서 국내 시사 프로그램을 대상으로 '라디오 매체 이용행태' 조사결과를 발표했다. 그녀가 진행하는 프로그램은 '유익한, 신뢰가 가는, 중립적인, 흥미로운' 항목에서 1위를, '정보의 시의성' 항목에서는 2위를 차지했다. 2023년 4월, 국내 지상파 라디오 단일 시사 프로그램 최초로 유튜브 채널 구독자 100만 명을 돌파했다. 나는 이러한 객관적인 사실을 모르고 유튜브 채널로 듣고 있었다.

나도 글을 쓰지만 글쓰기는 말하기(방송)보다 쉽다는 것을 안다. 고칠 수 있는 기회가 있고 생각하여 쓰기 때문에 담화 상황의 돌

발성이 없고 실수를 줄일 수 있기 때문이다. 또한 라디오 방송보다 TV, 유튜브 방송이 더 어렵다는 것을 안다. 목소리만 들려주는 것보다 보이는 모든 것을 준비해야하고 여성이라는 특수성도 작용하기 때문이다. 이 모든 것을 그녀는 완벽에 가깝게 소화해내고 있다. 뿐만 아니라 유쾌하게 진행한다. 존경스럽다.

피곤한 날 아침이면 나는 특히 그녀를 찾는다. 동생 이름을 부르듯 만나고 싶어 한다. 그녀의 목소리와 이끌어 가는 대화에 귀 기울이다 보면 어느덧 피곤은 물러가고 세상에 대한 관심과 삶의 의욕이 넘실거린다.

아침 출근길에 뉴스의 초점을 잡아주고 그 사건의 이면을 찾아 분석하고 해설하게 한다. 글에 행간이 있듯이 뉴스에도 기가 흐른다. 건조하게 사실만 전하는 뉴스를 접하면 신문기사의 행간을 놓치고 뉴스가 발생하게 된 동기며 사건의 추이와 미치는 영향 등을 파악하기 어렵다. 요즘같이 정치 사회권의 뉴스가 폭증하고 진영 간의 대립이 치열할 때는 특히 같은 사건에 대한 해석이 판이하다. 그런데 그러한 해석이 가능하도록 적절한 증거와 논리를 앞세우면 시청자는 뉴스의 미로에 빠져 판단이 흐려진다. 기사나 칼럼을 쓰는 이들은 나름의 수준에 있는 사람들이기에 대중을 호도할 수 있는 능력이 있다. 그리고 국내외에서 워낙 많은 뉴스들이 폭주하기 때문에 개인이 그 많은 뉴스들에 일일이 분석하고 갈무리할 수가 없다. 그렇기에 뉴스에 대해서 바른 관점으로 바라보고 해석해내는 것은 필수사항이고 언론에서는 정론직필로 여론을 이끌어야 한다.

또한 어떤 사안에 대해 당사자의 의견을 듣는 인터뷰가 많은데 사회자는 질문으로 사건의 진실과 인터뷰이의 의도를 파악해서 청취자에게 직접적으로 들려줘야 한다. 이때 그녀의 능력이 빛난다. '가장 쉬운 말로, 가장 궁금한 것을, 솔직하게 묻는 것이 인터뷰 소신'이라는데, 그녀는 미풍같이 마음을 어루만지고 폭풍같이 추궁해서 상대의 속마음을 끌어내 시청자에게 진실을 보여주고 속이 후련하게 해준다. 그러나 인터뷰이도 만만치 않아 끝내 대답을 회피하는 상대에게는 알면서도 슬쩍 넘어가주면서 판단은 시청자의 몫으로 만드는 노련함도 발휘한다.

아프고 억울한 사건도 어찌 그리 많은지. 이런 인터뷰를 할 때는 그의 목소리가 먼저 젖는다. 그리고 상대에게 공감하여 진정 그의 아픔을 위로하고 치유할 만큼 가까이 다가간다. 그녀는 상대의 말을 정확히 경청하여 밀도 있는 질문을 한다. 그리고 어쩌면 기억력도 그리 좋은지 담화 상황에서 상대방이나, 제삼자, 자신이 한 말을 정확하게 재생해낸다. 음악이나 연예, 스포츠 분야에서는 몸에서 배어나오는 즐기는 태도로 임한다, 아니 즐기고 있다. 그런 상황을 보면 어릴 때부터 정말 티없이 자랐구나 하는 생각이 든다.

주로 뉴스를 전하는 프로그램으로서 늘 새소식을 접하는데도 이미 방송 전에 숙지한 상태에서 소통을 하기에 언제나 매끄러운 진행이 가능한 것 같다. 그녀의 업무 파악 능력과 일에 대한 준비가 철저하다는 것을 알 수 있다. 또한 정치문제에 있어서 여야의 논쟁이 대립될 때 그녀의 카리스마는 불을 뿜는다. 좌우에 치우치지 않고 단호하게 대화를 정리한다. 늘 놀라는 것은 분초를 다투는 시간 싸움에서 주어진 시간 안에 내용 있는 마무리를 해내는 진행능력이다.

그녀가 속해있는 방송사가 진보적 성향의 매체로 보는 분들이 있는 것 같다. 그리고 진보는 좌편향이라는 논리를 펴는 것이다. 원래 새는 좌우 날개가 있고 좌우가 균형이 맞아야 잘 날아갈 수 있지 않은가. 우리 사회가 건강하려면 바른 진보와 보수, 좌파와 우파가 갖춰져 있어야 한다고 믿는다. 진보의 신선함과 보수의 품격이 합하여 진선미의 합일체가 되는 게 아니겠는가.

더 나아가 언론은, 국민들의 소리에 귀 기울이고 그들의 목소리를 대변하기 위하여 존재하는 것이지 않은가. 내가 들어온 그녀의 방송은 좌우에 치우치지 않고 진실을 추구하였으며 사안에 따라 양쪽의 의사나 논리를 충실히 반영해왔다.

그럼에도 옥에 티를 찾는다면 외래어를 많이 쓴다는 점이다. 가능한대로 우리말로 대치하여 한국어를 빛내고 대중매체의 선한 영향력을 발휘하면 더 말할 나위가 없겠다. 더불어 바라는 것은 자녀가 둘인 그녀의 엄마노릇 비결을 전수하여 여성들이 가정과 일터에서 능력을 발휘하는 한국사회가 되었으면 한다. 자녀들이 학교에 갈 시간에 직장에 먼저 나오는 엄마의 빈자리를 채워준 가족들에게 큰 갈채를 보낸다.

젊고 신선한 시절을 국가를 위해서

- 제자의 전역식에 다녀와서

내가 가장 바람직하게 여기는 인간상은 끝맺음이 아름다운 삶의 주인공이다. 여기서 아름다움은 참됨과 착함을 포함하는 개념이다. 많은 이들이 시작은 좋으나 중도에서 포기하거나 끝이 흐지부지한 경우를 많이 보았다. 물론 삶은 장례식장에서 판가름이 나겠으나 한 분야에서 아름다운 끝맺음을 이룬 사람은 관성의 법칙이 적용될 것으로 믿는다. 그리 되기를 소망한다.

여름이 시작되는 작년 이맘 때 제자로부터 초대장을 받았다. 내게서 중학교 「한문」을 배웠던 여운태 학생이 육군사관학교 45기로 임관하여 38년을 복무하고 중장으로 예편하는 전역식에 초대한다는 것이다. 이 친구는 평소 고향친구와 유대가 깊고, 스승의 날 즈음에는 옛 친구들과 함께 선생님들과 자리를 같이하는 친근한 제자였다. 함께 만나는 친구들도 짙은 정으로 늘 교류하는, 마음 깊은 곳에 자리하는 제자들이었다. 여운태

군은 깊은 눈매의 영민하고 진중한 3학년 4반 학생이었다. 고마운 마음으로 기쁘게 달려가겠다고 했다.

고향친구들과 함께 대한민국 육해공군 본부가 존재하는 계룡대에 도착했다. 변함없는 미소로 맞이하는 제자. '위국헌신 군인본분'이라는 안중근 의사의 휘호를 보자 말로 표현하기 힘든 감정이 흐른다. 국방부 국회협력단장, 육군본부 인사 참모부장으로 인사 분야 최고전문가로 복무를 마쳤다. 53, 22사단장 등 사단장을 두 번이나 지냈고 8군단장, 육군 참모차장, 2작전사령부 부사령관을 역임했다고 약력에 기록되어 있다. 군 체계에 문외한인 내가 그 폭과 깊이를 다 이해하지는 못하지만 육군의 핵심 보직을 두루 거친 듯했다. 인성이 따뜻하여 친화력이 있고 자신에게 엄격한 인물로서 균형감각을 갖춘 인물이기에 위와 같은 중책을 맡아 책임을 완수하고 명예로운 전역을 할 것으로 믿어 의심치 않았다.

인사기획 장교 시절에는 육군의 가치관 및 장교단 정신 구현을 추진했고 육군의 일하는 문화를 개선했으며 인사참모부장 시절에는 미래지향적인 인력관리 체계를 수립하였다고 한다. 또한 국격에 부합된 체감하는 장병 복지를 추진했다고. 이 시기는 코로나19 펜데믹 상황이었는데 선제적 대응으로 관리를 잘 하여 피해를 최소화한 공적도 이루었다. 만사 중에 사람을 기용하고 함께하는 용인술이 가장 어려운데 그는 이 중책을 훌륭하게 이끌었다니 얼마나 대단한가.

홍천의 소대장으로 시작했는데 그 시절의 부하들이 모두 찾아와 축하하는 장면을 보면 그의 인품이 짐작이 된다. '소대장님! 시작과 끝에 32년 전 소대원들이 함께합니다. - 수도방위사령부 33단 6중대 3소대원 일동'이라는 플래카드를 든 후배들. 보기에도 훈훈한 장면이었다. 그는 분명 덕장의 면모를 지녔다.

그의 '전역사'가 큰 감동을 주었다. "오늘에 이르기까지 기회 주신 하나님과 국가에 감사합니다. 젊고 신선한 시절을 국가를 위해 몸 바칠 수 있음에 감사드립니다. 33년, 36년 전에 돌아가신 부모님께서 가장 행복해 하실 분들이십니다. 두 분의 자리를 비워두었습니다. 삶의 전부였던 군복과 전투화를 보며 전우들을 기억하겠습니다." 40년 가까운 군 생활을 마감하는 소회를 밝히는 '전역사'를 준비하며 얼마나 많은 어휘와 문장들 중에서 위의 내용을 골랐을까? 그 문장 한 구절 한 구절은 그를 대변한다고 믿어진다. 자신의 능력과 노력보다 신과 국가에 대해 감사하는 겸손함, 부모님을 생각하는 애틋함, 군복과 전투화가 삶의 전부라고 여겨질 정도의 투철한 군인 정신. 군인이기에 앞서 한 인간으로서 그는 '된 사람'이었다.

20대 초반에 부모님을 여의고 삶의 고비 고비마다 자신의 판단과 결단으로 일관했을 외로운 육사 생도, 육군 장교가 대견하였지만 한 편으로는 안쓰러움을 피할 수가 없었다. 만찬회 때는 자신의 하숙집 아주머니를 소개하는 그 따뜻한 품성을 보며 울컥 했다. 그를 지탱하는 힘이 되었다는 가족, 부인 성 여사와 아들, 딸이 올바르지 않았다면 역시 오늘의 영광 또한 이루지 못했을 것이다. '가화만사성'이라는 성어가 진부한 구호가 아니라는 것을 우리는 매일 겪지 않는가.

여 장군은 참 복이 많은 사람이다. 많은 부하, 동료, 상관과 24시간을 함께해야 하는 조직사회에서는 본인 한 사람이 잘한다고 일이 다 잘 될 수가 없었을 것이다. 젊은 혈기가 충천하는 군대는 얼마나 많은 사건 사고에 노출되어 있는가. 질곡의 한국 현대사 속에서 군인으로서 위치를 확고히 하기 위해서는 자신의 노력의 범위를 벗어나는 경우도 허다했을 것이다. 그런 상황에서 무사히 40년 가까이 임무를 완수하고 명예로운 전역을 하는 그에게는 특별한 신의 은총이 함께하셨을 것이다. 그가 감사를 고백한 대로.

'2023.7.19.전역을 명함'이라는 유군 참모총장의 명령을 잘 받들어 군복의 무게감 벗고 새로운 삶에 설렘과 행복이 가득하기를. "열정과 혼신을 다해 걸어오신 숭고한 길! 육군은 여운태 장군 님을 영원히 기억하겠습니다."라는 약속을 새기며 군인의 명예와 정의와 진실을 지키는 진정한 군인이기를 빌어본다.

그간 헌신적인 노력으로 인사발전을 이루었고 후배 사랑을 실천하며 명예로운 전역을 한 여운태 장군의 앞날은 더욱 빛나고 행복하기를 축원한다. 아름다운 마무리가 더욱 알찬 마무리로 확대, 재생산되기를 바라는 기쁜 날이었다.

아름다운 계절에 만난 사람

아름다운 곳에서, 맛있는 것을 먹을 때, 좋은 분위기에서, 생각나는 사람. 그런 사람이 있는가. 나는 더러 그런 곳을 발견했지만 가족 이외에 그려보지 못하고 살아왔다. 안타깝고, 풍요롭지 못한 삶이었다고 반성한다. 그러나 거꾸로 그 대상이 된 것은 대단히 기쁘고 고맙고 영광스러운 일. 더구나 제자의 부인으로부터였으니 그녀와의 만남이 잊지 못할 귀한 시간으로 여겨진다.

ㄱ사모님을 안 것은 십 수 년 전이었고 그 무렵, 선암리로 다른 이들과 아이들을 초대해서 밥 한 끼를 대접한 적이 있다. 원래 선암리 우리의 '봄뜨락'이 아주 소박하다 못해 누추한 곳이고, 내가 대접한 밥상의 음식이 부끄러운데 그녀는 그 밥상을 오랫동안 기억하며 고마워했다. 조촐한 상차림을 진수성찬인 양 생각해주는 것은 그 사람의 마음을 말해주는 것이다. 그 후 은사라고 늘 찾아주는 제자들이 고마워서 부부를 초대해서

교외의 식당에서 식사를 대접한 적이 있었다. 그녀는 솔잎효소 한 병을 들고 와서 우리를 감동시켰다.

가을 나들이 겸 모시고 싶은 식당이 있다고 10월 어느 날 연락이 왔다. 반갑고 기쁜 나머지 다른 일을 제치고 만남을 기다렸다. 오랜만에 만난 그녀는 가을 햇살만큼이나 투명하고 윤기가 흐르는 긴 머리채의 아름다운 모습이었다. 원래 미모가 뛰어난 그녀를 가까이서 들여다보니 세월의 흔적이 느껴지지 않는 빛남에, 세상 근심이라곤 없는 청정지역에 사는 양 구김살이 없는 몸짓이 여유로워 보였다.

역시 음식은 맛과 느낌이 좋았고 정성스레 권하는 사람과의 식사는 정이 오가는 최고의 분위기였다. 우리는 팔짱을 끼고 골목을 누볐다. 맛있는 빵, 커피를 맛보인다고 그녀는 골목골목을 찾아갔다.

우리의 관계가 형성되기엔 멀고 만나지 않아도 전혀 어색하지 않은 사이인데 그 속에서 이리 진한 향취로 나를 생각해주는 사실이 너무도 고마웠다. 헤이즐넛 커피를 사이에 두고 나눈 이야기는 커피향보다 더 진한 향이다. 아니 도드라지지 않은 아름다움으로 진주 빛 이야기였다. 그녀는 자신을 참아온 견딤의 여인이었다. 그리하여 관계를 아름답게 승화시켰고 그 속에서 감사를 찾아내는 겸손함도 있었다. 그녀는 신의 창조에 경외심을 지녔고 그분의 섭리를 깨닫고 신실하게 따름으로 자신의 삶을 아름답게 지켜낸 지혜의 여인이기도 했다. 그 모든 것을 솔직하게 드러내는 용기를 가지기도 했다.

나는 그녀가 지나온 세월에 상찬과 함께 용기를 북돋워 줬다. 아름답게 자신의 자리를 지키고 최선을 다했으니 이제는 자신이 하고 싶은 뜻을 맘껏 펼치라고. 앞날은 이전보다 더 곱고 튼실한 열매가 열릴 것이니까. 꽃은 봄날 햇빛 속의 것보다 눈 속의 매화가 더 귀한 법. 봄꽃인 줄 알았던 그녀가 추운 겨울을 지낸 매화인 줄을, 은은한 자태로 어디에서나 돋보이는 진주임을 깨달은 이 가을의 만남이었다.

고덕산 남고산성에서

'도란도란 시나브로 길'

길 이름이 참 정겹다. 도란도란 이야기하며 여유로운 발걸음을 옮긴다. 둘레길 이름뿐이 아니라 산성 마을을 따라 흐르는 실개천 둑에 쌓은 돌담도 이쁘다. 아기자기한, 세월이 지나며 많은 이야기와 인정을 품고 있을 듯한 노릇노릇한 돌들의 모임, 그 위에 포개진 사람들의 솜씨와 땀. 이쯤에서는 가슴이 아리해진다. 인간의 손처럼 공교로운 게 있을까만 매끄러운 솜씨의 손은 투박하다 못해 터지고 부러진 상흔의 범벅이가 되어 있을테니까.

남고사에 오르는 남고산성 서문에 닿았다. 자연석 돌담이 또 보인다. 이 돌담의 돌은 더 크고 더 높이 쌓았다. 누군가의 안위를 위해 어떤 이의 삶은 파괴될 수 있는 상황이었다. 우리는, 나는 그것을 보고 아름다움 운운하며 얄팍한 미의식을 드러내서는 안 될 일이다.

자연석 성곽 길이 유연하게 뻗어있다. 전주 사람 심성처럼 부드럽게. 남편은 너무 행복해 했다. 도무지 움직이기 싫어하는 아내가 남고산성에 가고 싶다고 하자 신바람이 났다. 산성 문루 가운데 주춧돌에 앉아 자연석 식탁 위에서 아침식사를 한다. 일찍 일어난 남편이 기쁘게 만든 도시락이다.

남고사를 바라보는 서문에서 오른쪽 위로 60m 정도 산길을 오르면 만경대에 다다른다. 만경대라는 이름처럼 높진 않았으나 전주 시가지가 다 보였다. 전주의 지형이 산으로 둘러싸인 분지이기 때문이리라. 돌 봉우리가 우뚝 솟아 마치 층층이 쌓인 구름을 이룬 듯이 보이는데, 그 위에 수십 명이 앉을 만하다. 사면으로 수목이 울창하며 석벽이 아름답다. 서쪽으로 고군산 열도를 바라보며 북쪽으로는 익산 미륵산성(기준성)과 통하고 동남쪽으로는 태인면(태산)을 지고 있다고 문헌엔 기록되어 있다.

포은 선생의 시에 차운한 이서구 관찰사의 시가 먼저 보인다. 정확히 440년 차이가 나는 두 시. 정몽주 선생의 시가 원시로서 당연히 먼저 소개해야 하지만 걷다보니 이서구 시인의 시를 새긴 바위가 먼저 나와서 이렇게 소개한다. 그런데 길 안내문이 없어서 포은 선생의 시를 찾는데 한참을 두리번거려야 했다.

「만경대에 올라 포은 선생의 원시를 차운하여 짓다」

(이하 원시 생략)

높은 누대에 기대어 저녁노을을 보며
슬픈 신하는 망국을 그리워하네.
겹겹이 청산은 넓은 광야가 둘러싸고
집집마다 서리 맞은 나무 겹겹이 성을 둘렀네.
서풍이 비를 뿌리니 가을이 이르고
수평선에 해가 지니 바다기운 돋아나네.
여기는 포은이 시를 읊던 곳
하늘가에서 홀로 서울을 바라보네.

'경신년 중추에 관찰사 이서구'라고 새겨져 있다. 조선 후기 4대시인 중의 한 분인 이서구 관찰사는 연암그룹의 멤버였고 전라도 관찰사를 두 번이나 했다. 이 분과 연암그룹은 인간적인, 너무나 인간적인 선후배간이다. 우리 동네 금구 향교 들어가는 입구에 선정송덕비가 있다.

1376년 홍산대첩에서 최영에게 대패한 왜군이 1378년 5월 지리산 방면으로 다시 침입하였고, 1380년 진포(현, 군산)에 500여 척의 함선을 이끌고 침입, 충청·전라·경상 3도의 연안지방을 약탈·살육하여 그 참상이 극도에 달하였다. 이때, 최무선 등이 화통·화포로써 왜선을 격파, 전부 불태워버리자 퇴로를 잃은 왜적은 더욱 발악을 하여 그 피해가 막심하였다. 조정에서는 이를 토벌하기 위하여 이성계를 충청·전라·경상 도순찰사로 임명하여 이 지방의 방위책임을 맡게 하였다. 이때 적은 산을 의지하여 유리한 위치에 있었으므로 이성계는 고전에 빠졌으나, 이를 무릅쓰고 부하 장병을 격려하여 적을 대파

하였다. - 황산대첩(두산백과 참조)-

1380년 3월, 남원 운봉에서 승전고를 울린 개선장군 이성계는 전주 한옥마을 부근 '오목대'에서 이씨 종친들을 모시고 자축연을 벌였다. 중국 초패왕을 물리치고 천하를 통일해 한나라를 세운 유방이 불렀다는 「대풍가」를 읊으며 묻어두었던 천하제패의 꿈, 고려를 엎고 조선을 개국할 뜻을 은연중 드러내며 다음과 같이 피력하였다.

큰 바람이 일어나서 구름이 날아오르다
위세가 해내(海內)에 떨치고 고향으로 돌아오네.
어찌하면 용맹한 무사를 얻어 천하를 지키게 할까.

이를 듣고 울분을 느낀 44세의 종사관 정몽주는 말을 달려 남고산 만경대 올라 「전주 망경대에 오르다」라는 시를 읊었다.

천 길 높은 산에 비낀 돌길을,
올라오니 품은 감회 이길 길이 없구나.
청산이 멀리 희미하게 보이니 부여국이요,
황엽이 휘날리니 백제성이라.
9월 높은 바람은 나그네를 슬프게 하고,
백년 호기는 서생을 그르치게 하는구나.
하늘가로 해가 져서 푸른 구름이 모이니,
고개 들어 하염없이 옥경(송도)을 바라보네.

명나라 사신으로까지 다녀온 포은 선생이 이성계의 전장에 종사관으로 송도에서 남원 운봉까지 내려왔다는 사실이 의아해진다. 일개 무장이 한나라 유방의 대풍가를 부르고 전승을 자축하는 상황을 보는 고려 말의 대학자, 포은은 선비의 울분이 되살아난다.

그런데 글씨가 너무 작고 얕게 조각되어 마모될까 두렵다. 1742년 진장(鎭將) 김의수가 시를 바위에 새겨 놓은 글씨이니 무려 300년이 되어간다.

그러나 후대인들의 차운시는 계속되었다.

문곡 김수항(1629~1689)이 쓴 「풍패관에서 포은 선생 시에 삼가 차운하다」

들쑥날쑥 교목에 저녁연기 걸쳐 있으니
만경대 곁 지나가는 길손의 정일레라
지세는 용이 일어나 왕성한 기운 서려 있고
산은 범이 웅크린 듯 큰 성 누르고 있네
천추토록 오이덩굴 뻗어 가듯 큰 복 터 잡고
온 지역 뽕과 삼대로 민생이 풍족하도다.
기읍과 풍패가 예로부터 번성했다지만
이곳 전주부보다 더 큰지는 모르겠구나.

의식 있는 절인들의 순례지였던 만경대. 김시습, 서거정, 김

종직, 남효온뿐만 아니라 전라관찰사는 빼놓지 않고 이곳에 올라 차운시를 썼다. '포은 선생의 나라를 걱정하는 시'라는 이름값을 하려면, 후대 시인이 기읍과 풍패와 견주는 전주부의 위상을 지니려면, 올라가는 입구 정비부터 바윗돌 보호 등 해야 할 일이 너무 많다. 어렵게 찾아왔다 실망하고 발길 돌리기에 딱 맞은 형상인데 전주시 향토문화유산 제1호란다. 이제는 우리같이 고지식한 사람들이나 이 높고 후미진 곳을 찾고 찾지, 찾고 싶은 이들의 발길을 막게 생겼다. 전주가 조선 창업의 고을이라서 의도적인 폄하인가 하는 생각이 들었다. 아니 충분한 개연성이 있다.

고종은 건지산 조선 태조의 시조인 이한 공의 묘소에 '조경단'이란 제단을 쌓고 비석을 세우되, 비석 앞면의 글씨는 황제가 직접 쓰고, 뒷면의 글은 직접 지었다.1899년 5월 10일이었다. 고종 황제의 역사 만들기는 조경단의 건설에서 끝나지 않았다. 태조의 5대조인 이양무 부부의 묘소를 정비하고 비석을 세웠으며, 태조의 4대조인 이안사의 집터가 있던 전주의 활기동과 삼척의 자만동, 태조가 황산전투에 승리하고 잔치를 열었다는 전주 오목대에 비석을 세웠다. 그리고 이 사실을 새로 편찬하는 『선원보략』에 모두 기록하게 했다. 그리고 고종은 건지산에 제단을 쌓는 일은 선대의 국왕들이 미처 하지 못한 일이므로 자신은 선대의 뜻을 계승하는 차원에서 모든 방법을 동원하겠다고 선언했다.

『네이버 지식백과』 고종 황제의 역사 만들기, 조경단-조선의 이러한 의도적인 거사가 있었으니 상대적으로 고려 충신에 대해서 어찌 관에서 정몽주 유적을 관리할 수가 있겠는가?

포은 선생의 시를 뒤로하고 성벽의 계단을 내려오니 성벽은 끝나고 갑자기 길이 안 보인다. 사람이 다닌 흔적이 없어 한 몸도 통과하기 어려운 나무 밑 샛길을 빠져 나오니 서암문지가 나온다. 성의 구석지고 드나들기 편리한 곳에 적이 알 수 없게 꾸민 작은 성문이 '암문'이다. 비밀의 문인 셈인데 남고산성에 있는 두, 세 곳 중의 하나로 여기는 서암문의 흔적이란다. 발굴조사에 의하면 높이와 폭이 2.1m인데 문 빗장석과 문설주석이 남아 있다. 주변에 송덕비가 7기나 있었다. 그런데 바위에 새긴 글씨가 많았다. 선정 영세불망비를 자연석에 새긴 것은 처음 본다. 그런데 고종, 철종 대에 무슨 일이 있어서 별장들까지 송덕비를 세웠을까, 그것도 무더기로. 조선말의 혼란기의 송덕비는 불안한, 고마움을 전한다. 조병갑 류의 송덕비가 아니기에 지금까지 건재하리라고 믿는다.

송덕비 무리 밑에 도로가 닦여 있어서 인가가 띄엄띄엄 보였다. 작은 산밭들이 있어서 경작하고 있다. 길이 편해졌나 싶었더니 우리가 가고자하는 남고사는 더욱 멀어져버렸다. 남고사를 보려면 되돌아 갈 수밖에 없다는 말에 험한 길을 다시 올랐다.

드디어 남고사에 닿았다. 남고사의 '남고모종'이 전주팔경의 하나였는데 지금은 종의 흔적도 없다. 상징적으로 범종 하나 매달아 뒀으면 싶었다. 절 입구의 쓰레기 소각장만이 아름답다. 누구의 고안인지 예술성이 짙은 작품이다. 기왓장 사이에 진흙을 이겨 넣고 매만지던 손가락의 감각이 느껴진다. 해 저물 녘 고덕산에 울려 퍼졌을 사라진 소리에 대한 아쉬움을 달래기에 충분할 만큼 아름답다. 무릇 몸 안팎의 쓰레기를 태우는 일은 거룩하고 진정 아름다운 일, 번뇌의 쓰레기는 더욱 그러할 터였다. 그 일을 하는 그릇을, 장소를 예쁘게 짓는 일이 더 이쁜 마음이다. 고매한 철학이다. 고덕산 중턱의 쓰레기 소각장이 높은 덕을 일깨우고 있었다.

초여름 토요일 오전, 남고산성과 포은 정몽주 선생의 시가 생각이 나서 문득 찾은 고덕산이다. 전주에서 살아온 지 30년이 넘도록 남고산성을 찾지 않고 살다니, 무심함을 넘어 부끄러운 자화상이다. 전주향토문화유산 제1호를 확인한 오늘, 비로소 전주 사람이 된 듯하다.

그리 가까이 계신 분을

그리 가까이 계신 분을 중천에 떠 있는 분쯤으로 알고 반세기를 살아왔다. 『구운몽』과 『사씨남정기』는 소녀 시절에 읽었고 서포의 『국문예찬론』은 앵무새처럼 종알거렸으면서도 김만중(1637~1692) 선생의 본가가 충남 논산인 줄도, 어디로 유배를 가고 돌아가신 처소도 모르고 살았다. 문학 작품과 시대와 작가를 총체적으로 공부하지 않은 탓이다. 세월이 흐를수록 자신의 무식함에 놀라는 나날이다. 일이 있어서 순천·진주를 다니다가 우연히 알게 되었다. 서포 김만중 선생의 마지막 유배지, 노도를.

경남 남해군 상주면 벽련마을 포구에서 바라보는 노도 앞 바다는 산그늘과 아침 햇살로 반짝이는 윤슬이 손을 마주 잡고 있었다. '푸른 연꽃마을'의 '서포 밥상', 낱말들이 정겹다. 바닷길 1.2㎞를 10분가량 달리는 작은 배 안에 노도 출신 최옥연 작가의 수필집이 놓여 있었다. 짙푸른 바다 위에 한 점 삿갓 모양으로 떠 있는 노도만큼이나 문장이 함축적이다. 뱃머리는 벌써 노도 선착장에 닿았고 진한 경상도 사투리의 어르신들 외에 우리 둘뿐이다.

선착장에서 맞아주는 서포의 책 조형물. 『구운몽』의 마지막 부분을 멋스런 한글체 금색과 은색 글자로 펼쳐진 책의 한 쪽을 형상화했다.

> 사해로 집을 삼고 억조창생을 신하로 삼아 호화 부귀가 백년을 짧게 여기더니 이제 다 어디 있나뇨. 소유는 원래 하남 땅에서 베옷 입던 선비라 성스러운 천자의 은혜를 입어 벼슬이 장상에 이르고 낭자들이 서로 좇아 정다운 정이 백년이 하루 같도다. 만일 전생의 인연으로 모였다가 인연이 다하여 돌아가는 것은 천지에 떳떳한 일이라.

오른쪽에는 '노도, 문학의 섬'이라 쓰고 앵무새와 서포 선생을 조각했으며 그 유명한, '우리말을 버리고 다른 나라 말을 통해 시문을 짓는다면 이는 앵무새가 사람의 말을 하는 것과 같다'는 「서포만필」의 국문예찬론을 아래쪽에 새겼다. 지금까지 본 조형물 중 내용과 형상이 선명한 이미지로 뇌리에 남을 듯하다.

섬의 북쪽 구릉지에 형성되어 있는 마을로 올라가는 입구에 수령이 꽤 되어 보이는 팽나무 한 그루가 있고 나무 그늘에 '서포 김만중 선생 유허비'가 서 있다. 비 앞에는 철 이른 동백

꽃이 피었다가 추위에 다시 움추러든 모습, 눈을 맞아 바랜 빛깔의 주황색 꽃이 배시시 웃고 있다. 가파른 언덕길을 올라가면 마을회관이 보이는데 이곳이 예전에는 초등학교였단다. 이제는 어르신들만 거주하시는 섬으로 고기잡이, 밭일은 꿈도 못 꾸실 듯하다. '김만중문학관'을 향해 섬의 동쪽으로 난 길을 따라 걷는 축대 위에 시화들을 전시했다. 서포 선생과 노도의 외로움을 시로 형상화한 작품들이 과연 문학의 섬, 노도를 이름에 걸맞게 꾸미고 있었다.

아직은 동백이 꽃망울로 봄을 기다리고 바닷물은 산 빛을 품어 짙푸르다. 동백이 활짝 필 날들, 통꽃으로 길가를 덮을 그날을 상상하며 푸르름과 붉음의 대비를 해본다. 서포 선생이 유배를 당한 것은 숙종 대에 유독 심했던 서인과 남인간의 정권쟁탈전 때문이다. 표면적으로는 숙종의 인현왕후와 장희빈 사이의 문제인 듯하나 서인인 민유중의 딸 인현왕후와 남인과 관련된 역관 집안의 장옥정을 내세운 정치세력이 서로 뒤바뀌는 네 번의 교체가 일어난다. 그 사이에서 서포 선생은 선천으로 유배를 갔다가 장희빈이 경종을 낳으니 특사로 방면되고 또 얼마 안 되어 이곳 한반도의 끝자락 남해, 외딴 섬까지 귀양을 오게 된다. 가시 울타리까지 쳐진다. 극한의 외로움 속에서 그의 명작 『사씨남정기』와 시대를 앞서는 혜안으로 국어와 국문의 소중함을 피력한 『서포만필』이 씌어졌으니 푸름과 붉음만큼이나 대비되는 게 인간사일까? 푸른색과 붉은색이 융합되어 이루어진 보라색이 인생의 빛깔일까.

'김만중문학관'에 가까이 다가가는 길목의 시화들은 이제 다양한 주제와 소재로 우리를 반긴다. 나무 사이에 긴 줄을 늘여 매단 시화에는 작가의 주소를 적었는데 이곳 남해섬 출신 작가인 듯하다. 이런 풍광 속에서는 문인이 배출될 수밖에 없겠다.

문학관에서 처음 마주하는 서포 선생의 초상화는 갸름한 얼굴에 생각이 많은 인상이었다. 서포가 사계 김장생(1548~1631) 선생의 증손자로 29세에 문과 정시에 장원으로 합격하여 중앙 정계로 나갈 때까지 고향인 논산에서 살았을 것이다. 내 고향에서 이렇게 가까이서 사셨던 분, 우리의 한글과 한국어를 사랑하여 최고의 지식인으로서 당시 천시하던 언문을 예찬하신 분, 홀어머니를 그리워하며 위로하기 위해서, 경국지색에 빠진 임금을 깨우치기 위해 혼신을 다해 한글 소설을 쓰신 분, 『서포만필』이라는 수필·평론집을 내신 분, 여러 면에서 서포 선생과 보이지 않는 끈이 연결되어 있는 기분이다. 그분의 의식과 감정이 이입되어 처연해졌다.

그리고 『구운몽』이 영어로 번역된 최초의 한국문학 작품으로 추정된다는 사실도 이제야 알았다. 1922년 『구운몽: 아홉 사람의 구름 같은 꿈』으로 번역되어 영국에서 출판된다. 번역자는 1889년 조선에 건너온 영국의 선교사 제임스 게일이다. 그분은 성경을 한글로 번역했으며 『로빈슨 크루소』와 『걸리버 여행기』의 역자이기도 하다. 선교사가 문화의 상호 전래자 역할을 했다는 게 새삼스러웠다.

문학관을 나와 언덕길을 돌아서 몇 걸음만 옮기면 서포 선생이 거처하던 초가집이 있다. 이곳 출신 어느 시인의 시구처럼 '한숨과 그리움이 녹아내린 초옥의 자리'다. 삼 칸 초가집만 덩그라니 앉아있다. 이곳의 정경과 지은이의 심경을 보여주는 선생의 한시가 있다. 봄이 왔건만 봄 같지 않은 왕소군의 심정이랄까.

봄풀(春草)

봄풀이 무성해지니(春草正萋萋)
근심 겨운 이 마음이 더욱 심란해(愁人意轉迷)
타향에서 한식이 지나가는데(客中寒食過)
창밖에는 두견이가 우는구나(窓外子規啼)
붓 들어 한가하게 벽에 시를 쓰니(拈筆閑題壁)
지팡이 짚고 홀로 바람 앞에 서다(臨風獨杖藜)
내 고향은 어디쯤인가(鄕園何處是)
해는 온 산의 서쪽으로 진다(日落萬山西)

눈앞에 하늘과 산과 물만 보이는데 홀로 바람 앞에 선 유배객의 심정을 추슬러 그는 한양의 임금을 생각한다. 직언을 잘하던 신하 김만중은 비유적으로 주군의 마음을 녹이기로 결심한다. 명나라 가정 연간(1522~1566)을 시대적 배경으로 하고 실존 인물 엄숭(1480~1567)을 등장시키는 등 스토리의 사실성을 높여 소설을 핍진하게 그려낸다. 훗날 처첩갈등형 가정소설의 유형을 형성시킨 문학사의 위상은 둘째 치고, 숙종이 이 소설을 읽고 자신의 잘못을 뉘우쳤으며 사대부들로부터도 한결같이 긍정적 평가를 받으면서 다양한 남녀 독자층에게 폭넓게 읽혀졌다고 한다.

가슴 저리는 또 한 분이 계시니 어머니였다. 홀로 아들 둘을 당대의 인물로 키워 냈으나 큰아들 만기는 이미 잃었다. 홀로 남은 유복자 만중마저 53세의 나이에 한반도의 끝에서 바다를 건너 무인도 같은 섬에 위리안치 되었으니 어머니의 심정이 어떠했겠는가. 어머니는 끝내 아들을 못 보시고 먼저 가셨다. 서포 선생은 그런 어머니의 일대기를 짓는 것으로 마지막 효를 다했다. 3년여의 노도 유배생활을 이 초가에서 지내며 끝내 숨을 거두었다. 가시 울타리 사이로 산으로 둘러싸인 바다 한 조각과 푸른 물빛을 굽어보는 파란 하늘이 보인다.

'조선 사람은 조선의 말과 글로 써야 한다'는 높은 문학론은 18세기의 실학자 홍대용, 이덕무, 정약용보다 한 세기나 앞선 진보적인 국문관으로 선생의 예지력과 인식력에 감탄할 뿐이다. 3년의 유배생활에서 그 많은 창작물을 집필한 선생의 성실한 글쓰기 생활에 존경이 넘친다.

산을 올라 구운몽원과 사씨남정기 공원을 찾았다. 산을 깎아 돌을 깔고 『구운몽』 작중 인물인 선녀의 금동상을 설치해 놓았다. 액자형 소설로 8인의 여성이 주인공 양소유의 2처 6첩이 되어 한결같이 서로 우애하며 낭군을 섬긴다. 결론은 모든 것이 뜬구름 같은 인간사로써 불교에 귀의한다는 것이지만, 『사씨남정기』와는 너무도 다른 여성의 심리로 묘사한 한 작자의 두 작품이어서 우리는 갑론을박하며 선녀상을 바라보았다. 한쪽에는 『사씨남정기』의 인물들을 서사적인 조각품으로 형상화했다. 유 한림과 사정옥, 교채란, 두부인, 동청과 인아 등 작중 인물을 이야기 중심으로 표현하였다. 두 작품 공통적으로 '양류사' 등의 한시로 작중 인물의 연정을 표출하고 '관음찬' 등의 글을 통해 인품을 알아보는 등 서포의 인간과 예술관이 짙게 투영되어 있다. 전아한 문체와 품위 있는 대화로 독자들의 심신을 맑히는 한글 고전소설의 노른자위 작품이다.

노도에서는 문인들에게 작품 창작실을 대여한다는데…. 자발적인 유배객이 되고 싶은 간망을 안은 채 앵강만을 건너야만 했다.

4.

내가 사랑한 세상

(문지원)

평화를 위해서는

우리는 흔히 '뉴질랜드'를 지상에 남은 마지막 낙원이라고 말한다. 천혜의 자연 환경 속에서 전쟁을 겪지 않은 채 평화의 대명사라 할 수 있는 양들이 끝없이 푸른 초원에서 풀을 뜯고 있는 풍경이 그곳을 보여주기 때문이다. 양인자 시인은 한 편의 시로 그 아름다움을 뭉뚱그렸다

오! 로토루아*

너무나 아름다워서 서럽게 느껴지는 곳
투명한 물방울이 맑은 햇살에 무지개를 뿌리며 오네.
그 누가 어여쁜 마을 세상 끝에 숨겨 놓았나.
이제는 일만 이천 킬로미터를 날고 날아 떠나야 하네.
〈후렴〉 오! 로토루아 그대를 잊을 수는 없으리.
오! 로토루아 사랑을 두고 떠나네.

청량한 바람이 불면 노래로 답하는 호수.
동화 속 마을처럼 나직한 지붕, 불빛 새는 작은 창문들
풀밭엔 어린 양 떼들 어찌 이리 아름다울까
세상의 슬픔 속에 지친 나그네 근심 잊고 편히 쉴 곳.

나는 가끔 지난여름 찾았던 뉴질랜드 어느 마을의 꿈을 꾸곤 한다. 일주일 정도의 일정에서 마음 속 깊은 곳에 묻어둔 보배처럼 여겨지는 곳. 뉴질랜드가 지상 낙원이라는 점을 확인하고 또 확인하게 하는 곳이다. 까무잡잡한 피부에 검은 머리, 통통한 몸매가 미인의 조건이라는 원주민 마오리족 일가의 인형은 아기를 업고 있는 특이한 모습으로 친근감을 안겨준다. 그리고 '평화'라는 낱말의 의미를 되새기게 한다. '마오리'라는 이름은 백인들이 들어온 이후에 생겨났는데 '평범한 사람'이란 뜻이다. 마오리의 여러 부족은 하나의 정신으로 뭉쳐있어서 항상 조상을 존경하고 기억한다. 그리고 조상이 물려준 마을에서 땅 주인의 권리를 갖는다.

– 1996년 8월 3일 수요일

어젯밤에는 마오리 민속춤을 관람하고 그들의 요리인 항이식을 맛보았는데 오늘은 그 민족의 집단 거주지를 찾는다. 먼저 가까운 원주민 마을인 Whakarewarewa로 향하는데 신기한 풍광들을 카메라에 담는 우리들을 겨울비가 방해한다. 마오리족의 미술공예학교가 있는 민속촌은 유럽계 백인들이 개발하고

백인들에게 99년간 대여하고 있는데 그 대여금으로 부족민의 장학, 의료 사업에 투자하고 있단다.

버스에서 내리자마자 미리 대기하고 있던 추장 꾸리꾸리 씨와 전통적인 인사로 코를 두 번 비볐다. '홍이'라는 이 독특한 인사는 코를 3번 비비면 청혼의 뜻이고, 7번 비비면 영혼까지 함께 하자는 뜻이라 한다. 키 크고 까만 남자와 그렇게 가까이서 얼굴을 마주하려니 여간 쑥스러운 노릇이 아니었다. 적당히 시늉만 하자 그렇게는 안 되는 모양이다. 꼭 제대로 시키고 다음 손님을 맞는다. 들어서는 입구도 민족 고유의 독특한 목각으로 꾸며 놓았는데 혀를 빼물고 있는 인간을 희화적으로 새겨 놓았다. 길가의 울타리는 고사리 나무인데 이곳은 생장 조건이 좋아서 고사리가 제주도의 소철나무 정도의 크기임에 놀랐다.

민속 조각을 전수하는 몸집 큰 마오리들이 조각에 열중하고 있다. '끼아오라(Kia Ore)' 하고 인사하니 그들도 돌아보며 답례한다. '토라라'라고 하는 재질이 부드러우면서도 단단한 나무로 목공예품을 만드는데 문양이 아주 섬세하고 정교하다. 구름무늬, 아라베스크 문양과 비슷한 낯익은 것들이다. 이러한 목공예품은 오클랜드의 전쟁 기념관에 가면 더 다양하게 볼 수 있단다. 이들이 입고 있는 남녀의 치마 같은 것은 '플랙스'라는 난초과 식물의 긴 잎사귀를 칼로 째고 홍합껍질로 겉껍질을 벗겨낸 후 섬유를 뽑아내서 온천장에 담갔다 염색을 한 후 꼬아서 엮어 만든다. 얼마나 질긴지 군용 로프로도 사용한다고 했다. 그밖에 청옥세공품 등도 대단히 섬세했다. 그 젊은이들은 자신들의 민속공예를 전수한다는 사실에 대단한 자부심을 갖고 있다고 말했다.

마오리 마을을 복원한 광장에는 그들이 신성시하는 의례와 집회를 하는 회당이 있었다. 앞마당에는 교통수단이자, 전투용 배인 카누가 전시되어 있고 지열이 높은 곳이라서 땅 가까운 곳에는 음식을 두지 못하고 원두막의 형태로 높이 올렸는데 고유의 재래식 냉장고인 셈이다. 정교하고 아름다운 건축물인데 그 모퉁이마다 혀를 빼문 목각인형을 벽에 붙인 듯 세워놓았다. 혀를 있는 대로 빼문 것은 적을 위협하는 표정으로 짐승, 역질, 모두를 포함하는 것이 아닐까?

여러 군데로 뻗어 있는 작은 골목을 따라가니 땅에서 김이 모락모락 또는 펑펑 솟는 지열지대와 간헐천에 다다른다. 때로는 수목에 싸여, 어느 곳에서는 바위와 같은 곳에서, 진흙탕 속에서 하염없이 김이 나는 것이다. 지상에는 안개비가 내리고 유황냄새가 코를 어지럽히는 신비롭고 희한한 땅이다. 이 코스를 '지옥순회'라 한다는데 여러 가지 스타일의 온천을 보며 돌아다니는 영락없는 지옥순회였다. 가장 장관인 것은 때때로 30m 이상이나 더운 물이 솟아오르는 간헐천인데 그때 일어나는 물보라와 안개가 이 '로토루아'라는 도시 전체의 분위기를 시종 신비롭게 감싸 안는 것이다. 얼떨떨한 가운데 간헐천 관광을 마친 후 마오리 마을로 갔다. 길 양쪽에는 십자가가 솟아 있는 묘지가 있었는데 이 부족은 모두 크리스트교도라고 했다. 군데군데 지열을 이용해 음식물을 쪄먹는 땅속 솥을 보니 음식 문화가 우리와도 상당히 비슷했다. 금줄을 쳐놓은 둥그런 부분에는 계란을 놓으면 삶아진다는 위험한 곳이기도.

나는 마오리족만큼 행복한 원주민도 없다고 생각하기에 이르렀다. 세계의 도처에는 고유의 언어와 전통문화를 지닌 원주민이 살고 있었지만 힘의 우열에 의해 질서는 파괴되고 약육강식의 힘의 논리가 정치 논리가 되어 세계와 역사를 지배해 왔다. 20세기에 들어와서야 인간의 존엄함이라는 대명제가 대두되면서 제3세계가 주목을 받게 되었다. 콜럼버스의 신대륙 발견이 '발견'이 아니고 '정복'이라는 개념으로 바뀌고 슈바이처 박사 같은 이의 아프리카 봉사 활동이 서구인의 정복 지배 사건에 대한 속죄의 행위라고 보는 견해가 설득력이 있다. 근래 아메리카 인디언들의 권리 찾기 운동이 활발하다고 한다. 캐나다의 크리 부족은 낚시터를 보존하기 위해 댐 개발 계획 반대 운동을 벌이고 있고 파마나의 인디언들은 자치권을 상당 부분 행사하고 있다고 한다.

이런 상황에서 마오리인들은 100여 년 전부터 최소한이지만 자신들의 권리를 인정받고 이주민들과 평화 공존하고 있기 때문이다. 현재 국민의 7.4%가 마오리인이고, 한 여대생은 친한 친구 중에 마오리인이 몇 명씩 있고 마오리인과 결혼할 수 있다고 자연스럽게 털어놓았다.

그 옛날 남태평양 폴리네시아에서 살고 있던 마오리족 가운데 용감한 쿠페 부부가 고향(현재의 타이티 근처)을 떠나와 카누로 남으로 남으로 항해를 했다. 몇 개월의 항해 도중 섬의 모습을 발견하자 아내가 쿠페에게 말했다고 한다.

"저건 구름이에요. 희고 긴 구름-아오테아로아. 육지가 아니에요."라고. 쿠페 일행은 그 구름을 목표로 삼아 카누를 저어 도착하고 보니 낙원과 같은 아름다운 육지가 펼쳐져 있었다. 그 후 인구가 증가하던 마오리인들은 남쪽의 낙원으로 아주 이주하기 시작한 것이다. 1000여 년도 훨씬 전에.

1840년 2월 6일 뉴질랜드를 사실상 영국의 식민지로 하는 와이탕기 조약(뉴질랜드의 주권은 영국에 이양하고, 마오리족은 영국민으로서 권리를 인정받으며, 마오리족의 토지 소유를 계속 인정한다는 3개 조항)에서부터 비운은 시작되어 마오리 전쟁이 발발되고 민족의 장래에 그늘이 생긴다. 하지만 당시 총독 홉슨은 "영국의 주권을 인정한다면 마오리족의 권리와 전통, 관습을 존중하겠다."고 설득하였다고 한다. 500여 명의 마오리 부족장들은 총독의 제안을 받아들여 빅토리아 여왕의 신하가 될 것을 서약한 후 1840년 2월 4일 마오리 부족장이 제안한 '타투타투: 우리들과 우리'를 슬로건으로 뉴질랜드를 '2민족 국가'로 규정짓고 영원한 평화를 기약했다.

그 후에도 민족 운동이 계속되어 1890년대에 세 사람의 젊은이들에 의해 민족의 각성을 호소하는 '청년 마오리당'이 결성되고 1929년부터 1972년까지 160만ha라는 경지가 마오리족의 소유가 되었다. 이러한 경제적 자유의 획득은 유럽계 뉴질랜드인과의 조화로운 평화를 이룰 수 있는 바탕이 된 것이다. 완벽한 평등, 원주민으로서의 우선권은 박탈당했지만 힘의 대결로 귀결될 수밖에 없는 주권을 포기한 대신 실질적인 권리, 전통, 관습의 존중을 보장 받은 것이 현명한 처사가 아닐까. 그리고 백인 사회의 유럽 문명과 조화를 이룰 수 있는 전통 문화가 있었기에 유럽인들의 배척과 질시를 덜 받고 인정을 받으며 살아갈 수 있었다고 본다. 현재 마오리인과 유럽계 백인과의 결혼은 자연스러운 일이라고 한다. 이로 인해 혼혈이 많아져 순수한 마오리인들은 찾아보기 어렵지만 피 흘리지 않고 공존한다는 사실이 아름답게 보였다.

하지만 이 또한 이방인의 편견일 수도 있다. 유태인 같은, 한국인 같은 민족의식이 강한 마오리인이 반박한다면 머리 숙여 사과한다. 단지 여행자로서 이웃의 오스트레일리아 원주민 아보리지니족의 운명과 비교해 볼 때 뉴질랜드야말로 평화가 있는 낙원이라고 찬탄하는 것이다. 평화란 단지 전쟁이 없는 소극적인 개념이 아니고 그 글자에서 어의를 찾아야 한다고 어느 분은 말했다. 평화(平和)는 벼가 입으로 고르게 들어갈 수 있는 상태를 뜻한다고. 이러한 면에서라면 뉴질랜드는 '평화의 낙원'이라는 또 하나의 수식어를 얻게 될 것이다. 부의 균등한 분배로 사회보장제도가 완벽에 가까울 정도이므로.

마음과 물과 공기를 깨끗이 하자는 3C 정책이 국민들의 생활 철학으로 자리 잡혀 있는 곳, 하나님이 주신 자연을 소중하게 가꾸고 자손에게 물려줄 뿐 토지는 사고팔지 않는 곳. 장애자가 최상의 대우를 받으며 범죄자도 최소한의 인권을 보장 받아 휴일에만 감옥에 들어가 형기를 채운다는 곳. 녹색 융단 풀밭도 초기 이민자들이 완만한 구릉의 잡목을 베고 뿌리를 캐고 불태운 후 씨를 뿌려 목초지로 조성했다니 지상의 낙원도 결국은 인간의 노력으로 가꿔지는 것이 아닌가.

*뉴질랜드의 지명. 마오리족의 민속으로 유명함

다시 불러보는 연가

여행복이 많아 우리가 여행을 떠나면 항상 준비한 것 이상으로 보고, 즐기고, 얻어 오곤 했다. 승용차도 없던 시절 대중교통을 이용해서 떠나는 여행길에, 날씨가 궂다가도 목적지에 도착하면 하늘은 말짱해져 있었다. 또한 비가 오더라도 그 주위의 풍광은 나름대로 날씨에 맞추어서 색다른 분위기를 연출해 주었다. 기후만이 아니었다. 무작정 떠난 여행인데도 그곳에는 고유한 행사 날로, 특별 개방이랄지, 전시 등이 우리를 기다리고 있었다. 의견이 맞지 않아 토닥거려도 우리는 여행에 관한한 찰떡궁합이었다.

그러다 보니 우린 여행 운을 비는 것을 넘어 행운을 몰고 다니는 듯한 착각마저 일으킨다. 함께한 여행길이 45년이 되어가니 참 많이도 흘러왔다. 길을 따라 다니다 보면 잊히기도 하고 다시는 가고 싶지 않은 곳도 있으나 예외인 곳이 있다.

로토루아가 그런 곳이다. 1996년 여름휴가에 찾은 그곳은 늦가을 해저물녘이었다. 길가에 피어 있던 들꽃부터 투명한 공기, 구릉을 이어 계속되는 푸른 잔디밭, 양떼들. 정적 속에서 안개만이 우리를 따라오며 끊임없이 사운대던 로토루아의 밤, 간헐천에서 솟아오르던 물줄기-유황냄새마저도- 어느 것 하나 그립지 않은 것이 없다. 게다가 뉴질랜드가 끊임없이 기억나고 그리워지는 데는 사람과 사람이 더불어 사는 모습 때문이었다. 원주민 마오리족과 그 땅의 주인이 된 정복자이자 이주민인 백인들이 서로 평화를 이루며 살아가고 있었다.

그런 가운데 전설이 있다.

전설에는 사람이 있고, 사람에게는 사랑이 있었다.

로토루아 호수에 있는 모라이아 섬에 살던 아레아 부족과 호숫가에 거주하던 힌스터 부족은 같은 마오리족이었지만 서로 전쟁을 일삼던 여느 부족 중의 하나였다.

그런데 아레아 부족의 추장 딸 히네모네와 힌스터 부족의 젊은이 두타니카는 운명적인 사랑에 빠진다. 서로 적대시했던 부족 사이였기에 두 연인은 몰래 만날 수밖에 없었다. 두타니카가 밤마다 호숫가에 나와 피리를 불면 그 피리소리를 듣고 히네모네가 카누를 저어 호수를 건넜다. 새벽이 되어서야 히네모네는 섬으로 돌아가곤 했다. 두 연인의 사랑은 오래지않아 들통이 났고 히네모네의 아버지는 카누를 모두 태워 버렸다. 하지만 그것으로 사랑에 빠진 히네모네를 묶어둘 수 없었다. 두타니카의 애타는 피리소리가 밤하늘에 울려 퍼지자 히네모네는 표주박 수십 개를 묶어 허리에 동여매고 호수를 헤엄쳐 사랑하는 남자를 만났다. 목숨을 건 딸의 사랑 앞에 추장도 굴복하고 두 부족의 반목도 끝났다고 한다. -매일경제 2011.2.7자

이본이 있지만 행복한 결말의 이 전설은 마오리족의 민요 '포카레카레아나'에 구전되어 온다.

포카레카레아나: 영원한 밤의 우정

1. 와이아푸의 바다엔
폭풍이 불고 있지만
그대가 건너갈 때면
그 바다는 잠잠해질 겁니다.

〈후렴〉 그대여, 내게로
다시 돌아오세요
너무나도 그대를
사랑하고 있어요.

2. 그대에게 편지를 써서
반지와 함께 보냈어요.
내가 얼마나 괴로워하는지
사람들이 알 수 있도록 말예요.

3. 뜨거운 태양아래에서도
내 사랑은 마르지 않을 겁니다.
내 사랑은 언제나
눈물로 젖어있을 테니까요.

뉴질랜드가 낳은 세계적인 소프라노 키리 테 카나와는 아버지가 뉴질랜드 원주민인 마오리족이고 어머니는 아일랜드계 백인인데 세계 유명 오페라 극장에서 명성을 떨쳤다. 그녀는 특히 영국의 찰스 왕세자와 다이애나 왕세자비의 결혼식에서 축가를 부른 것으로도 유명하다.

마오리족의 민요 '포카레카레아나'는 키리 테 카나와가 불러서 세계에 알렸지만 국내에서는 '연가'라는 제목으로 번안되어 불리며 사랑받고 있다. 이 노래는 한국전쟁 참전 용사들이 부르면서 전해지기 시작했다고 한다. 전쟁의 와중에서 그들은 잠시라도 틈이 나면 사랑의 민요를 부르며 고국을, 고향을, 가족을, 연인을 생각하고 시름을 녹였을 것이다. 사랑하는 이를 고국에 남겨둔 채 이국땅에서 생을 마감해야 하는 젊은이가 불렀음직한 이 노래의 애절한 곡조가 가슴 속을 후빈다.

1. 비바람이 치던 바다 잔잔해져 오면
오늘 그대 오시려나 저 바다 건너서

〈후렴〉 그대만을 기다리리 내 사랑 영원히 기다리리
그대만을 기다리리 내 사랑 영원히 기다리리

2. 밤하늘에 반짝이는 별빛도 아름답지만
사랑스런 그대눈빛 더욱 아름다워라

나는 내력도 모르는 채 이 노래를 불렀다. 사랑을 꿈꾸고 간직하던 시절, 통키타 반주에 맞춰 대학의 모꼬지에서는 으레 이 노래를 불러댔다.

다시 그때의 감정으로 부르고 싶다. 전쟁터가 아닌 호숫가에서 연인을 기다리는 마오리족의 청년처럼, 파도가 철썩이는 바닷가에서 친구들과 밤하늘의 별을 바라보며 사랑을 꿈꾸던 소녀처럼.

히네모네와 두타니카의 행복한 사랑의 결말이 있지 않은가. 젊은이의 사랑이 아레아 부족과 힌스터 부족의 반목과 질시를 녹이지 않았는가. 사랑은 그런 것이다.

세상에는 수없이 많은 사랑이야기가 전해온다. 이야기의 끝을 보면서 그 민족과 사회의 인정을 생각하게 된다. 마오리족의 품성이 그 민족과 나라의 앞날을 끌어가는 구심력이라면 지나친 낙관일까?

베이징에서 온 편지

전주천의 버드나무엔 유록색의 눈 잎이 피어 다가공원과 천변은 한 폭의 담채화로 펼쳐지겠군요. 학교에는 새내기들의 희망어린 흥분이 땅속을 뚫고나온 새싹과 키 재기를 할테구요. 그간 안녕하시기를 빌며 베이징의 첫 인상을 전합니다. 2001년, 새 천년과 더불어 제 인생은 정말 새로이 시작되는 듯싶습니다. 2월 23일 대지를 흠뻑 적시는 봄비의 포근함 속에서 한국을 떠나왔습니다. 새 봄, 귀하의 마음과 몸도 날마다 새로움이 더 하시기를 빕니다.

한 시간 사십여 분 날아온 중국대륙은 빙토였습니다. 겨울의 끝자락이 휘감고 있는 베이징에서는 바람의 열렬한 환영을 받았습니다. 눈을 들어 하늘을 바라보아도, 건물을, 나무를, 잔디를 쳐다보아도 무표정한 속에서 사람들 또한 굳어버린 듯했습니다. '무채색의 도시' 제가 붙여준 이곳의 별명입니다. 첫 인상이 밝지 않은 이곳에 와서 부딪히는 모든 불편함 속에서 표정이 굳어가는 자신을 발견하고 흠칫 놀라며, 가족들에게 미안했습니다. 올해는 내 삶에 주어진 안식년이라고 여기며 감사하고 여유롭게 보내고자 했던 해외생활이 눈을 둘 곳을 찾기 힘든 이곳 환경에 부딪히자 내색은 못해도 무표정으로 웅변되었습니다. 모든 것을 떠나 풍광 좋은 어느 나라로 훌쩍 떠나버렸으면…, 하는 생각도 들더군요. 때로는 이국생활에 정을 붙이지 못하는 우물 안의 개구리가 아닌가 하는 자괴심이 자신을 괴롭히기도 했구요.

그런데 어수선한 마음을 붙들어 주는 실마리가 보이기 시작했어요. 이 끈으로 저는 올해를 뜨개질 할 것이며 이 가느다란 끈의 궁극은 사랑하는 그분이라는 확신이 들기 시작했습니다. 그것은 사람과 사람 사이의 정입니다. 가까운 이부터 모든 것의 최우선에 정을 두고 바라보자는 것이지요. 측은지심, 차마~하지 못하는 마음도 포함해야겠지요. 이 중국 땅에서 한 사람 한 사람을 겪을 때 그 사람의 매력을 찾고 좋은 점만을 보려구요.

내가 만난 사람들을 감칠맛나게 그려내노라면 몇 편의 글도 건질 수 있지 않겠어요? 사람마다 매력은 있기 마련, 나는 수많은 친구를 두고 중국을 떠날지도 모르죠.

그렇게 되기를 빌어주셨으면….

2001. 새 봄날.

쯔주위안공원(紫竹院公園)에서

노동절 휴가가 시작되는 사실상의 첫날입니다. 5월 1일 노동절은 세계적인 휴일이기도 하거니와 이곳 중국은 내세우는 바 노동자. 농민의 나라답게 관공서마다 붉은 글씨로 '경축, 노동절'을 써 붙이고 일제히 휴무에 들어갑니다. 노동절을 전후로 자그만치 일주일 이상을 쉬는, 춘절, 국경절(중화인민공화국 개국 기념일)과 더불어 3대 휴가 기간입니다. 연휴로 쉬기 위해서 일요일에도 연장근무나 보강을 서슴지 않는 모습은 우리를 잠시 어리둥절하게 만들었습니다. 이러다보니 노동절 휴가에 민족의 대이동이 이뤄지고 유학생을 비롯한 외국인, 직장인들은 날씨 좋은 계절에 여행하기에 안성맞춤인 것이었습니다. 매스컴에서는 노동절 특수를 노리는 광고가 휘황찬란하고 이때는 예약을 하지 않으면 한 발자국도 움직이지 못한답니다.

우리 가족은 우선 베이징 시내나 근교의 명승지를 둘러보기로 했습니다. 아참, 딸아이는 시안(서안)의 병마용과 화청지, 반파 유적지를 찾아 먼 길을 떠났네요. 그 아이의 용기에 갈채를 보냅니다. 한요한 느낌으로 이허위엔(이화원)을 찾고 싶었습니다. 봄날의 이화원을 보지 못해서 몇 주 전부터 별러오던 일이기도 했습니다. 때마침 내린 비로 나무들과 건물들이, 무엇보다 공기가 깨끗해졌을 것을 알고 있기에 마음이 바빴습니다.

늘상 손에서 지도를 놓지 않고 새 길을 찾아내는 남편은 이전에도 있었던 베이징 시 교통도 위의 하늘색 수로를 발견하고 흥분하여, 우리를 부르고 기쁨에 떨었습니다. 쯔주위안공원(자죽원)에서 뱃길을 따라 이허위엔 쿤밍호(곤명호)로 직접 간다? 매력적인 코스임에 틀림없었습니다. 문제는 뱃 길가의 풍광인데…. 세느 강변의 빠리 풍경과 비교해 보렵니다. 어쨌든 처음 가보는 길이니 매연 속에서 지저분한 차안에 앉아있느니 보다는 훨씬 낫겠지 싶었습니다. 임업대 앞에서 택시를 달렸습니다.

자죽원(紫竹園)이라는 현판을 보고 내린 곳은 대나무를 엮어 만든 지붕, 벽, 장식 등 온통 대나무만으로 한 채의 중국 전통 가옥을 지은 것이 퍽 섬세했습니다. 그리고 자죽이 우리가 말하는 오죽이라는 것도 오늘에야 알았습니다. 그 대나무 줄기 색깔은 사실 검을 오(烏)자 보다는 붉을 자(紫)자에 가깝다는 생각이 들었어요.

쯔주위안공원은 우리가 거주했던 베이징의 해정구에 있는 공원인데 본래 저수지였던 곳으로, 3세기경 징청(京城) 가오량(高粱河)의 발원지이자 옌징(燕京) 수원(水源) 중 하나입니다. 쯔주위안(紫竹院)은 사당의 명칭이었는데, 1952년에 공원으로 조성했다고 합니다. 특히 대나무가 유명하며, 원내에는 자죽(紫竹), 반죽(斑竹), 석죽(石竹), 수성죽(壽星竹) 등 품종 60여 종에 70만 그루가 넘는 대나무가 있습니다.

공원은 호수에 물길이 나 있어서 상큼했는데 종류가 다른 대나무들의 무더기는 싱싱하지 못했습니다. 큰 너럭바위에 암각으로 대나무를 새기고 전각을 한 것, 소나무 밑의 신선들을 새

긴 것 등이 아름답고 특이했습니다. 공원 한 켠에는 옥잠화가 청초한 모습으로 피어있어서 문득 친정집 뒤란의 흰 꽃이 떠올랐습니다. 별로 사랑을 주지 않았던 꽃인데도 그립습니다. 사라져 간 것들에 대한 그리움이지요. 등나무 꽃이 활짝 피어 탐스러운 꽃송이들이 손짓 합니다. 잎과 어우러져 잎 속에 감추인 채 진한 향기로 먼 곳까지 자기의 존재를 알리는 한국의 꽃에 비해, 잎보다 먼저 피어 앙상한 줄기 속에서 큰 꽃망울만 매단 이곳의 등꽃은 연보랏빛이 무색해보입니다. 잎을 기다릴 수 없었던 성급함이 향기를 갈무리할 틈을 주지 않았나봅니다. 멀리서도 향기로 발길을 끄는 인품과 가까이 와서 코를 대야 희미한 향내나마 맡을 수 있는 인격. 그러나 꽃을 흉본 것이 부끄러워집니다.

멀리서 분홍색이 보입니다. 달려가 보니 모란이군요. 좋은 흙에서 알맞은 물기에 무럭무럭 자란 줄기와 잎에 걸맞는 꽃입니다. 어른의 펼친 손바닥 크기의 꽃송이, 봄날의 햇볕만큼이나 찬란한 핑크빛입니다. 풍만함과 난만함이 삶의 여유 속에서 자신감으로 표출된 40대 여인, 심신이 난숙한 여성미의 절정이라면 지나친 주관일까요. 역시 벌과 나비는 없었는데 분명 향기는 좋았습니다. 당태종이 보낸 모란 그림을 보고 꽃이 화려하지만 향기는 없을 것이라고 예언한 선덕여왕은 사물이나 사건을 관념적으로 접근한 분이지요. 더구나 미혼의 자신을 우롱한 것이라는 해석은 너무나 자의적인 해석인 듯합니다. 꽃은 꽃으로서 아름답더군요. 벌과 나비가 없어도 스스로 행복한 듯했어요. 벌과 나비도 사실 꽃이 아름다워서 찾아오나요, 자기들이 필요한 꿀 때문이죠. 꽃도 벌과 나비로 인해 유익하기도 하지만 그것들의 존재가 꽃의 행불행을 규정지을 수 있을까요. 한껏 피어난 꽃은 아름답더군요. 아름다움 속에서 존재의 의미와 가치를 모두 발산하는 듯했어요. 중국 대륙의 모란을 다 본 느낌입니다.

자죽원도 물이 많은 곳이었습니다. 게다가 비가 온 탓으로 봄물이 사방의 연못에 가득 했습니다. 구릉 같은 곳에 잔디가 잘 가꿔져 있고 적당한 굵기의 대나무를 엮어서 울을 쳐 놓았는데 어찌나 섬세하고 정교한지 눈이 자주 갔습니다. 낮은 울타리는 대나무 원통을 철사 주무르듯 구부려서 가장자리를 만들고 그 밑에는 역시 대쪽으로 촘촘하게 엮었습니다. 중국 친구들의 세심한 구석을 또 느낍니다.

어디선가 노랫소리가 들립니다. 맑고 고운 목소리입니다. 전통 가락인 듯, 가요인 듯 아름답기만 합니다.

"어느 낭자들의 청아한 노랫소린고?"

앞서 걷던 그이가 던집니다. 직장에서, 젊은 여성들이 야유회라도 나왔는지…. 드디어 베일이 벗겨졌습니다. 머리가 허연 할머니, 할아버지들의 노랫소리가 그리도 고왔던 것입니다. 걸개에 악보를 내걸고 여러 분들이 앉아서 한 목소리로 선율을 풀어냈습니다.

호숫가에 수양버들이 둘려져있는데 꽃가루가 마치 흰 눈 같습니다. 아니 비눗방울처럼 떠다니다가 길 위에 떨어지는 것은 목화송이만한 크기입니다. 수양버들의 아름다움이 양귀비의 그것처럼 두렵군요. 터널을 빠져나오듯 꽃가루를 피해 배 타는 곳을 찾았습니다. 그러나 겨우 찾은 도선장에 배는 오지 않고 강태공만 앉아있습니다. 우리는 기억해냈습니다. 이허위엔 쿤밍호 주위와 장랑의 긴 가로수도 버드나무임을. 버드나무 꽃가루는 벌떼같이 우리를 공격해올 것임을. 이허위엔 가는 길은 며칠 미뤄야할 것 같습니다. 꽃가루의 퇴로를 치며 격전을 치를 필요가 뭐 있겠습니까? 우리 가족은 베이징 하늘을 실컷 볼 수 있는 거류민이 아닌가요.

이허위엔 이야기는 다음 기회에 보내지요. 꽃비 내리는 전군가도 풍경도 전해 주시면 조금이나마 향수를 달랠 수 있을 텐데요.

2001. 흐드러진 봄날.

자죽원에서 드림

호산장성 밑에서 만난 친구

중국문화학을 전공하는 조카가 이번 학기 선양(瀋陽)으로 유학을 떠났다. 나는 여러 종류의 『열하일기』 번역본과 최정동 기자의 『연암 박지원과 열하를 가다』, 허세욱 교수의 『속열하일기』 등의 책을 추천하고 더불어 사념에 빠지기 시작한다. 선양과 얽힌 소현세자의 아픔을 생각하며, 홍대용, 박지원 선생들의 연행도를 보며, 연행사들과는 반대로 베이징에서 출발하여 단둥(丹東)에 닿았던 나의 여행의 추억이 요즘 선암리 집 마당의 풀 새싹마냥 한꺼번에 터져 나온다.

호산장성(虎山長城). 호산은 멀리서 본 모습이 호랑이가 웅크리고 있는 모습과 같다고 해서 붙은 이름이다. 단둥 동북쪽 20㎞, 해발 146m의 호산 위에 장성을 축조하고 중국 정부는 1990년대에 이르러 만리장성의 기점을 산하이관(山海關)으로부터 단둥까지 최소 1천㎞를 연장 발표했다. 압록강 하구가 빤히 내려다보이는 이곳 호산이 만리장성의 동쪽 끝이라고 주장하면서 이 성을 복원해 놓았다. 물론 『을병연행록』이나 『열하일기』에는 호산장성에 관한 어떤 기록도 없으며, 내가 찾았던 2001년 이전에는 중국여행 관련 서적에도 이 장성은 찾을 수 없었다. 명나라 때의 만리장성은 그 동쪽 기점이 산하이관이고 그것이 곧 유네스코에 등재된 세계문화유산임은 천하가 다 알고 있는데도 '호산장성'이 만리장성의 동쪽의 시발점이라는 새로운 주장을 하고 있다. 터무니가 없다. 실상 호산산성은 고구려 시절의 천리장성 끝 '박작성(泊灼城)'이며 이를 만리장성에 포함시킨 것은 중국의 동북공정으로 고대사를 중국사에 편입시키려는 왜곡행위다. 당연히 한국 사학계로부터 반발과 논란의 대상이 되고 있다.

우리가 이 산성을 찾은 이유는 다른 목적에서였다. 베이징을 출발, 압록강 변을 따라 단둥~지안~백두산~옌지에 이르는 긴 여행을 계획한 것은 우리의 뿌리를 찾아보고 강 건너의 북한 땅에 대해 최소한이라도 접해보고 싶은 갈망 때문이었다. 한마디로 우리 민족의 땅을 비행기로 날아가 남의 나라를 통해서라도 가까이 가 보자는 심산이었다.

단둥에 재중동포, 북한 동포들을 위하여 우리나라 사람들이 지원해서 지은 샘(SAM) 병원의 숙소를 아침 일찍 출발, 호산장성에 닿으니 8월 초의 하늘이었지만 선선했다. 여느 장성처럼 계단을 오르고 망대를 지나 망루에 오르기가 쉽지 않았다. 현재 의주를 가장 가깝게 바라볼 수 있는 중국 땅 단둥이지만 이곳에서는 의주의 통군정 등은 볼 수 없었다. 다만 한눈에 중국과 북한의 산천을 굽어볼 수 있어서 호산장성이 천혜의 요새라는 느낌을 받았다.

안내자를 따라 침묵으로 내려올 뿐이었다. 장성을 내려 구불구불한 길을 따라 내려오니 산자락 사이에 샛강이 있었다. 중국 관광지 어디에나 빠지지 않는 길거리 좌판의 할머니가 물 등 음료수와 간식을 팔고 있었다. 한참을 내려가다 우리는 작은 도랑을 마주하고 서게 되었다. 영문도 모른 채 주위를 두리번거리는데 어디선가 불쑥 군복이 나타났다. 카키색의 늙스구레한 마른 체형의 군인 같지도 않은 군인이었다. 우리는 초행이지만 그들은 경험이 있는지라 우리를 미리 보았음에 틀림이 없었다.

나는 흠칫 놀랐다. 그건 도랑이었다. 도움닫기를 하면 넘어갈 수 있는. 그 역시 손에 아무것도 들지 않은 여느 예비군 같은 행색이었다. 이게 현실인가?

한참 지나서 우리는, 아니 나는 정신을 차렸다.

"안녕하세요?" "수고 많으시죠?"

누군가 불쑥 불쑥 내뱉었다.

"목이 말라 죽겠으니 물이나 한 병 주소."

우리 중에 들고 있던 물병을 던져 주려 했다. 그러자 "그것 말구~" 한 사람이 뛰어가서 길목의 좌판대에서 캔맥주를 몇 개 사다 던져 주었다.

힘들이지 않고 받은 그는 "통일되면 갚겠수다!"

끝.

누가 갚으라 했나. 그들은 꼭 그리 말한다. 베이징 시내 '21세기호텔' 앞에서도 그 말을 들었다. 주일 예배를 드리러 간 그 호텔에서 예배 시간을 기다리는 우리 가족 앞에 어디선가 다가와 한국어로 이야기를 하면 거의 북한 동포였다. 도움을 요청하면 현실적으로 할 수 있는 일은 얼마를 쥐어주는 것밖에 없었다. 그때 그들이 한 말이 그것이었다.

"통일되면 갚겠수다!"

일행 중에 노래를 잘하는 자매가 있었다. 그들은 준비라도 한 양, '반갑습네다' 등을 구성지게 불렀다. 잠시 후 그는 나타날 때처럼 사라졌다.

어리둥절한 상황 속의 그 풍경이 20년이 지난 지금에도 각인된 양 또렷하다. 지금은 그 국경선이 바뀌었는지…. 그런 허술한 곳이 있는 줄 알면 압록강을 건너오다 되잡혀 돌아가지는 않을 텐데…. 탈북자들의 이야기는 많이 보고 들어왔다. 그들의 이야기를 사실대로 기록한 윤정은 작가의 『오래된 약속』을 읽고 저자의 고민도 들어보았지만 풀리지 않는 숙제다. 오천년을 같이 살았으나 칠십년을 떨어져 산 동포의 문제를 어떻게 풀어야 하는가.

내 마음 속의 상하이

출발에 앞서

상하이를 떠올리는 사람마다 인상이 다 다를 것이다. 사람들은 북한의 김정일 국방위원장의 표현을 빌어 '중국 속의 신천지'라는 말을 하기도 한다.

상하이가 자유경제의 최첨단을 걷는 국제 금융, 상업의 중심지이나 사실 사회주의 국가 중화인민공화국의 근간을 이루는 〈공산당〉은 1921년 최초로 상하이의 프랑스 조계지에서 발족되어 중국 전체로 번져나갔다. 그리고 1960~70년대를 풍미하던 문화대혁명의 진원지 중의 하나가 상하이라는 사실은 상하이의 민낯을 보게 한다. 1990년대 중국 정부의 대대적인 상하이 지원계획이 발표되면서 상하이는 국제적인 상업, 공업의 중심지로 커나가고 있지만 극심한 빈부격차, 서울보다 높은 물가와 집값은 인민들의 어떠한 삶의 모습을 보여줄지.

나는 중국의 아픔과 내 나라의 자부심, 그리고 아련한 그리움으로 칠해진 그림으로 상하이를 찾았다. 인류 4대문명의 하나인 황하문명의 발상지에서 뼛속까지 중화사상으로 뭉쳐진 자존심의 중국인들. 서양 오랑캐 영국과의 아편전쟁에서 참패하여 1842년 상하이, 난징, 닝보, 광저우, 홍콩 등을 개방하는 불평등조약을 맺어 상하이 땅을 내주게 되었다. 뒤이어 프랑스, 독일 등이 밀려와 조계지를 나누어 치외법권지역을 선포하고 지멋대로 건물을 지어 살면서 중국인들을 무시하였으니 상하이 땅과 대국인의 가슴은 갈기갈기 찢어졌으리라. 끝 모를 자존심과 무소불위한 대국의 힘을 통해 통시적 공시적으로 주변 약소민족의 운명을 쥐락펴락하던 중화민족이 떼거리로 몰려온 서양 오랑캐의 손아귀 아래서 한낱 종이호랑이가 되었다. 그 심정을 가늠하다보면 일종의 통쾌감을 맛보는지도 모르겠다.

수 천 년 동안 우리 민족의 정신과 몸을 지배한 중국. 때로는 관계가 좋을 때도 있었으나 약소민족은 여전히 지배를 받아야 했고 심할 때는 침략하여 고조선 시대부터 1950년 1·4후퇴 때까지 괴롭힌 사실은 셀 수도 없다.

중국의 쇠락이 고소한 나의 속내를 부인하지 않는다.

내 그림 속의 한 부분, 표현하고 싶은 주제가 내 나라의 일인 것은 인지상정.

'상해 임시정부'와 '윤봉길 의사의 홍코우 공원 의거'이다. 일제 침략 후 중국과는 동병상련의 처지가 되었다. 역시 일본의 침략을 받아 항일투쟁을 해야 하는 중국과 한국.

프랑스 조계지, 침략자 일본의 손길이 미치지 못하는 땅에 대한민국 임시정부 청사를 마련하고 독립운동의 총본산지로 삼았던 우리의 선조들. 그 지휘부 김구 주석의 영향을 받아 상하이시 일본인 우두머리를 홍코우 공원(현재는 루쉰공원으로 이름이 바뀜)에서 도시락폭탄으로 처단한 청년 윤봉길. 이곳에 와서 더욱 실감한 현재 한국인 교포들의 활약은 내게 한민족의 동질감으로 가슴을 먹먹하게 한다.

또 있다. 수필을 쓰는 사람으로서 피천득 선생의 발자취가 그리웠다. 피천득 선생도 가시고 그가 공부하던 '호강대학'에 대해 실마리라도 잡아 그분의 흔적을 찾아야 한다. 이것이 상하이 풍경화였다. 다소 음울한 그림을 이제는 밝은 톤으로 덧칠하여 마무리할 것이다. 함께한 전국 한의대 비계내과 교수 가족과의 만남과 겪은 사연을 기억하며 민족의학인 한의학의 장점을 알리고 향유할 수 있는 나름의 방법을 찾을 것이다. 모호하고 불완전한 기억의 저장고에서 '사실'을 꺼내어 분명한 문자로 고정하는 것이며 겉으로 드러난 다양성을 '행복'이라는 유일한 의미 작용으로 환원시키는 것이다.

후박나무 가로수가 많고 그 밑에 팬지가 피어있던 2월 상하이의 풍경화는 결혼 34주년 기념일을 이곳에서 맞게 되어 화룡점정이 될 수도 있겠다.

하나. 대한민국 임시정부-100년의 사랑, 은혜

상하이시 마당로 306롱 4호. 이 지역은 우리의 임시정부 구지이기 때문에 재개발이 안 되는 도심 속의 옛 동네였다. 그도 그럴 것이 공동조계지 안에 있어 서양근대 건축물을 이용한 관광지이며 백화점을 비롯한 상가가 즐비한데 우리 임시정부 청사는 1925년 건설된 근대 건축물로 이 블록은 시간을 정지시키고 있었다. 앙상한 플라타너스 가로수 줄기 사이에서 청사 표지판을 보는 순간, 표현하기 어려운 어떤 느낌이 스쳐갔다.

국내에서는 3·1독립만세 사건이 온 나라로 들불처럼 번지던 1919년 4월 11일, 시민이 나라의 주인이 됨을 내세운 대한민국 임시정부가 상하이에서 창설된 것은 IT시대를 사는 오늘의 우리보다 기민하고 철저하고 심원했음에 감격하게 된다. 유일하게 망명정부를 인정하는 프랑스 조계지를 찾은 것 등 정보도 정보려니와, 불과 10년 전에는 왕국의 백성이요 제국의 신민이었던 사람들이, 이제는 입헌군주제도 말하지 않고, 민주공화제를 말했다. 왕국이나 제국을 말하지 않고, 민국을 말했던 것이다. 오늘날의 개념으로는 '시민'이다. 그해 4월 10일 상하이에서 임시의정원을 열어, 4월 11일 새벽에 '대한민국' 국호를 결정하고 '대한민국 임시헌장' 10개 조항을 선포했다. 제1조 '대한민국은 민주공화제로 함'은 지금의 헌법 제1조 1항 '대한민국은 민주공화국이다'는 규정으로 이어져 왔다. 그리고 제2조는 '대한민국은 임시정부가 임시의정원의 결의에 의해 이를 통치함'이고, 또한 제3조는 '대한민국의 인민은 남녀, 귀천 및 빈부의 계급이 없고 일체 평등임'으로, 신분제적 질서를 부정하고 있다.

침략자 일본의 손길이 미치지 못하는 땅에 대한민국 임시정부 청사를 마련하고 독립운동의 총본산지로 삼았던 우리의 선조들. 그 지휘부 김구 주석의 영향을 받아 1932년 4월 상하이시 홍코우 공원(현재는 루쉰공원)에서 물통 폭탄으로 일본인 우두머리들을 처단한 청년 윤봉길의 의거 후 일제의 발악적인 반격으로 부득이 상하이를 떠나야 했다.

붉은 벽돌 건물의 석조문틀과 철문이 삼엄했던 당시의 분위기를 전해주고 있었다. 철문 안으로 들어서자 왼쪽 벽에 전지크기의 종이에 '양심건국'이라고 쓴 백범의 글씨와 도산의 '애기애타(愛己愛他)'의 작은 액자가 보인다. 선열들의 의지를 읽는다.

요인들의 숙소를 지나며, 물질로 독립운동을 후원했던 선조들의 노고도 잊을 수가 없었다.

이곳에서의 임정 공무기간이 7년으로 전체 역사 27년 중 가장 길고 현재까지 온전하게 보존된 우리 역사의 현장이기에 우리는 상하이를 생각하면, 곧장 임시정부가 떠오른다. 일제 식민시대 즈음 지구의 80%가 제국주의의 사슬에서 신음하던 민족 중에서 우리 조선인들처럼 독립국임과 자주민임을 만방에 선포하고 27년 동안 임시정부를 성립시켜가면서 마지막 순간까지 거족적으로 투쟁을 벌인 유래가 없단다.

황포강을 생각하면 이곳에서 유학하던 피천득 수필가가 떠오른다. 그가 열여섯의 나이로 1926년 유학했던 상하이. 고등학교를 마치고 1929년 입학한 '호강대학'. 상하이대학교의 전신으로 식민지 조선의 청년 피천득이 부모를 여의고 흔들리는 마음을 부여잡고 공부하던 곳. 수필 「황포탄의 추석」에서 고향을 그리워하던 그가, 「1945년 8월 15일」에서는 "얼었던 심장이 녹고 막혔던 혈관이 뚫리는 것 같았다. 같은 피가 흐르고 있었다. 모두 다 '나'가 아니고 '우리'였다."고 노래한다.

윤봉길도, 피천득도 우리의 자랑스런 청년으로 각각의 처지에서 최선, 최고의 삶을 살다 가신 분들이다. 이곳에 와서 더욱 실감한 현재의 한국인 교포들의 활약은 내게 민족의 동질감으로 가슴을 먹먹하게 했다.

100년의 세월이 흐른 지금, 부족함도 미진함도 많지만, 대지가 온갖 씨앗을 품어 키우듯, 바다가 모든 물을 받아들이듯, 용광로가 모든 잡물을 끓여 정금을 만들 듯 통일한국을 향해 힘을 모아야 할 것이다. 자각한 시민들의 역량을 결집해야할 것이다.

둘. 중국 대륙의 중의학

이번 상하이 여행은 중국의 의료기관을 시찰·견학하는 전문가들과 동행하는 발걸음으로 사행단을 따라온 자제군관 격으로 왔다. 해서 그분들의 발걸음을 따라서 상하이 중의학대학 부속

용화병원과 복단대학 부속병원을 돌아보았다.

장님이 코끼리를 만지고, 말을 타고 산을 보는 이 상황이 대단히 성글고 부실할 수밖에 없음을 전제로 한다. 다만 국외자의 눈으로 본 바를 기록하며 둔필승총을 믿을 뿐.

통역은 중의약대 출신 한국인 ㅎ교수께서 맡아주시기로 했다. 한중수교 이듬해인 1993년에 중국에 들어와서 외국유학생 최초의 중의사 자격증을 받아 석·박사를 마치고 교수로 임용된 재원이다. 22년여를 바쳐 그녀가 이루었을 땀과 눈물의 공훈탑이 보이는 듯하다.

상하이 중의약대는 공산화한 후 중국에 처음 세워진 중의약대학이다. 1956년에 설립되었으며, 중국 4대 중의약대학 중 하나로 임상 실습에 강하다는 평을 듣고 있다. 이 대학은 국가교육위원회가 유학생 수용인가를 내준 66개 명문 중 하나이고, 이 대학 산하의 국제침구 훈련센터는 1975년 WTO의 위탁을 받아 중국최초로 설립된 침구 훈련센터로, 1983년 연합국(UN) 세계위생기구에 의해 전통의학 합작센터를 인가받은 대학이다.

상하이 중의약대학 부속 용화병원은 중의학 중심의 상하이시의 가장 유명한 병원 중의 하나로 베이징 광안문병원과 쌍벽을 이루는 곳으로 알려져 있다. 복단대 부속병원은 동서의 결합치료로 역시 두각을 나타내는 등, 이 세 병원은 종양과 비계 내과학에서 중국의 최상위 그룹의 병원이라고 자타가 공인하는 터였다.

병원 설립의 주춧돌이 되신 여덟 분 의사의 전신상이 병원 앞에 세워져 있고 '행원'이라는 예서체 표지판 앞에 '이시진 선생'의 하얀 대리석상이 팬지가 피어있는 화단에 놓여있다.

셋. 결혼 34주년 기념일을 맞다

어제 알찬 일정을 마치고 늦게 잠이 들었는데도 새벽에 일찍 깼다. 상하이에서 결혼기념일을 맞으니 올해는 어떤 계획이든 잘 풀릴 것이라며 계획을 많이 세워보란다. 잠결에 주는 그이의 축원이다. 당신 덕이라고 화답했다. 한의대 비계내과 교수 모임에서 동반으로 참석한 부부는 우리를 포함하여 세 쌍이다. 어느 모임이든 함께하고자 하는 그가 고맙기도 하다.

철없던 시절에 만나 40년이 다 되도록 우리와 함께 해주신 그분. 만유를 주재하시는 그분의 도우심으로 오늘까지 살아왔다. 좋은 부모님과 형제와 자식을, 손주까지 저희에게 허락하셨으니 생각할수록 은혜가 깊고 크다. 무엇보다도 그분을 알고 믿게 하신 은혜를 어찌 헤아릴 수 있으랴. 감사하고 감사할 뿐이다! 우리의 잘못을 용납하지 않으시고 실수를 곧게 펴서 오히려 유익함으로 이끄신 그분. 신실하신 그분을 믿고 인정하며 그분께 맡기고 내가 해야 할 일을 최선을 다해야 한다고 고백한다.

광저우 일기

- 친애하는 박 원장님께

베이징에 잘 도착 하셨는지요? 저희도 한국에 돌아와서 일상에 복귀했습니다.

비행기 타고 내리기가 예전 같지 않다던 박 원장님 말씀에 가슴이 저려 옵니다. 뵈올 때는 반갑지만 헤어진 후는 섭섭하고 마음에 품은 생각을 표현하지 못하여 늘 안타까웠습니다. 박 원장님의 배려로 모든 일정을 잘 마치고 돌아와서 이번 광저우에서 겪은 일을 정리하여 편지를 올리기로 마음먹었습니다. 그것이 박 원장님의 배려에 감사하는 작은 보답이고 제 마음을 털어 원장님에 대한 정을 표현하는 방법이라는 생각이었지요.

제가 원장님을 처음 뵌 것은 1995년이니 20년이 넘었군요. 가족과 같은 따뜻함 속에서 남편이 베이징 광안문 병원에서 3개월 단기연수를 지낸 인연이 2001년 교환교수 생활로 이어졌고 저희 가족은 박 원장님, 임 주임, 이 선생과의 정을 잊을 수 없게 되었습니다. 특히 남편이 위암으로 한국으로 나온 뒤, 임 주임과 함께 저희가 거주하던 동왕장에 찾아오셔서 저에게 격려해주시던 그 표정을 잊을 수 없습니다.

그 후 2011년 닝보 학회 때에는 사모님을 뵙고 친정 엄마 같은 푸근함을 느꼈어요. 중국천지에서 저희를 염려해주시고 말이 온전히 통하는 분이 누가 또 있습니까? 하고 싶은 말도 못하고 돌아오면서도 두 분을 뵈면 그 표정에서 풍겨 나오는 정이 고스란히 느껴집니다.

저는 18세기 조선의 외교관들이 베이징에 다녀와서 기록한 연행록에 관심이 많습니다. 연행단의 정사, 부사, 서장관에게 '자제군관'이라 해서 이들의 안위를 책임진다는 이름으로 데려가는 한 사람들이 있었는데 그 신분으로 연경(베이징)에 다녀오는 것이 꿈인 조선의 학자들이 많았지요. 그 사람들이 다녀와서 기록한 기행문이 저 유명한 『열하일기』, 『을병연행록』 등으로 오늘날까지 한국문학사상 특별한 기록문화유산으로 남아 있습니다. 이 작품들은 머지않아 유네스코 세계기록문화유산으로 등재될 날이 올 것으로 전문가들은 내다보고 있습니다.

먹을 가까이 하면 조금은 검어진다고 했던가요? 오늘날의 '자제군관'은 바로 아내가 아닌가? 단편이나마 내가 그런 기록을 남겨야지…. 하는 데까지 생각이 미쳤습니다. 학회에 참석하는 남편과 휴가를 겸한 이번 기회에 겪고, 남기고 싶은 이야기들을 가장 들려드리고 싶은 분은 박 원장님이십니다. 저의 이런 치기를 허물삼지 마시고 읽어주시면 감사하겠습니다.

(*박 원장은 재중동포 원로중의사로 베이징 광안문의원장을 역임.)

국경을 날아서

가족들의 따뜻한 격려 덕분에 무사히 광저우 공항에 도착했다. 연착하여 다섯 시간이나 걸려 비행장에 내리니 학회 측에서 공항에 마중을 나왔다.

한국 기능의학회 ㅊ회장님, 대전대 ㅇ교수와 그 제자들과 함께 유쾌, 유익한 담소를 나눴다. ㅊ회장님은 의학과 한의학을 공부하신 탁월한 분이신데 대전대 한의대 재학 중 교환학생으로 상하이 중의약대학에서 공부해서 중국어를 잘 하시고 지금도 일주에 두 번씩 공부하여 흐름을 놓지 않는다고 하시니 젊은 우리가 부끄러웠다. 유머러스한 말솜씨, 경륜에 의한 여유로움이 모두를 편하게 하셨고 즐거움으로 이끄셨다. 처음 뵙는데도 마음이 너무나 잘 통해서 실수를 할까 염려될 정도. 당신은 한의학을 공부한 이후 생각과 관념이 바뀌며 여유로워졌다고 고백하셨다. 앞으로는 동서의학 결합, 암, 치매전문 의료로 한의학이 방향설정을 하지 않으면 안 된다고 하셨다.

중국인 ㅇ주임을 만나, "하우주부지엔, 닌 션티 젠캉마?" 등 몇 마디하고 나니 바닥이 나 버렸다. 아들 소식을 묻기에 결혼해서 아빠가 됐다고 했는데 '얼즈'라고 말해버려서 지원이가 남성이 되는 불상사 발생! 지원 양에게 정말 미안하게 되었다.

광저우는 아열대 기후라서 나무들이 무척 컸다. 가로수인지, 수목원 고목인지 분간이 안 될 정도의 큰 나무들이 시내에 우거져 있고 건널목 위의 구름다리 위에도 나무와 꽃을 심어 도시전체가 녹음으로 덮여 있었다. 아파트 옥상에도 하늘정원을 많이 만들었는데 한국에서는 '벤자민'으로 불리는 나무가 여기에 와보니 '용수'이며 줄기인지 뿌리인지 모르는 긴 줄을 매달고 줄지어 서 있다.

멋진 사람들을 만나 사는 모습들을 보고 삶의 다양성을 찾아가는 것, 처음 맛보는 음식을 즐기는 것, 새로운 예술품을 보는 것들이 여행의 맛이 아닌가?

국외자의 학회스케치(광저우 광동호텔 대연회장에서)

중서의 결합, 국제 종양학회를 왜 광저우에서 개최하는지를 알 것 같았다. 광저우 중의약대학 제1부속병원 개원 50주년 기념으로 이 학회를 유치하고 중국 전국 종양학회도 겸한 것으로 생각된다. 그러니까 암과 관련해서 중국의 전체 중의사, 학회에 가입한 서의사가 모이는 자리인 셈이다.

중국의 국제 종양학회에 두 번째 참석하여 관찰해 보는데 2011년 닝보학회와 이번 광저우학회이다. 이번에도 종양에 대해 다양한 접근으로 중국 한국, 서구의 학자들이 중국어, 영어로 발표, 사회를 보는데 점점 PPT의 활용이 다양해지고 논문집도 CD로 제공하고 있다. 프리젠테이션 파일 한 장, 한 장이 입체적이고 발표시간도 화면에 표시해서 늘어지지 않는 진행의 모습을 볼 수 있었다. 젊은이들은 노트북을 통해 본문을 열심히 읽고 있는 성실파와 휴대폰을 만지작거리는 무리로 양분되고 기성세대는 대체로 듣고 있었다.

광안문 의원 종양과장 ㅇ교수는 현 학회장답게 맨 먼저 종양치료의 역사와 변개양상, 표준화에 대해 발표를 하고 남편은 그 후 사회자로서 멘트를 하는데 중국인 사회자 후에 하느라 중국어 내용을 못 들은 나는 동영상 기록하는 기회를 놓쳐버렸다. 중국어 때문에 실수 연발이다.

또 다른 교수들 중의 한분은 '미병 치료'에 대해서 발표를 했는데, 미병이란 X-ray, 초음파 등에 나타나지 않지만 몸은 아픈 경우를 말한다. 중국에서는 이 치료를 주된 치료 영역으로 보고 적극적으로 치료하는데, 한국의 병・의원에서는 기계검사에 의존한 나머지 검사에 나타나지 않으면 아프지 않고 신경성이라고 판단하는 경향이다. 환자는 고통을 호소하는데도 말이다. 한방에서는 미병 치료를 하고 있다. 그리고 암에 걸렸을 때도 '암과 함께 생활함으로써 생존한다'는 요지의 삽화가 인상적이었다. 한국에서도 '암은 내 집에 손님으로 온, 성질이 고약한 친구이다. 그러니 그 친구를 내쫓으려 하지 말고 잘 대해주면 그 친구가 떠날 때가 되면 떠난다. 싸우려다 지면 죽을 수 있기 때문.'이라는 암 치료의 잠언이 있지 않은가?

비전공자가 감히 거론할 수는 없지만 오늘날 국민의 1/4이

암을 겪거나 환자이기에 관심을 안 가질 수가 없어서 하는 말이다.

오후 6시 공식적인 학회가 끝났다. 해외 한의학자와 중국 각처에서 모인 중서의들과 헤어지기에 앞서 만찬과 더불어 석별의 정을 나눈다. 원로들도 모셔서 장기자랑을 하시게 한다. 박 원장님은 어릴 적 부르셨다는 고향의 노래들을 부르셨다. 한국에서 참석한 분들은 박 원장님을 모시고 '아리랑'을 불렀다. '아리랑'이 2012년 12월 유네스코 세계인류무형문화유산에 등재되었고 이제는 세계인들과 함께 부르는 희망가가 되어 한국인이 있는 곳이면 어느 곳에서나 즐겨 불리고 있다. 말이 통해서 감정을 교류할 수 있다는 것, 정을 나눌 수 있다는 것이 얼마나 귀한 것인지 외국에 나갈수록 실감하게 된다.

손중산기념관을 돌아보고

광저우의 명승지를 찾아보고 '손중산기념관'은 꼭 돌아보려 했는데 우리가 머무는 광동호텔에서 몇 걸음 가지 않으면 그곳이니 얼마나 행운인지!

중국에서 국부로 존경받는 쑨원(孫文:1866~1925)은 이름이 여럿이다. 우리에게는 중국 발음이 아닌 '손문 선생'으로 친숙하다. 서구에서는 기독교 세례명인 '일선'으로 더 알려져 있고 그의 호인 중산(中山)은 일본에서 활동할 때 쓰던 나카야마(中山)라는 이름에서 나왔다. 쑨원은 신해혁명을 통해 청나라 왕조를 타도하고 공화제를 연 혁명가다.

그가 쓴 서예작품 속에는 '世界潮流 浩浩蕩蕩, 順之則昌 逆之則亡(세계 조류는 기세 있고 힘차게 밀려오니 따르면 창성하고 거스르면 망한다).'이라 하여 서양에 일찍부터 문호를 개방하는 선각자의 의식을 보여주고 있었다.

쑹칭링(송경령)은 중화인민공화국의 정치가이다. 유명한 세 명의 쑹 자매 중 둘째이며, 쑹메이링(송미령)의 언니로, '중국을 사랑한 여인'이라는 별명으로도 불린다. 미국에서 유학한 재원인 쑹칭링은 스무 살에 쑨원의 비서가 되어 제2혁명에 실패한 쑨원의 일본 망명에 동행한다. 이후 그의 사상과 민족애를 흠모한 나머지 쑨원과 결혼하였다. 그녀의 아버지인 찰리 쑹은 쑨원과 절친한 친구이자 사상적 동지이면서도 결혼을 반대했단다. 그러나 쑹칭링은 뜻을 굽히지 않고 27년의 나이 차를 극복하고 1914년 쑨원과 결혼을 감행했다.

이때 두 사람간의 '혼인서약서'가 전시되어 있었다. 일본인 화전서(和田瑞)의 입회 아래 서약서를 써서 세 사람이 한 통씩 보관한다고 씌어 있었다. 그중 2항은 "장래 영원히 부부관계를 보속하고 상호간에 행복의 증진에 노력한다."고 맹세했다. 사상과 이념의 스승이자 아버지로서 22세의 처녀가 50을 바라보는 아버지 나이의 남편을 선택한 결혼에서 문서화한 내용을 보며, 앞선 의식의 사람들의 내밀한 부분을 엿보는 묘미 이상의 무엇이 있었다. 그리고 내 딸이 그런 결혼을 한다면? 가정이 있는 남성이 처자를 버리고 27년의 나이 차가 나는 내 딸을 사랑한다면? 그러나 이 결혼으로 인해 중국과 송경령은 위대하게 되었다.

결혼 후 상하이로 돌아온 쑨원은 그의 민족주의 사상을 집대성했고 쑹칭링은 그 저작들을 영어로 번역했으며 외국의 정치가들과 통교가 필요할 때는 뛰어난 어학실력으로 늘 함께했다고 한다. 남편을 돕는 동안 그녀 자신도 한 사람의 사상가로, 중국의 미래를 짊어질 혁명가로 성장하고 있었다. '휴수-손을 이끌다'라는 제목의 부부 동상은 쑨원의 이상과 근대사상이 스무 살 처녀의 인생을 충실히 이끌어 중국 인민을 위해 평생을 바친 역사적인 사실에 적확한 제목이었다.

조계지 샤미엔도(沙面島)와 주장(珠江) 유람

광저우 사람들은 주강의 삼각주에서 모여 살기 시작했다고 한다. 비옥한 토지와 편리한 교통에 의지해서 농업과 상업이 발달했다. 그들은 실용적이고 개방적이며 진취적이어서 '생맹선활(生猛先活)적 광주문화를 창조했다'고 광저우박물관은 소개하고 있었다.

광저우에는 중국 개방과 조계지의 역사가 남아있다. 청나라와 영국, 프랑스 연합군의 2차 아편전쟁(1856~1860)으로 베이징과 텐진이 점령되고, 1861년 광저우의 샤미엔도(沙面島)가 영국, 프랑스의 조계지로 형성되게 된다. 우리나라의 인천 개항(1883년)보다 22년이나 빠른 시기다. 이후 2010년 이곳의 역사적 문화적 가치를 복원하고 보존하는 노력이 이루어지서 광저우의 조계지 100년 역사를 보여주고 있었다.

청나라 말기부터 지은 이국적인 건축물과 어린이들의 생활 모습을 담은 청동상이 '우호원'을 차지하고 있었다. 그 시대의 어린이들이 이미 열쇠목걸이를 하고 다녔다는 점이 놀라웠다. 이는 엄마들의 사회활동과 공동주택에 거주함을 의미한다. 다시 말하면 20세기의 생활이 샤미엔도에서는 이미 150여 년 전에 이뤄졌다는 뜻이다.

샤미엔도를 돌아서 주강 유람선 선착장에 닿았다. 많은 관광객 틈을 뚫고 우리는 유람선에 오를 수 있었다. 선상에서 뷔페 식사를 하며 주강 가를 돌아보는 일은 광저우 여행의 또 다른 추억거리가 되었다.

하지만 주강 유람선에서 애로호의 광경이 겹쳐지는 것은 어쩔 수 없었다. 1856년 중국 청 정부의 관헌들이 광저우항에 머물고 있던 애로호를 검문하여 중국인 선원들을 체포하는 일이 발생했다. 애로호는 중국 배였지만, 영국 선적으로 되어 있었기 때문에 청 정부의 애초 의도와는 달리 사건이 크게 확대되었다. 선원 체포 당시 청 정부의 관헌들에 의해 애로호에 걸려 있던 영국의 국기가 모독되었다는 것을 구실로 프랑스와 연합해 일시에 광저우를 점령하였다. 이 사건으로 이른바 제2차 아편전쟁 혹은 '애로 전쟁'이 발발하여 중국은 서부 열강의 먹잇감이 되어갔다. 150년 전 동양의 대국 중국이 겪었던 치욕의 역사를 옆에 있는 중국 의사는 기억할까? 우리 내외는 사진을 찍으며 신나게 즐겼다. 함께 간 미국 거주 의사도 모국의 발전상에 놀라고 대견해 하는 듯했다.

중산대학교, 중의약 박물관 탐방

오늘은 중산대학교와 중의약 약초박물관에 가기로 했다. 주강 남쪽 면에 임한 중산대학교의 문이 있어서 어제 봐 두었다. 고목이 울창한 가운데 잔디밭이 펼쳐졌는데 1924년 설립된 역사를 대변하고 있었다.

"넓게 배우며(博學), 정확하게 탐구하며(審問), 신중히 생각하고(愼思), 분명하게 말하며(明辯), 진지하게 행하라(篤行)"는 교훈이 본관 앞에 걸려있었는데 이 내용이 『중용(中庸)』에 나온 글인 줄은 자료를 찾은 후에 알 수 있었으니 부끄럽다.

이 학교는 중국 국민당의 창시자인 쑨원이 광둥 고등사범학교 등을 합병하여 설립한 화남지역 최고의 종합대학교로 1924년 설립된 국립 광둥대학교가 전신이다. 쑨원의 사망 이후 1926년 그를 기념하기 위해 그의 호인 '중산'을 따서 학교 이름으로 정했다. 1920년대 일제강점기 우리나라의 김산, 김성숙 등 국내 혁명가들이 수학한 곳이기도 하다. 중국의 시인이자 극작가인 궈모뤄, 작가 루쉰, 사학자 구제강, 시인이자 문예비평가인 위핑보 등이 중산대학에서 교수로 근무하였다. (네이버 기관단체사전 참조)

한국어학과가 개설되어 있고 귀한 한국학 자료가 소장된 것으로 유명하다. 중국 특유의 교수 관사가 군데군데 단독주택으로 서 있고 그 앞에 교수에 대한 표지석이 서 있다. 여기도 역시 용수가 한없이 자라서 실처럼 줄기를 늘어뜨리고 역사를 지켜보고 서 있었다. 잔디밭에는 '작은 풀도 생명이 있으니 발아래에 푸르름을 많이 남겨주세요'라든가, '서너 걸음만 돌아가면 잔디는 푸른색을 얻을 수 있답니다.' '손아래 머무는 정, 발아래 머무는 푸르름' 등의 아기자기한 표지판이 서 있다. 중국에서 이념보다는 자연과 인간 친화적인 표현들이 마구 늘어나고 있었다. 결코 작은 변화가 아니었다.

'자형화반점'이라는 구내식당에 들어갔다. 중국인 안내인에게 '자형화'를 물으니 홍콩의 국화란다. 이곳 광동지역은 홍콩이 가까워서인지…. 이 자형화는 우리나라의 박태기나무 꽃인데 자주색 무궁화 꽃처럼 생긴 것을 '자형화(紫荊花)'라 부른다. 우리를 안내하는 중국인 친구는 여러 가지로 매력적인 인물이다. 길림성이 고향인 한족 청년인데 한국어를 열심히 배우고 있단다. 고향에서부터 배운 한국어인데 내가 한국어를 가르치는 사람이라고 소개하니 물 만난 물고기다. 수첩에 일일이 적으며 틈만 나면 배우고자 하는 품이 어찌나 성실한지, 우리를 기쁘게 했다. 주문한 음식을 기다리면서, 식사를 하는 와중에도 그의 질문은 꼬리를 물고 있었다.

오후에는 중의약대학의 약초 박물관에 갔다. 박물관이란 약초의 표본이 전시된 곳인가 하는 상상을 한 내 짧은 소견이 부끄러웠다. 대학병원 한 모퉁이에서 시작되는 이 박물관은 '전국 중의약 문화 선전교육기지'라는 표지석이 모든 것을 말해주고 있다. 중국은 문화를 선전하고, 교육하는데 남다르다. 아니 대단히 발 빠르다. 멀고 먼 역사의 퇴적물인 문화, 문명의 결과물을 광대한 토지, 세계인구의 1/4이 되는 자국민에게 알리는 작업이니 대단하리라. 더구나 중국문화와 중의학에 대한 세계인들의 관심이 모아지니 외국 관광객을 대하는 정책도 날로 적극적이고 세련되어간다.

입구의 팔괘 석상이 범상치 않다. 약초 박물관이 어떤 형태일지, 궁금증이 더해간다. 입구는 잡초 뒤섞인 조그만 개인 정원 같았는데 들어갈수록 넓고 정제되어 있다. 한쪽 벽에는 중의학자와 저서를 시대 순으로 요약해서 부조를 했고, 식물원에는 약초는 말할 것도 없고 군데군데 편작, 화타 등 전설적인 명의들의 동상이 섬세한 조각으로 서 있다. 우리에겐 알려지지 않은 근대의학자도 있었다. 초본, 목본의 구별은 물론, 식물의 식생, 약의 사용처 등에 따라 다양하게 구분하여 키우고 있었고 연못에 정자를 설치하여 넓은 면적을 돌아보는 관람자의 쉼터를 마련하며, 중국 건축물의 아름다움을 뽐내고 있었다.

그뿐 아니다. 1828년부터 창시되었다는 왕라오지량차(凉茶)의 제조사에서 설립한 냉차박물관이 있었다. 광저우는 고온 다습한 지역 탓에 수분과 염분섭취가 필수적이다. 때문에 죽 같은 음식이 발달해 있고, 양념이 대체적으로 짠 게 특징이다. 그런데 이런 수분 많고 짠 음식을 계속 과하게 섭취하다 보면 구강이나 비강에 염증이 생기거나 장이 건조해지는 쌍훠(上火)증세가 나타난다. 이 때문에 광저우에서는 고대부터 체내에 열기를 다스리는 음료가 민간비법으로 전승되어 왔는데 냉차란 이곳 광저우 사람들이 즐겨 마시던 한약재를 달여 만든 음료수이다.

사회주의 국가 중국이 사기업인 왕노길 냉차의 광고를 대학박물관에서 대대적으로 하는 점이 놀라웠다. 산학협동기관인 셈이다. 청나라 때인 1828년에 광둥 지역 왕택방이라는 사람이 왕라오지(王老吉)라는 이름으로 가게를 시작했단다. 지금까지 몸의 열기를 식히는 냉차로서 이는 광동지방 사람들에게 사랑받는 음료수란다. 우리는 박물관에서 더위를 식히며 몸을 추스릴 수 있어서 좋았다.

운중삼매경(雲中三昧境) – 광저우 탑에서

광저우 박물관에서 나와 광저우 탑으로 안내하는 중국인 친구의 수고가 이만저만이 아니다. 처음길이라서 시내를 도는데 진땀을 흘리고 있다. 그러면서도 한 곳이라도 더, 한 가지라도 더 보여주려고 노력하는 품이 여실하다. 이 친구 덕에 우린 행복한 여행을 했다.

광저우 탑은 2004년에 개방했는데 입장하는 검사가 공항검사를 방불케 한다. 466m, 111층으로 내가 본 남산 탑, 에펠 탑, 마카오 탑, 시애틀 탑보다 웅장하고 특히 빛 관리를 잘 하는 듯하다. 특히 주강(pearl river)가에 있어 주강 크루즈에서 본 야경은 현란했다. 마침 저녁 7시 경이라 저녁노을 배경으로 광저우 시내를 보는 것에서부터 밤에 이르는 이 탑놀이는 구름 속에서 삼매경에 이르게 했다. 동서로 가로 지르는 주강을 경계로 강북은 백운산을 필두로 중산기념관, 오양탑이 있다는 위에수꽁위엔(월수공원) 등이 있고 강남은 중산대학교, 광저우탑, 우리가 묵은 파저우 판티엔 등이 있다. 주강 변에는 새로 지은 광주성박물관, 도서관, 아시안게임을 치렀던 종합경기장이 있는데 조명을 기막히게 해서 그 자체가 예술품인 듯한 착각을 일으켰다. 특히 종합경기장 지붕, 주상복합형의 오각형 아파트 옥상, 중화상장의 왕관 같은 조명이 아름다웠고 주강 유람선의 흐르는 불빛도 한 몫을 했다. 이 탑은 빨강, 파랑, 녹색, 주황색으로 전체가 칠해지다가 마지막으론 무지개 색으로 복합되어 하늘로 빙글빙글 돌았다.

주강을, 박물관 부근을 내려다보다가 광저우라는 공간이 우리 휴가의 절정에 이르게 한 추억의 명소로 장소화한 사실이 감사했다. 이것은 책읽기를 통해 '공간의 장소화'를 앎으로써 인식이 깊어진 것이다. 그래서 책읽기와 여행은 새의 양 날개이며 여행은 글쓰기로 완성된다. 학회와 박 원장님께 깊은 감사를 드리며 행복감을 한아름 품고 귀국길에 올랐다.

어떤 하얼빈

중국을 향하여 출발하기 전부터 하얼빈 여행은 예정되어 있었다. 2001년 남편은 교환교수 생활로 베이징 체류를 위해 중국어를 배우는 데 하얼빈 사범대 출신의 재중동포를 어학선생으로 모시게 되었다. 우연이었다. 그 선생은 그리움으로 고향을 채색하여 하얼빈을 소개 했을 테고 우리는 안중근 의사를 생각하며 하얼빈 여행을 계획했다.

하지만 남편은 병을 얻어 여름에 귀국했고, 나는 살림을 차렸던 베이징의 아이들과 사이에서 열 차례 이상 비행기를 타고 서해를 넘나들던 기간이었다. 휴학을 하여 학적이 없던 아이들이니 한국에 올 수도 없고 기왕 차린 베이징 살림에서 중국어라도 배우게 하려는 계획이었다.

일 년은 쏜살같이 지나 연말이 되어갔다. 나는 의무인 양 베이징~하얼빈의 기차표를 예매했다. 베이징 북정거장의 풍경이 23년이 지난 지금도 눈에 선하다. 지금과는 사뭇 다른 중국인들의 차림새로 검은색 일색의 겨울옷에, 커다란 짐 꾸러미를 가진 수많은 인민들. 북쪽 대륙의 12월은 을씨년스러움의 최고봉. 그 와중에 나는 왜 하얼빈 행을 감행했을까?

내 안의 절박함 때문이었다. 다시는 하얼빈까지 여행할 여유가 있을 것 같지 않은 내 인생터널에 들어가는 초입이라는 것. 또 하나는 남편이 가지 못하는 그 하얼빈에 나라도 다녀와서 전하고 싶은 오지랖이었다.

중국어 선생의 모교인 하얼빈 사범대 초대소에 여장을 풀고 지역을 탐사했다. 어느 곳이나 대학 캠퍼스는 평화롭고 한 줄기의 여유가 있었다. 한국인 유학생을 찾아 저녁을 함께하며 이야기를 듣기도 했다.

우리가 본 안중근 의사의 유적은 하얼빈 역 시멘트 바닥에 흰 페인트로 표시한 삼각형의 이토히로부미를 저격한 지점뿐이었다. 지금은 이곳에 표지석이 서 있고 기념관의 통 유리창 너머로 볼 수 있단다. 당시는 한국과 수교한 지 8년가량 되었던 2000년이라서 기념관은 없었고 2014년 1월 19일에야 개관했다. 개관 3년 만인 2017년 3월, 하얼빈 역사의 개·증축 공사로 인해 조선민족예술관으로 임시 이전했다가 2019년 3월 30일 원래 자리에 재개관했다.

하니 안중근 의사의 의거는 내 마음 속에서 찾아야 했다. 1993년 8월 21일 천주교 서울 대교구장인 김수환 추기경은 안중근 추모 미사를 집전했는데, 이 미사는 한국 천주교회가 안중근을 공식적으로 추모하는 최초의 미사였다.

"일제 치하의 당시 한국 교회를 대표하던 어른들이 안중근 의사의 의거에 대해 바른 판단을 내리지 못하고 그릇된 판단을 내림으로써 여러 가지 과오를 범한 데 저를 비롯한 우리 모두가 연대적인 책임감을 느끼고 있습니다."라고 말하고 안중근의 행위는 정당방위이고 '국권회복을 위한 전쟁 수행으로서 타당하다고 보아야 한다'고 가톨릭 신자 안중근의 살인 누명을 벗겨 주었다.

안중근 의사의 의로운 언행은 그의 전기에서부터 어록, 휘호, 동영상을 통해 익히 알려졌기에 늘 감사하고 우러러본다.

송화강은 하얼빈을 끼고 흐르는 흑룡강(아무르강)의 지류로 도시의 한 쪽은 강안과 맞닿아 있었다. 파인 김동환 시인의 「송화강의 뱃노래」가 생각났다.

1. 새벽하늘에 구름짱 날린다/ 에잇, 에잇, 어서 노 저어라 이 배야 가자/ 구름만 날리나/ 내 맘도 날린다//

2. 돌아다 보면은 고국이 천리 런가/ 에잇, 에잇, 어서 노 저어라 이 배야 가자/ 온 길이 천리나/갈 길이 만리다//

3. 산을 버렸지 정이야 버렸나/ 에잇, 에잇, 어서 노 저어라 이 배야 가자/ 몸은 흘러도/ 넋이야 가겠지//

4. 여기는 송화강, 강물이 운다야/ 에잇, 에잇, 어서 노 저어라 이 배야 가자/ 강물만 우더냐/장부도 따라 운다.//

1901년 함북 경성에서 태어난 파인이 간도지방이었던 송화강을 보며 쓴 이 시에서 1930년대 조선 지식인 청년의 고뇌를 읽을 수 있다. '강물을 따라 우는 장부'로 남을 일이지…. 어찌하여 친일작가가 되어 역사의 죄인으로 전락했는가, 안타깝기 그지없다. 우리나라만이 아니라 동아시아를 짓밟고 세계 2차 대전을 일으킨 일본을 찬양하다니, 문인들은 특히 역사의식에 투철해야함을 새긴다.

우리는 송화강을 바라보며 버스를 타고 731부대를 찾아갔다. 연말의 추운 날씨 속의 하얼빈은 겨울축제인 빙등제를 앞두고 부산하게 움직였으나 아들과 딸 그리고 나는 착잡하기가 이를 데 없었다. 더구나 산 사람을 잡아다 온갖 짓을 하여 인권을 유린한 현장을 찾는 마음이 어떻겠는가. 겨울눈이 쌓인 음습한 오후, 731부대의 우중충한 본관 모습이 보이는 곳에 우리를 내려놓고 버스는 떠나버렸다.

731부대는 일본제국 육군 관동군 소속의 비밀 생물학전 연구 및 개발기관으로 1932년 설립하여 2차 중일전쟁(1937~1945년)을 거쳐 1945년까지 생물·화학 무기의 개발과 치명적인 인체 실험을 행했던 곳이다. 후에 알게 된 일이다. 731부대는 히로히토 천황의 칙령으로 설립한 유일한 부대이며, 천황의 막내 동생이 그 부대의 장교로 복무하였다고 한다. 그만큼 일본이 중요시하던 부대였다는 뜻이다.

암호명은 '마루타(통나무)'라 불렸다. 마루타란 용어는 구성원

중 일부의 농담에서 유래했다. 이 시설을 지역 당국에는 제재소라고 했기에 그런 농담이 생겼다고 한다. 시험에는 영아, 노인, 임산부 모두 사용되었다. 실험과 해부가 살아있는 상태에서 마취 없이 이뤄졌고, 이는 실험 결과에 영향을 주지 않기 위해서라고 한다. 몇몇 수용자의 팔이나 다리는 얼려져 절단되었고 어떤 때는 얼렸다가 녹여서 치료받지 않은 괴저와 부패의 영향을 연구했다. 일부 수용자의 위는 외과적으로 절제되고 식도와 장을 연결하였다. 뇌, 폐, 간의 일부가 제거된 실험자도 있다고 했다. 더 심한 경우도 있지만 옮길 수가 없다.

전시실에 들어서자 대략적인 설명이 있고 주요 인물들의 사진이 있다. 지휘 책임자인 이시이시로(石井四郎: 1892~1959). 그는 혈청학, 병리학, 세균학 등을 연구하기 위해 군대에서 파견한 육군 군의관으로 이후 경험을 바탕으로 박사논문을 완성한다. 그는 2년간의 해외시찰 기회를 얻고 시야를 넓히게 된다. 귀국 후 세균전 부대의 창설을 제안하고, 세균 배양캔을 개발해 특허를 받는다. 악을 저지르기 위해 준비하고 훈련한 악의 화신이었다. 전직 731부대원들, 당시 의학계의 자료를 보면 일본군뿐만 아니라 의학계에서도 많은 의학자들이 731부대의 연구에 참여한 상황이 명확하게 드러나 있었다.

731부대로 끌려가 생체실험을 당한 희생자는 3천여 명이지만 지금까지 밝혀진 희생자는 270여 명으로 알려지고 있다. 희생자들의 이름과 사진이 복도에 죽 걸려 있었다. 이름이 밝혀지지 않은 조선인들도 많았다. 일본 헌병대가 731부대로 사람들을 많이 보내려했던 것은 자신의 공적을 올리기 위해서였다고 한다. 지금까지 밝혀진 한국인 희생자는 심득룡 씨 외 5명으로 대부분 항일운동 또는 반파시즘 운동을 하다가 체포된 인물로 파악되고 있다. 또한 세균전에 희생된 중국인 유가족 180여 명은 몇 년 전부터 일본 정부를 상대로 손해배상 청구 소송을 내고 있다

731부대는 중국 헤이룽장 성(黑龍江省) 하얼빈 핑팡(平房, 당시 만주국 괴뢰 정부의 영토)에 주둔해 관동군 관할 구역 내의 정수 업무를 하는 것으로 위장되었다. 이 부대는 일본의 정치적 선전, 일본 군대의 사상적 대표로서 업무를 수행했다. 처음에는 공산주의 정치 선동에 대항해 일했으나 나중에 그 영역이 확대되었고, 화학·세균전 준비를 위한 연구와 살아있는 사람을 대상으로 한 생체 실험을 위한 곳이었다.

민간인과 군인 모두 1만 명의 중국인과 조선인, 몽골인, 러시아인이 이 부대의 실험 대상이었다. 일부 미국인과 유럽인 등 연합군 전쟁 포로가 731부대의 손에 죽었다. 게다가 이 부대에서 생물학 무기 프로그램에 의해 연구된 생물학 무기의 사용으로 수만 명의 중국인이 죽었다.

실상이 이러하니 이곳 전시관에서는 주로 중국인들의 희생에 대해서 폭로하고 전시했다. 1945년 일본 패전 후 1949년 12월 25일부터 30일에 걸쳐 진행된 하바롭스크 전범재판의 기록

을 토대로 731부대의 중추를 담당했던 관동군 장교들이 세균병기를 개발했던 실태, 옛 만주국에서 일본의 통치에 반발하고 있던 중국이나 소련사람들을 사형수로 취급하며 세균병기 개발의 실험재료로서 취급하였던 사실을 보여주고 있었다.

> 일부 수용자는 원심분리기에 넣어져 죽을 때까지 돌려졌다. 동물의 혈액이 수용자에게 주입되어 그 효과가 연구되었다. 또한 가스실에 넣어 다양한 종류의 화학 무기를 시험했다. 바닷물이 몇몇 수용자에게 주사되었다. 바닷물이 생리식염수를 대치할 수 있는지 알기 위해서였다. 이 외에도 여러 가지가 많지만 잔혹해서 더 이상 옮길 수가 없다. 일단 731부대 수감자 건물로 잡혀 들어간 사람은 여러 생체실험을 거치며 죽어서야 그곳을 벗어나 소각로로 실려 갔다. 731부대 수감자들은 죽음의 콘베이어 벨트에 묶인 불쌍한 희생자들이었다. 731부대의 일본 의사는 그 콘베이어 벨트 옆에 서서 '죽음의 공정'을 진행하는 악마나 다름없었다. - 게시자료 참조

일본군들이 행한 이러한 잔인한 행위 때문에 731부대의 활동은 국제연합에 의해 전쟁범죄로 선포되었다. 도쿄전범재판 때 일본의 생체실험 문제가 언급되었으나, 관련자들은 실험에서 얻은 자료들을 전승국에 제공하고 러시아에 넘겨주지 않는 대가로 처벌을 받지 않았다. 그리고 731부대와 관련된 많은 과학자는 나중에 정치, 학계, 사업, 의학 부문에서 큰 성공을 거두었다. 전범이 아니라 전쟁 영웅이 된 것이다. 일본인들의

추악함이 두드러진 이유가 여기에 있다.

1945년 8월 9일 소련군의 대규모 공세로 일본 관동군이 급속도로 무너지자 731부대장 이시이시로 중장을 비롯한 핵심 간부들은 재빨리 도망쳤다. 국경 가까이 파견 나가 있던 731부대원들만 러시아 하바롭스크 전범재판에서 교수형이 아닌 유기징역으로 처벌받았을 뿐이다. 물론 일본에서 붙잡아 도쿄 전범재판에 넘겨 처벌을 할 수도 있었다. 그렇지만 이시이시로는 교활하게도 미국과의 비밀협상을 거쳐 전범재판을 비껴갔다. 731부대 핵심 간부들을 전쟁범죄자로 기소하지 않는 조건으로, 생체실험으로 얻어낸 세균전 자료들을 전승국 미국에게 넘겨주었기 때문이다. '세계의 경찰'로 자임하고 민주주의의 수호자로 나서서 각 나라의 내정간섭을 서슴지 않는 미국이 현실적인 이득 앞에서 얼마나 파렴치한가를 보여주는 두드러진 예이다.

나는 이 글을 당시에 쓰다가 덮어두었다. 그 처참한 모형과 사진들, 설명들을 거들떠보기가 싫었고 쓸 용기가 나지 않았다. 그러나 역사의 상흔은 아파도 되새길 필요가 있기에 지금이라도 쓴다. 성글지만 내가 밟은 하얼빈 땅의 역사적 교훈을 잊어서는 안 되기에.

*(미 전범재판소 자료인용)

마음의 빚을 진 베트남, 하노이에서

어릴 적, 동네 오빠는 월남전에 참전하고 논마지기를 장만하고, 또 한 오빠는 월남 가서 사람 죽는 현장을 본 후 다니던 교회에 나오기 힘들더라고 고샅에 흘러 다니는 말이 전해줬다. 베트콩들이 어찌나 독한지 산 속에서, 풀 섶에서 튀어나와 게릴라전을 하는 통에 당해낼 재간이 없다고, 여자 베트콩이 훨씬 지독하다고, 미군은 총을 서서 쏠 줄만 알고 한국군들은 엎드려서 쏘는 용감한 장병이라 전공을 많이 세운다고, Salt와 Sugar를 구분하지 못하는 장병들의 막사 이야기 등 미국이 일으킨 전쟁에서 용병으로 참전했던 슬픈 이야기가 어린 우리에게는 흥미진진했었다.

남베트남 광응아이성 빈선현 빈호아에는 '빈호아 학살 한국군 증오비'가 서 있다. 베트남 전쟁기간인 1966년 12월 3일부터 6일까지 청룡부대가 430명의 마을 주민을 학살하였다는 기록이 비석에 새겨져 있다. 그러나 한국 측에서는 전투 상황에서 작전 중에 일어난 일이라고 국정원에서는 정보공개를 거부하고, 이종섭 국방부 장관은 "한국군에 의한 민간인 학살은 없었다."라고 말했다.(2023년 국회 국방위 전체회의에서) 한편, 우리 친척 분은 '비둘기 부대'라고 불리던 의무대 소속이어서 걱정을 안 했는데도 전사통보가 날아왔다.

승승장구하는 줄만 알았던 미국이 패전한 후 월남전이 끝나고, 우리에게 불어를 강의하시던 교수님은 '국론이 통일되지 않으면 월남처럼 적화통일 되는 재앙이 발생한다.'는 요지의 글을 대학신문에 기고하셨다. '파월 장병아저씨에게 쓰는 위문편지'로 글쓰기 실력을 기르던 우리 세대는 세상의 쓴맛, 단맛과 더불어 인지상정을 아는 나이가 되어 버렸다. 우리 국민들은 고난의 역사를 통해 '학습'이 되어 스스로 판단할 수 있는 정치적 안목이 생겼다.

동서 냉전, 제국주의, 민족주의가 엉킨 19~20세기의 동아시아는 수난의 역사를 걸머진 채 힘의 우위에 따라 신음하고 죽어가고 있었다. 한반도 역사와 비슷한 베트남 역사를 훑어보며 가장 먼저 드는 생각은 동병상린과 안타까움이었다. 나라를 지키고자 하는 애국심마저 너무도 닮은 두 나라. 숱한 어려움을 겪고 베트남은 사회주의화하였고 우리는 분단된 채 오늘의 역사를 살아가고 있다. 이 가운데 미국의 용병으로 참전한 우리나라가 베트남에서 민간인들에게까지 인명 피해를 주는 등 전쟁의 참화를 빚은 것은 어떤 형태로든 사죄와 배상을 해야 한다는 생각이다. 우리도 일본에게 당하지 않았는가. 그리고 피는 이념보다 진한 것이 순리가 아닌가. 베트남의 통일에 대해 판단은 역사가 할 일이다.

세상이 좋아져서 베트남에 한류 열풍이 불고 대학마다 유학생들이 한국어를 배우기 위해 들어오는데 베트남 학생들의 숫자가 중국, 몽골 다음이다. 한국정부의 초청 장학생을 가르친 적도 있다. 호찌민이 영도하던 월맹으로 통일된 후의 베트남 어떨까? 간혹 월남쌈과 베트남 칼국수를 먹을 때마다 제자들의 얼굴이 떠오르며 실상이 궁금하기 시작했다.

훌쩍 날아왔다. 딸과 하노이 노이바이 국제공항에 착륙한 것은 한밤중. 공항의 안내소와 연결하여 숙소에 데려다주고 출국 때 공항까지 데려오는 서비스를 받기로 계약하고 자정이 넘은 하노이 시내를 달렸다. 10월 하순인데 훅훅 스치는 열풍이 예사롭지 않다. 차가 우리를 예약한 주소지에 내려놓고 떠난 후 숙소를 찾아가는 자유여행객의 속내는 그리 자유롭지 못했다. 숙박공유 사이트를 통해 구한 숙소의 손님맞이와 운영은 매끄럽지 못하고 주위 환경도 빈부의 차이가 확연히 느껴졌다. 비록 겉보기라 할지라도.

하노이가 베트남의 수도가 된 지 1030년이 가까워 온단다. 고대로부터 중국문화의 영향을 많이 받은 베트남은 지명과 인명 등에 한자문화권의 흔적이 많았다. 하노이는 한자로 하내(河內) 즉, '강 안쪽의 도시' 또는 '강 사이의 도시'라는 뜻이다. 베트남의 대다수 국민이 '호 아저씨'라고 부르는, 사랑과 존경을 한 몸에 받는 지도자 호찌민(1890~1969)의 체취를 느낄 수 있는 정치적 수도 하노이. '호찌민'이라는 남부의 도시가 있지만 정작 호찌민의 묘소, 관저, 박물관은 하노이에 있으며 이곳에서 베트남의 정체성은 시작된 듯하다. 호찌민(胡志明)이라는 이름은 1940년 중국 기자로 행세하면서 쓴 것이란다. 호찌민은 늘 경찰에 쫓기는 몸이었기 때문에 신분을 감추기 위한 가명을 썼다. 이 여러 가지 이름 속에 성공한 애국자 호찌민의 생애가 상징적으로 들어 있다.

'호찌민박물관'에 들어가는데 입장권을 내니 공안이 뭐라 한다. 옆을 보니 컨베이어가 굴러가고 있다. '가방 검사'라고 한국어로 말했는데 내가 못들은 것이다. 설마 한국어를 공안이 쓸 거라고는 생각지 못했다. 딸은 얼른 알아듣고 씩 웃는다. 다시 말했나? 두 번째는 들렸다. 박물관 들머리에서 호찌민 해외 활동 특별전이 진행 중이었다. 어디선가 한 무리의 단체 여행객이 들이 닥친다.

"호찌민은 1890년에 태어났습니다."

귀가 번쩍 뜨인다. 서너 팀의 한국인 안내인을 통한 귀동냥 설명이 도움이 되었다. 호 아저씨는 과거에 합격한 아버지 밑에서 왕대로 자랐을 것이다. 호찌민의 아버지 응우옌 신삭은 의식 있는 유학자였다. 호찌민은 미국에 건너가 공장의 작업반장을 하며 노동과 영어를 익히고, 프랑스로 가서 공산주의를 접하고 프랑스 공산당원이 되었단다. 하여 중국어를 포함하여 서너 종류의 외국어를 구사하였다니 역시 선각자임에 틀림없다. 오직 조국 베트남의 국민들에게 행복을 되찾아 주리라 결심하고 떠난 해외활동이었다. 경찰에 쫓기면서 하루도 편안하게 눈을 붙일 수 없었던 세월, 그는 통일이 되기 전에 가셨지만 생전에 민족지도자로서 인정과 대우를 받았음을 사진과 전시품들이 보여주고 있었다. 1990년, 유네스코는 이분을 '민족해방을 이끈 영웅이자 문화인물'로 선정하였다.

호찌민에게는 식민 지배를 받고 있는 조국의 현실을 타개하는 것이 무엇보다도 급선무였다. "독립과 자유보다 소중한 것은 없다."는 원칙을 세워서 프랑스 제국주의를 타도했다. 또한 베트남의 독립을 쟁취하기 위해서는 지식인, 중농, 소시민층만이 아니라 의식 있는 중산층, 자본가 민족주의 그룹도 혁명세력에 참여할 수 있도록 해야 한다고 생각했다. 자신이 공산주의자이기 이전에 민족주의자임을 말해주는 호찌민의 이러한 생각과, 받아들일 것은 받아들이고 확신이 서면 단호하게 실천에 옮기는 것이 그의 크나큰 장점이었다. 온화하면서도 단호하고, 단호하면서도 넓은 그의 성품은 하노이 곳곳에서 볼 수 있는 초상화에 그대로 갊아 있었다. 역시 부드러움이 힘이었다.

'호찌민의 여유 있는 성격은 물 흐르듯이 무리하지 않고 불가능한 것을 가능케 했다'고 『호찌민 평전』을 쓴 윌리엄 J. 듀이는 밝히고 있다.(정영목 역)

나는 호찌민의 그 형형한 눈빛에서 나오는 통찰력에 더 놀랐다. 수차례에 걸친 인도차이나 전쟁과 강대국 프랑스와 미국의 길고 긴 전쟁을 이끌면서 그 어마어마한 폭탄 속에서도 5만 명의 젊은이들을 외국에 유학시켰단다. 승리할 전쟁이라는 확신아래, 보다 더 중요한 것은 전후의 국가 미래이기 때문에. 바로 그 유학생들이 오늘의 베트남을 이끌고 있다니 위대한 지도자의 안목은 국가의 존망을 좌우한다.

1945년 9월 2일 바딘 광장에서 독립선언서를 낭독했다. "모든 인간은 평등하게 태어났다. 그들은 조물주로부터 누구에게도 양도할 수 없는 권리를 부여 받았다. 생존, 자유, 행복의 추구 등이 바로 그 권리이다."

독립선언서를 낭독하는 호찌민의 목소리가 들릴 듯한 바딘 광장. 굵게 자라는 열대지방의 잔디는 춤을 추고 있었다. 호찌민의 사상을 찬양하는 게 아니고 그의 나라와 민족을 사랑하는 마음이 다른 어떤 지도자보다 월등함을 말하는 것이다. 그리고 청렴결백함을 높이 사는 것이다.

그의 유언장에는 베트남 인민의 생활수준을 높이는 것이 무엇보다도 중요한 일이라고 했다는데 구시가 거리에 쌓여있는 쓰레기를 보며 눈을 두기 싫었던 것도 사실이다. 하지만….

하롱베이에 부는 바람

훈풍은 크게 둘러진 울안에
멀리서 온 손님들 모셔두고

밤새 어루만진다.
때론 손잡고
잡은 손 놓아도 마음은 하나인 섬들.

침략에 시달린 역사 속에서
조국을 지키는 용의 전설에
이 민족 염원 새겨놓았나.

등 푸른 물고기 비늘 닮은 바다와
발그레 미소 짓는 동쪽하늘의 사이를
돌며 돌며
쓰다듬는 너.

나무와 바위와
보다 귀한 사람을 보우하사
상채기를 위무하는
너로 인해
먼 길 나그네 마음 놓인다.

착한 어버이, 순진한 아이들의
눈빛을 보며
하롱베이의 하늘과 바다를
가슴에 안는다.

\- 졸시, 전문

필리핀의 영웅 와푸와푸의 발자취

꿈같은 가족 여행이 끝나간다. 오늘 오전을 끝으로 이 아름다운 막탄 샹그릴라 호텔을 떠난다. '샹그릴라'라는 이름처럼 이곳은 웃음과 사랑과 꽃과 옥색 물빛으로 내 마음 속에 남아있을 것이다. 아침, 눈을 뜨자마자 방을 나왔다. 가족들과 즐기느라 미처 보지 못한 호텔 주위를 돌아보기 위해서다.

초록 잔디 위에 야자수, 플루메리아, 부겐벨리아, 극락조화, 등이 피어있었는데 부겐벨리아의 색깔이 이리 다양한 줄 처음 알았다. 꽃분홍색, 노란색, 흰색의 부겐벨리아가 넝쿨지어 창가와 정원의 여기저기에서 우리를 부르고 있었다. 심지어는 바닷가에서도 아름다움을 뽐내는 그 꽃. 너무 예쁘게 피어있었다.

오솔길을 따라 걷다가 우리는 작은 동상을 발견했다. 그런데 더 반가운 것은 한글로 설명이 되어있는 게 아닌가! 한국인들이 많이 찾는 휴양지라는 뜻이다. 1521년 스페인의 마젤란이 서인도를 찾으려고 대항해를 시작했는데 필리핀 세부주 막탄섬까지 오게 되었다. 그들은 무장한 채 막탄 원주민을 대상으로 침략전쟁을 일으켰다. 이곳에 살던 원주민들은 겨우 칼과 방패만 들고 있었고 스페인 군은 신식 대포를 앞세웠으니 수많은 스페인군을 당해 낼 수가 없었다. 하지만 조국과 자기들의 땅을 지켜야만 했던 필리핀 사람들은 한 가지 묘수를 찾아냈다. 머리끝에서부터 철통같이 감싼 스페인 군사의 발목! 이곳에만 활을 쏠 수 있었다.

그래서 와푸와푸 추장과 원주민들은 스페인 군사의 발목을 명중시키는 기막힌 전술로 남의 나라를 침략한 나쁜 놈들을 물리쳤다. 이렇게 승리한 전투장이 이 호텔과 5㎞쯤 떨어진 곳이란다.

할아버지와 할머니는 슬펐다. 약한 나라 필리핀 사람들의 운명이 우리나라와 비슷했기 때문이지. 그러나 용감한 와푸와푸 추장과 필리핀을 사랑하는 원주민들의 힘과 지략으로 마젤란 일행을 쓰러뜨렸다. 탐험이라는 허울 좋은 이름으로 이곳, 저곳의 원주민들을 못살게 굴던 스페인. 필리핀 와푸와푸의 추장과 원주민들의 지혜와 용감함으로 스페인의 침략을 40년이나 미루게 했으니 그는 필리핀의 영웅이 되었고 이곳 이름이 추장의 이름을 따서 '와푸와푸 시'가 되었단다.

지원아, 지후야! 진헌아, 주헌아! 아무리 어려운 일을 당해도 지혜롭게 생각하면 해결할 방법을 찾을 수 있단다. 더 좋은 방법은 어려운 일이 생기지 않도록 평소에 준비를 잘 하는 것이지. 우리 아가들도 생각이 깊고 용감하며 나 한 사람보다는 여러 사람을 이롭게 하는 훌륭한 사람이 되기를 바란다.

싱가포르 여행에서

하나. 머라이언들의 향연

속 깊은 딸은 아빠의 퇴임 축하라는 명분은 살짝 감춘 채 우리에게 싱가포르 행을 제안했다. 코로나19 대유행의 숨 막히던 시절을 막 통과한 우리에게 여행을 향한 바람은 손끝만 대도 튀어 오르는 공이었다. 그리고 퇴직자인 우리에게 여행은 많을수록 기쁜 것임을 부인할 수 없다. 가족 전체가 함께하는 정년 퇴임 축하식은 받았지만 진주 형제를 여행길에서 순간순간 만나는 재미는 끝 모를 설렘이 아니겠는가.

이제 막 기어가기를 시작한 주헌이와 함께하는 여섯 시간의 비행은 모험과 스릴을 만끽하게 해줬다. 그렇지만 큰 불편 없이 싱가포르 창이공항에 닿았다. 새로 보는 것마다 설명해 주면 잘 듣고 눈 맞춤을 했다.

Gardens by the Bay에 가던 날, 꽃밭 사이를 기어 다니며 꽃보다 더 환한 웃음을 주던 주헌이와, 좋아하는 사람들과 함께 한 진헌이의 목소리로 우리는 마냥 행복했다. 온갖 꽃들이 때맞춰 피어있던 그곳은 찬탄과 기쁨으로 세상의 시름을 잊게 했다. 머라이언의 입에서 나오는 물을 맞고자 온갖 포즈를 취하며 깔깔거리던 우리들이었다. 주롱 새 공원에는 전 세계의 새들이 한 자리에 모여 있는 듯. 아가들과 공원 안의 차를 타고 둘러보는 동안 스콜을 만나 당황했던 장면들, 눈웃음을 치며 새 흉내를 내며 즐거워하던 진헌이의 표정들은 뇌리를 떠나지 않고 맴돌았다. 20ha에 달하는 드넓은 숲에 마련 된 새들의 천국에서 새 병원, 조류 연구 보존센터 등을 운영하며 멸종위기에 처한 희귀 조류를 보호하는 활동에도 앞장서고 있다 한다. 여기 새 공원은 일반 동물원과 합하여 확장, 재개장한다니 더 기대가 된다.

몇 날을 함께 하니 더 친근해져서였을까? 주헌이가 엉금엉금 기어 우리 방으로 왔다. 이어 형아 진헌이도 동생과 함께 기어 다닌다. 두 살 아래 동생이 하는 행동에 가족들이 재밌어하면 진헌이는 퇴행을 하며 관심을 모으려 한다. 그러자 손주들과 눈을 맞추며 함께 기는 할아버지! 무릎으로 기는 손주들 앞에 긴 다리를 펴고 기는 할아버지를 보자 손주들은 터널인 양 줄지어 들어간다. 이쯤 되면 소리가 터져 나온다. 동물원에서 들었던 온갖 괴성을 터뜨리며 아빠도 함께 하자고 꼬드긴다. 아무래도 어려운 장인이랑 함께 할 수도, 아들들의 소청을 거부하기도 난감한 사위는 웃으며 엉거주춤했지만 결국 함께 기어 다닐 수밖에. 가장 날쌘 주헌이는 앞장서서 기다가 어느 순간 휙 돌아서 할아버지를, 형아를, 아빠를 바라본다. 함께 하는지, 재미있어 하는지를 확인하고 눈길이 마주치면 신바람에 웃음이 터진다. 입에 문 쪽쪽이는 방바닥에 떨어지고. 싱가포르에서 본 어느 장면보다 더 신기한 정경을 담느라 카메라를 들고 이리 뛰고 저리 뛰는 내가 보기에는 네 마리의 머라이언이 엉켜서 누비는 듯했다.

가족여행에서 얻는 큰 기쁨은 아가들과 더욱 친밀해지는 것이다. 말은 못해도 눈빛으로 체온으로 서로의 습벽을 알고 젖어드는 것. 말을 하게 되면 생활을 알게 된다. 가족행사장에서 스치는 상황에서는 도저히 파악할 수 없는 그 만의 밤과 낮을.

둘. 멋진 두 남성이 이룬 세계

우리는 센토사 섬으로 이동해서 실로소 해변을 걸으며 제2차 세계대전 때 일본군의 추격에 맞서 영국군이 마지막까지 사투를 벌였다는 요새를 보았다. 일본의 군홧발은 안 디딘 곳이 없는 것 같다. 자연스레 이 나라의 역사를 찾아본다.

나는 오래전부터 싱가포르를 동경해 왔다. 말레이반도의 끝에 위치한 작은 도시국가. 중국계, 말레이계, 인도계, 유럽계의 인종이 모여 다른 언어를 쓰며 자원은커녕 식수도 수입해야 하는 나라가 이렇게 번영해 온 저력은 무엇일까. 국가를 이루는 구심력은 어디로부터 오는가?

이 나라의 역사는 두 지도자에 의해 기초가 닦이고 발전해 왔다. 근대 싱가포르 건국의 아버지, 토머스 스탬퍼드 빙글리 래플스(1783~1826) 경. 1819년 영국의 동인도회사의 행정관 스탬퍼드 래플스 경이 이전에 싱가포르를 지배하던 조호르 군주와 조약을 맺고 식민지를 세웠는데, 이곳은 영국의 동남아시아 식민 활동의 중심지가 되었다. 1823년 그가 만든 법규에 따르면 '싱가포르는 자유항이며 이곳의 무역은 모든 나라의 선박에 대해서 동일하고 동등하게 개방 된다'고 되어 있다. 말라카 해협으로부터 싱가포르 해협에 이르는 지정학적 위치에 가장 먼저 착안한 래플스 경은 이곳을 국제무역항으로 발전시켰다. 도박과 노예를 금지하는 내용을 담은 법률도 제정했다. 당시 아프리카의 원주민을 노예로 사고팔던 악습을 근절하고, 비록 열악하기는 하지만 계약에 의한 임금 노동자로 일할 수 있도록 했다. 무엇보다 청나라 출신 쿨리(苦力 : 임금 노동자)들과 원주민 말레이인의 화합을 주장했던 사람이다. 그의 꿈은 1965년 싱가포르 독립 후 리콴유의 사회, 인종 통합책으로 빛을 보게 된다.

싱가포르에 주목한 안목, 인권을 존중하여 임금 노동을 할 수 있도록 제도를 개선한 인간성, 자유 무역항으로 개방하여 전 세계인이 싱가포르를 이용함으로써 국부를 창출한 탁월함, 자바의 역사와 동식물에 대한 책을 쓴 학구열, 래플스의 혜안과 인간성과 재능은 비범했다. 그는 자유주의자였고 시장주의자였으며, 더 나아가 식민지와 피식민지의 공생 및 공영을 추구하는 이상주의자였다.

그는 싱가포르의 기초를 닦은 인물이기 때문에 현재도 리콴유와 나란히 국민들의 존경을 받고 있다. 일찍이 래플스를 "매우 명석하고 능력 있으며 활동적이고 사려 깊은 사람"이라고 말했던 당국자는 그의 지적·행정적 능력과 훌륭한 인간성, 그리고 자바에 대한 관심까지 인정해 자바의 부총독으로 공표했다. 래플스는 원주민의 생활여건을 개선하는 등의 개혁조치를 시작했다. 또한 막대한 자산을 가지고 영국 동물학회와 런던 동물원을 설립하기도 했다. 지금도 싱가포르에서 '래플스'란 이름이 들어간 모든 것은 일류라고 한다.

현대 싱가포르의 국부 리콴유(李光耀, 1923~2015) 수상은 19세기 이래 싱가포르에 정착한 부유한 중국계 가문에서 태어났다. 그는 명문학교인 래플스의 싱가포르 대학교에 수석 입학했다. 졸업 후 일본군 정보부에 취직해 연합군의 모스부호 해독 임무를 맡은 그에게 날마다 밀려들어오는 것은 일본의 패전 소식뿐이었다. 일본이 패망한 뒤, 같은 식민정책 국가인 영국과 일본의 통치 스타일이 너무나 다른 것을 보고 독립과 자치에 대한 눈을 뜬 리콴유. 그는 영국 유학을 통해 세계적인 안목을 지녔다. 케임브리지 대학교 법학과를 졸업하고 1950년 귀국하여 노동 전문 변호사로 활동을 시작하였다. 젊은 엘리트 변호사로 인기를 끌면서 차세대 정치인으로 떠올랐다.

정치에 입문한 뒤, 그의 제1목표는 신생국의 생존을 꾀하고 관용으로써 국민적 동질성을 확보하는 것이었다. 그래서 전 국민의 70%를 차지하는 중국계에서 쓰는 중국어를 쓰지 않고 영어를 공용어로 정했다. 그리고 국민들이 자연스럽게 어울리도록 호커(Hawker)센터를 장려했다. 호커는 '행상'이란 뜻인데 각각 다른 음식을 파는 여러 노점들이 한 곳에 모인 곳을 말한다. 120개 정도가 되는 이곳에서 국민들은 음식과 문화를 함께하며 자연스럽게 교류하고 있었다. 2020년 호커센터 문화가 유네스코 무형문화유산으로 등재되었다니 그 독특한 위상을 짐작할 수 있다. 우리 가족도 찾아 갔는데 비교적 값도 싸고 많은 이들이 즐기고 있었다.

또 중요한 것은 경제발전의 필요성을 인식하고 산업화하여 세계 굴지의 완제품 수출국으로 변모시키려는 계획이 입안되었다는 것이다. 이러한 정책을 실현하기 위해 싱가포르에서는 공무원을 청렴도, 실력, 인격 면에서 가장 존경받는 엘리트 집단으로 만들고 최고의 대우를 해준다고 한다. 그러니 부정과 부패의 소지가 없어진다는 것이다.

한편 국익을 이유로 서양의 자유민주주의 가치를 그대로 따르는 것에 반대하기 때문에 표현의 자유 등은 제한하고 있으며, 수많은 무거운 벌금 체계가 존재한다. 현재까지 태형이 존재하는 몇 안 되는 국가이며, 엠네스티에서는 싱가포르를 사형

률이 높은 나라 중 하나로 보고 있다. 특히 리콴유 내각 주도의 경제 사회 정책과 관련된 집행들은 공산주의보다 더 강하고 완고하다는 평가를 받고 있다. 하지만 싱가포르는 전 국민이 집을 소유할 수 있는 좋은 주택정책을 수립하고 철저한 능력 위주의 사회 체제로 돌아가니 국민들의 불만이 거의 없다고 한다. 시부모나 나이 드신 분을 모시고 살거나, 실직하여 생계를 잇기 힘든 남자 형제를 도와주고 고아가 된 조카를 입양하는 좋은 전통도 있다.

리콴유가 어느 인터뷰에서 한 말이다.

"스스로 평가하는 나는 그저 단호하고 일관되고 끈기 있는 사람 정도다. 무슨 일을 하면 나는 성공할 때까지 매달린다"고. 지도자의 품격을 고루 갖춘 것이 아닌가.

스위스 국제경영개발대학원의 '2024년 국가경쟁력' 평가에서 평가 대상 67개국 중 1위를 싱가포르가 차지했다. 지난해보다 세 단계 상승했다. 우리나라는 20위를 기록했다. 특기할 것은 창이국제공항과 마리나 샌즈 호텔 등 주요 건물을 한국 건축 기술로 건설하였다는 점으로 우리의 능력이 싱가포르 건축의 최고봉을 차지했다는 자부심을 또한 안겨줬다.

비록 짧은 기간에 바라보았지만 이 나라는 래플스의 이상이 리콴유의 정책과 실행으로 열매를 맺었다고 생각된다. 두 남성의 멋진 품성과 능력이 진헌이, 주헌이에게 깃들어지기를 소망한다. 열린 마음과 지혜로운 안목으로 사건과 사물을 바라보는 힘, 끊임없는 학구열, 관용을 바탕으로 타인에게 선한 영향력을 끼치는 인재가 되기를 간절히 기도드린다.

리콴유 가문의 51년 통치가 끝난 지금, 새로운 지도자의 국가 경영은 어떨지 앞으로 싱가포르의 미래가 기대된다. 시시때때로 인식력이 커지고 키가 쑥쑥 늘어나는 우리 아가들의 앞날 또한.

낙원유관록

어머니

눈을 들면 어디서나 바라볼 수 있는 것! 내가 혹시 잊고 있을지라도 그는 언제나 그윽한 눈길로 응시하며 나를 위무해준다면 그는 가히 신이라고 이름 지을 만합니다. 레이니어산은 우리에게 그런 모습으로 다가왔습니다. 시애틀 어느 곳에서 누구에게나 보이는 어머니. 사람들은 강은 젖줄임을 일깨워 '어머니'라고 말합니다. 마인강이 하이델베르그의 젖줄이라고, 한강이 서울의 그것이라 합니다. 나는 산에게도 신의 대명사인 어머니라는 위대한 이름을 헌정합니다. 레이니어같이 그윽한 눈길로 사람들이 시애틀의 어느 곳, 어떤 처지에서 기쁨과 슬픔에, 실망에 젖어있을지라도 말없이, 안타까운 심정으로 참아바라본다면 그것은 살아계셔서 기도하는 어머니입니다. 언젠가부터 끝까지 지켜보실 것을 의심하지 않습니다.

우리는 한 친구의 안내로 레이니어산을 만났습니다. 그는 미지에 대한 가열찬 열망으로, 자연을 사랑하여 자연에 깊숙이 안기는 맛을 체득한 분으로 무딘 나의 오감을 일깨웠습니다. 해서 우리 역시 레이니어산의 가장 깊은 곳에 안기는 생에 두 번 다시 갖기 힘든 행운을 누릴 수 있었습니다.

장소는 안전을 의미하며, 공간은 자유를 의미한다고 했습니다. 우리는 장소에 고착되어 있으면서 공간을 열망합니다. 미 대륙의 서쪽 끄트머리의 한 점에 불과한 그곳을 우리는 친구의 안내로 우리 생애의 의미 있는 경험의 장소로 인식하고 기억하며, 사랑하게 되었습니다. 불완전한 감정에서부터 분명한 개념에 이르는 복잡한 인간 경험의 본질을 찾아 붙들어 맴으로써 행복을 지속시키기 위해 이 글을 씁니다. 이것이 친구들에게 사랑의 빚을 갚는 작은 감사라고 여기면서 말입니다.

불처럼 타오르던 하늘과 덕지덕지 붙어있던 일상의 의무는 한국에 떨쳐 놓고 우리는 날아왔습니다. 시애틀 근교의 타코마 지역을 거쳐 숲속으로 난 길을 달리고 있습니다. 타코마에서는 한국 교민의 정감어린 인정과 점심을 대접받고 어느 곳에서나 열심히 삶을 영위하는 한국인의 씩씩함을 또 확인했습니다. 개방적이고 자유로우며 때때로 위협적인 '공간'을 생물학적 필요(식량, 물, 휴식, 번식)가 충족되고 절실하게 느껴지는 가치의 중심지인 '장소'로 바꿔내는 한국인은 그저 위대합니다. 민들레 홀씨처럼 날아와 디아스포라로 살아가는 그들에게 갈채를 보냅니다.

6인승 벤을 달려 1906년에 독일인이 지었다는 숲속의 작은 교회를 보았습니다. 미국에서 가장 작다는 잔디밭 위에 세워진 까만 지붕에 흰색 벽의 고딕식 교회당을 상상해 보세요. 첨탑은 푸르른 하늘에 닿아 있고 주위는 하얀색 나무 울타리가 둘러진 교회당은 결혼식장으로 인기가 높답니다. 『백설 공주』 이야기에 나올 법한 작은 교회를 위해 헌금한 이들의 이름이 새겨진 돌판으로 입구부터 성전 문에 닿는 길을 만든 것을 보고 '철저한 헌신의 자세'를 보여주고 있다고 생각했어요. 대개의 경우 후원자 명단을 건물 안쪽 벽면에 새겨 놓은 것을 보았기에 말입니다.

투명한 공기를 가르며 눈이 시리도록 푸른 하늘을 바라보며, 눈 덮인 산등성이에 꽂힌 듯한 침엽수 사이를 달렸습니다. 군데군데 호수가 있습니다. 호수 면은 데칼코마니로 하늘 위와 물속의 풍광을 대비시킵니다. 어느 것이 진경인지 구분하기 어렵습니다. 호숫가에는 꽃이 피어 있지요. 보라색 꽃이 많은 걸 보고 혼자 미소를 짓습니다. 눈 속의 초록 잎과 꽃을 어떻게 설명할 수 있을까요? 바람이 시원하게 불어 몸과 마음이 아주 상쾌합니다.

연암을 떠올리다

해발 약 1800미터 지점에 있는 Mt. Rainier 국립공원에 오후 8시경에 도착했습니다. 공원 입구에서도 훨씬 산속으로 들어갔습니다. 1914년에 지었다는 Paradise Inn은 순전한 목재 건물로 지붕과 건물 외벽은 물론 홀에서부터 각 방의 가구 하나하나가 자연목을 이용하여 지어졌고 만들어졌습니다. 이 '낙원여관'의 역사를 보여주는 사진에는 사람들과 곰이 함께하는 장면이 보였고, 흑백사진은 눈이 너무 와서 눈 속을 동굴처럼 파고 들어가는 모습도 생생하게 기록하고 있었습니다. 중천에 떠있는 듯한 이색 경험에 우린 시간 가는 줄 모르고 흥분해 있었습니다. 여관 마당쯤에는 눈이 쌓여있고 우리는 그 눈구덩이에 들어가 장난을 쳤습니다.

드디어 밤이 내려앉았습니다.

각자 여장을 풀었건만 나는 침대에 누워있을 수 없었습니다. 모포를 어깨에 두르고 룸메이트와 사알짝 빠져 나왔습니다. 사방은 칠흑같이 까맣고 별이 손에 잡힐 듯, 여관에서 비치는 불빛이 열하에서 연암이 보던 달빛 같습니다.

> 때마침 달빛이 뜰에 가득하고, 담 너머 장군부에서는 이미 초경 넉 점을 치는 야경 소리가 사방으로 울린다. 상방에 들어가니 하인들이 휘장 밖에 누워 코를 골고 정사도 이미 잠들었다. 짧은 병풍 하나를 격하여 나의 잠자리를 보아 놓았다. 일행 상하가 닷새 밤을 꼬박 새운 끝이므로 이제 깊이 잠든 모양이다. 정사 머리맡에 술병 둘이 있기에 흔들어 보니, 하나는 비고 하나는 차 있었다. 달이 이처럼 밝은데 어찌 마시지 않으리. 마침내 가만히 잔에 가득 부어 기울이고, 불을 불어 꺼버리고서 방에서 나왔다. 홀로 뜰 가운데 서서 밝은 달빛을 쳐다보고 있노라니, 할할하는 소리가 담 밖에서 들린다. 이는 낙타

가 장군부에서 우는 소리였다. 드디어 명륜당으로 나왔다.

오른편 행각에 들어가니, 역관 세 사람과 비장 네 사람이 한 구들에 누워 자는데 목덜미와 정강이를 서로 걸치고 아랫도리는 가리지도 않았다. 천둥소리처럼 코를 골지 않는 자가 없는데, 혹은 병을 거꾸러뜨려 물이 쏟아지는 소리요, 혹은 나무를 켜는데 톱니가 긁히는 소리였으며, 혹은 혀를 끌끌 차며 사람을 꾸짖는 시늉이요, 혹은 꿍꿍거려 남을 원망하는 정경이다. 만리 길을 함께 고생하고 와서 자나 먹으나 떠남이 없으매, 그 정분이야말로 친형제와 다름없이 사생을 같이할 것임에도 불구하고, 그 잠든 모습을 볼 때엔 한 자리에 꿈이 다르고, 그의 간담은 초(楚)·월(越)처럼 먼 것을 깨달았을 뿐이다. 담뱃불을 붙이고 나오니, 개 소리가 표범 소리인 양 장군부에서 들려온다. 그리고 야경 치는 소리가 마치 깊은 산중 접동새 소리같이 울렸다. 뜰 가운데를 거닐며, 혹은 달려도 보고 혹은 발자국을 크게 떼어 보기도 해서 그림자와 서로 희롱하였다. 명륜당 뒤의 늙은 나무들은 그늘이 짙고, 서늘한 이슬이 방울방울 맺혀서 잎마다 구슬을 드리운 듯, 구슬마다 달빛이 어리었다. 달 밖에서 또 삼경의 두 점을 쳤다. 아아, 애석하구나. 이 좋은 달밤에 함께 구경할 사람이 없으니, 이런 때에는 어찌 우리 일행만이 모두 잠들었으랴.

- 박지원, 『열하일기』 「태학유관록(太學留館錄)」 중 '가을 8월 9일 을묘일'

18세기 중국 열하지방에 청나라 건륭제의 고희 생일 축하사절단장의 '자제군관'으로 함께했던 연암의 『열하일기』의 한 대목이 떠올랐습니다. 조선시대 연경(베이징) 방문하기를 필생의 소원으로 여기던 조선의 선비들 중에서 연암은 최초로 열하까지 여행하는 특권을 얻은 행운아였습니다. 미국여행으로 시애틀을 밟은 사람은 많지만 레이니어산 중턱의 '낙원여관'에 묵은 한국 사람은 얼마나 될까요? 비록 점찍기에 불과한 단기여행이지만 연암처럼 바야흐로 '잠 못 이루는 시애틀의 밤'을 경험하고 있으며, 연암의 신들메를 풀기에도 버거운 글쟁이지만 이 「낙원유관록」을 쓰고 있는 것입니다.

어젯밤 비행기 안에서 잠이 불편했던 일행은 단꿈에 젖어 들었나봅니다. 어떤 상황에서도 여행을 즐기는 우리 부부는 불빛이 새어 나오는 '낙원여관'의 주위를 돌며 체조도 하고 멀리 뛰기도 하며 산의 정기를 마음껏 들이마셨습니다. 얼마나 지났을까요. 우리는 사람이 북적거려서 자세히 볼 수 없었던 여관의 내부가 궁금해서 실내로 들어갔습니다. 아니? 저쪽에는 역시 잠자기를 너무 아쉬워하는 친구가 나와 있었습니다. 우리는 의기투합하여 '낙원여관'을 샅샅이 살피기 시작했습니다. 이 산의 식생과 낙원여관의 지난 100여 년 간의 변천사와 실내장식의 이모저모를 사진에 담았습니다. 실내를 밝히는 등갓의 모양조차 이 산에서 나고 자라는 꽃잎을 형상화한 것을 보며 이들의 레이니어산 사랑을 확인할 수 있었습니다. 계단을 통해 올라간 중이층의 벽면에서 특이한 호스를 발견하고 저으기 놀랐습니다. 추측하건대 화재를 예방하기 위한 소화용 호스였습니다. 한 나라의 국보인 숭례문보다 이 '낙원여관'이 더 중요했나 봅니다. 우리는 지나치는 것이 너무 많음에 가슴이 아팠습니다.

어쩌면 이런 순간들을 흘려버리지 않기 위해 이 달밤의 체조를 하지 않나 싶습니다. 밤을 하얗게 밝혔지만 전혀 피곤하지 않습니다. 먼동이 터오르는 레이니어산도 마음에 담아야 하지요. 보랏빛 여명 속의 침엽수림과 하얀 눈은 신비로움 그 자체였습니다. 신비로움은 어느덧 사라집니다.

햇빛을 받은 레이니어는 더욱 투명합니다. 한국의 초가을 날씨와 같은 산정의 침엽수림은 양팔로 하늘을 떠받치고 하얀 눈은 나무들의 아랫도리를 감싼 채 꽃을 품고 있습니다. 파란 하늘과 설산 레이니어와 짙푸른 전나무 숲과 길가 야트막한 경사면의 온갖 색깔의 들꽃을 그려보세요. 우리는 못내 아쉬워 자동차를 세우고 눈 속에 발목을 담그기도 했습니다. 레이니어와 낙원여관을 떠나오기가 안타까워 정은 그곳에 묻어두고, 몸만 숲속 길을 두 시간 달려 시애틀 시내로 나왔습니다.

알타미라에서 사그라다 파밀리아까지

- 스페인 여행기

여행은 사전 준비와 현지의 실행과 기록으로 마무리된다.

다른 할 일을 밀쳐두고 스페인 여행기를 오랫동안 쓴 이유가 있다. 조선의 연행록에 관심이 많은 나는 내 여행기를 꼼꼼히 적어 봄으로써 연행록 저자들의 마음을 이해하고 느끼고, 닮고 싶었기 때문이다. 적어도 6개월 이상의 중국행에서 때로는 노숙을 하며 붓으로 먹을 찍어 쓴 그분들에 비하면 현대인은 '누워서 떡먹기'에 불과하다. 이제 탈고하니 머릿속이 가지런하고 후련하다.

이번 여행기를 가족 SNS에 올린 것은 회갑여행을 보내준 아이들에게 고마운 마음을 전하는 작은 선물이고, 스페인에 대해서 공부한 내용을 공유하고자 한 것이었다. 사진 위주의 현장 르뽀식으로 여행기간에 보냈으면 더 신선하련만, 스페인이란 나라는 역사, 종교, 문화가 그런 스케치 식으로 터치할 나라가 아니었다.

스페인은 알타미라 유적으로 유명한 나라. 3만 5천 년 전 크레마뇽인들이 동굴에 그린 검은 황소의 예술성은 이 나라의 중세, 근대, 현대문화에 줄기차게 깖아 있었다. 그 조상에, 그 후예라고 할까? 유전자처럼 질긴 것은 없다는 평소의 생각이 집단적으로도 이렇게 발현되는 사실에 또 놀랐다. 거기에 이베리아 반도는 유럽과 아프리카, 서양과 동양 사이에서 역사와 종교, 그에 따른 문화가 교직되어 독특한 문양으로 아로새겨져 있었다. 그 바탕에 '아량'이 금색 실처럼 섞박이 되었으니 프랑스어에서 유명한 '똘레랑스'라는 단어의 원조가 어디인지?

스페인 중부, 남부, 북동부를 두루 다녀서 비교적 밀도 있는 여행이 되었다. 그리고 모든 일정이 매끄러웠고 한 나라를 집중적으로 보는 재미를 느낀 이번 여행이었다. 이제는 매스컴에서 들려오는 지역이름이나 음악, 인명이 귀에 쏙쏙 박힌다. 관계망이 형성될 때 비로소 사랑이 싹튼다는 사실이 스페인여행에서 또 확인되었다.

마드리드, 꼰수에그라, 꼬르도바, 말라카 등을 안내한 미스신 선생의 기도가 올해 안에 꼭 이루어지기를 바란다. 사진학을 연구하러 온 유학생이 여행 안내자가 되는 현실을 보며 안타깝기도 했다. 바르셀로나를 중심으로 까탈루냐 지역을 안내한 할아버지 안내인. 해박하시고 지조가 있으신 그분의 정황설명은 여행 후 바르셀로나 분리 독립 사건이 터졌을 때 정확함이 증명되었다. 바르셀로나 한글학교장이라던 그분의 말씀, 울림이 컸다.

"스페인은 무력으로 세계를 정복했지만 우리 한국은 문화의 영역을 넓혀 세계를 지배하자는 각오로 한글교육을 시킨다"는. 건강하셔서 딸깍발이 근성으로 여행안내를 오래오래 해주시길.

사그라다 파밀리아가 완성되는 2026년, 우리 함께 여행을 떠나 보시지 않으렵니까? 그때는 성가족성당에서 예배도 드리고, 구엘 공원에서 새로운 추억도 쌓고 빌바오 구겐하임 현대미술관 소장품도 보고, 산티아고 순례 길도 함께 걷자고요.

그리고 이번에 맛보지 못한 츄러스, 초콜릿에 찍은 츄러스의 참맛을 만끽하기 위해 좀 씁쓰레한 나날도 충실히 살아냅시다.

아름다움이여 영원하라

세비야에서 하룻밤을 잤다. 오페라 제목 '세빌리아의 이발사'에서 세빌리아로 알고 있었는데, 세비야, 본토 발음으로는 '세비쟈'란다.

스페인 광장은 로마에도, 스페인의 다른 도시에도 있는데 오늘 아침 세비쟈의 첫 관광지는 원조 스페인 광장이다. 마리아 루이사 기념공원과 이어져 있다. 이 공원은 1893년 산 텔모 궁전 정원의 반을 도시에 기증한 마리아 루이사 왕비의 이름을 따서 만들었는데 이곳까지는 들어가지 못했다. 왕은 사냥에 몰두하고 총리와 놀아났다는 희대의 왕비가 그래도 시민을 위해

'선한 의지'로 희사해서 이름을 남겼군. 세비자를 대표하는 공원이자 에스파냐에서 가장 아름다운 공원 중의 하나란다.

광장에 들어서니 중앙 분수대와 광장을 휘돌아 흐르는 강 위로 채색타일로 장식한 눈부신 다리와 다리로 연결되어 광장을 둘러싼 호화롭고 장중한 반원형의 건물이 보인다. 대리석 기둥의 사이사이, 회랑의 아치형 장식의 여백마다 조각과 채색 타일의 조화가 격조 높은 아름다움으로 우리를 맞이한다. 이 건물은 1929년에 열린 이베로-아메리카 박람회장으로 사용하기 위해 세워졌는데 세비자 출신의 최고 건축가 아니발 곤잘레스의 작품이란다. 광장의 전체 크기는 5만 제곱미터이고 광장은 두 색깔의 둥근 자갈을 달팽이 문양, 번개무늬로 아로새겨 그 한 가지만으로도 미감이 충만해진다. 건물이 차지하는 공간이 1만 9천 제곱미터로 현재까지도 안달루시아 지방에서 가장 큰 건물이다.

1월 중순인데 이베리아 반도 남부지방의 날씨는 초봄의 알싸함과 투명함이 유리알같이 빛난다. 광장에 쏟아지는 햇살이 채색 타일에 되비쳐 공중에 흩뿌려진다. 하늘은 파랗고 구름 한 점이 없다. 내 마음도 맑고 밝고 쇄락하다.

마드리드 왕궁에서 채색 세라믹으로 장식한 입체적인 천장을 보며, 왕궁이니 이렇게 화려하겠지, 절대왕정국가에서 무슨 일을 못하겠어? 했다. 하지만 스페인 광장의 채색 타일화를 보고, 시민들의 휴식처를 이렇게 예술적으로 건설하는 심미성에 놀라며 문화대국의 위상은 이런 것이구나, 문화란 상하귀천-가진 것으로 신분제가 다시 형성되는 슬픈 현실에서-이 평등하게 공유할 수 있을 때 비로소 '문화적'이라는 사실을 깨달았다.

채색타일을 붙이는 건축공법은 '아줄레호'라는 이슬람풍의 건축양식이다. 안달루시아 지역의 알함브라궁전에서 그 극치의 아름다움을 볼 수 있는데 시대와 지역을 넘나들며 애용되고 있었다. 현대건축물인 가우디의 구엘공원이나 이곳까지 면면히 이어져 내려오고 있었다.

더욱 놀라운 것은 건물과 광장 사이 통로에 설치한 벤치가 있는 벽면과 바닥에 스페인 58개 도시의 지도와 역사적 사건을 묘사한 그림이 채색 타일로 장식되어 있었다. 아술레호라는 이슬람풍의 타일벤치가 반원형의 건물 아래에 쭉 늘어서 있었다. 이것은 역사적 사실을 바탕으로 교육성을 고려한 지속적이고 실용성 있는 예술품이다. 이사벨 여왕의 후원으로 신대륙 발견을 위해서 떠나는 컬럼버스의 여왕 알현 장면, 함락당한 그라나다 왕 보합딜(무하마드 12세)이 알함브라 궁전의 열쇠를 페르난도 왕과 이사벨 여왕에게 넘기는 장면의 그림이 앞부분을 장식하고 있었다. 당연한 일로서 말을 탄 돈 끼호떼와 산초도 보이고…. 선명하고 화려하면서도 다양한 색채에 반하고 또 반했다. 사이사이에 장식장이 있어서 뭔지 물으니 책이나 물품을 넣어두는 것이란다. 그 예술성과 융합된 실용성. 겉과 속을 하나같이 아름답게 꾸민 빈틈없는 마무리가 돋보인다. 건물 안쪽

벽, 계단 밑에까지 채색 타일을 사방무늬로 빈틈없이 연결한 것을 보며 놀라고 또 놀란다. 다른 곳으로 이동해야 하는데 발길이 떨어지지 않으며 상념에 젖게 된다.

일찍이 베이징 근교의 노구교(盧溝橋)를 보고 그 아름다운 모습에 탄복했었다. 100대 중국의 건축물 중 가장 아름다운 교량 노구교는 화북지역에서 가장 긴 고대의 돌다리이다. 베이징에서 서남쪽으로 15㎞ 정도 떨어진 영정하강에 놓인 노구교는 높은 교량축조 기술과 생생하게 살아 있는 돌사자로 내외에 이름이 자자하다. 연경팔경 중의 하나인 '노구효월'은 '노구교의 새벽 달 풍경'을 뜻한다. 이곳의 물은 넓고, 서산은 짙푸른 색으로 새벽녘의 달이 강물에 드리울 때 더욱 선명하고 아름다워서 붙여진 이름이리라. 난간의 기둥에 올라앉은 돌사자들은 가슴을 내밀고 머리를 건듯 들어 하늘을 바라보기도 하고 두 눈을 동그랗게 뜨고 하염없이 돌다리의 바닥을 바라보기도 하며 일부는 몸을 돌려 옆에 있는 친구와 환담을 나누는 것 같기도 하고 또 혹은 새끼 사자를 품에 안고 달래는 듯, 천태만상이다. 돌다리 난간 위에 새겨진 사자들의 다양함에 놀라고 바닥의 조각에 감탄했었다. 이렇게 아름다운 노구교 근처에서, 일본은 중일전쟁을 일으켰으니 미감으로 보기에도 거론할 가치가 없는 나라이다.

노구교는 1189년에 건설하기 시작하여 1192년에 완공되었는데 총 281개의 망주, 501개의 돌사자가 있다. 800년 가까이 건사해 오다가 1967년의 확장공사 때 91개 망주석의 돌사자를 교체하는 등 대대적인 수리를 했다고 한다.

지금, 이 스페인 광장의 다리는 멋진 풍경의 컬러사진, 노구교는 흑백사진. 둘의 단순비교는 불가능하다. 달빛 아래 비친 은밀한 미인이 노구교라면, 스페인 광장의 다리는 햇빛에 빛나는 드러난 미인이다. 눈이 부셔서 아득하다.

내게 바람이 있다면, 새벽달이 비칠 때 노구교를 다시 건너고, 한낮의 스페인 광장의 다리를 또 찾아서 그 아래 강에서 뱃놀이를 하며 시를 쓰는 일이다. 그때는 마리아 루이사 기념공원을 산책하는 것은 덤으로.

몬세랏 수도원에서 순례객이 되다

'몬세랏'은 까딸루냐어로서 몬은 산, 세랏은 둘러 싸인의 의미로 전체적으로는 '톱니모양의 산'이라는 뜻이다. 늦은 겨울 가랑비가 내리는 오후 몬세랏을 향한다. 구불구불한 길을 따라 버스에 탄 채 산에 오른다. 까딸루냐 주립공원인 이 몬세랏의 정상은 1,270m인데 검은 성모마리아상이 있는 베네딕토 수도원은 780m 높이의 지점에 있다. 이곳이 유명한 것은 까따루냐의 수호성인인 검은 성모마리아의 조각상이 있기 때문이다. '라 모레네따'라고 불리는 이 목각은 아기 예수를 안고 앉아계신 성모인데 피부가 까만 '검은 성모상'으로 채 1m가 안 된다. 예수님의 12제자 중 누군가 제작했을 것이란 추측이다.

전설에 의하면, 880년 어느 토요일 몬세랏에서 어린 목동들이 하늘에서 빛이 내려 비쳐지는 것을 목격했다. 그때 빛과 함께 아름다운 멜로디가 울려 퍼졌다고 한다. 그렇게 4주간 신비한 체험을 한 목동들이 산속의 한 동굴에서 마리아상을 발견했다고 한다. 이를 기념하고 봉안하기 위해 16C에 지어진 수도원의 대성당은 프랑스와의 독립전쟁 때 파괴되었다가 19C에 복원됐다. '라 모레네따'가 있는 몬세랏이 특별히 에스파냐의 3대 순례지가 되고 해마다 순례자들의 행렬로 가득한 이유는 또 있다.

대성당 입구에 서 있는 동상의 인물, 성 이그나씨오 로욜라 때문이다. 그는 한 손에는 칼, 다른 손에는 지팡이를 들고 있다. 이그나씨오 로욜라라는 '예수회 Jssuit' 창시자가 태어난 곳이 바로 몬세랏이다. 중세 가톨릭이 부패가 심해 종교개혁이 일어났다. 이른 바 개신교가 창설되어 유럽 각국에 개신교회가 생기고 영국에서는 종교의 자유를 찾아 신대륙으로 이주하는 사태까지 벌어진다. 이때 가톨릭교 안에서도 자체적인 개혁이 일어났으니 바로 '예수회'이다. 이 예수회파 신부들이 세계적으로 선교를 하며 가톨릭 개혁을 이루어간다.

1491년 바스끄 지방의 영주의 아들로 태어난 그는 세속적 교육과 인격 훈련을 중시하는 인문주의자였다. 17세에 군대에 입대, 공로를 인정받아 기사 작위까지 받으며 승승장구했다. 그러나 1521년 프랑스군의 포탄을 맞아 부상자가 된 후 그의 인생은 바뀌고 말았다. 병상에서 루돌프가 쓴 『그리스도의 생애』를 읽고 깨달음을 얻어 서른 살에 크게 회심을 한다.

1522년 3월, 예루살렘 순례 길에 오르기 전에 이곳 몬세랏 대성당에 오게 되었다. 그는 마리아상 앞에서 자신의 칼을 내려놓고 밤새도록 기도를 했다고 한다. 그리고 칼 대신 순례자의 지팡이를 들고 만레사로 갔다. 이곳에서 14㎞ 떨어진 만레사의 한 동굴에서 기도하고 묵상하며 거의 일 년을 머물렀는데, 이 고행을 통해 『영신수련』이라는 책을 썼다. 그리고 1534년 예수회를 창립하고 평생 하나님을 위한 삶을 살았다. 예수회는 그가 파리대학을 다닐 때 만났던 일곱 친구들과 함께 세운 것이며, 문예부흥기의 개인주의와 전체적 목적을 위한 절대 복종 및 의지의 희생이 결합되면서 천주교 개혁운동으로 탄생한 것이었다. 이들 예수회의 선교는 '이 세상 모든 곳에서 역사하시는 하나님을 발견하는 것'으로서, '선교지의 토착문화는 살아서 현존하시는 하나님을 발견할 수 있는 선교의 접촉점이었다.'고 요약된다. 이 요지는 하나님의 아들이신 예수님께서 이 땅에 사람의 모습으로 태어나신 성육신 사건의 현현으로 볼 수도 있으니 당연한 진리라고 본다. 이렇게 선교지의 토착문화를 존중하는 예수회의 선교적 특징은 인도, 중국 등의 해외 선교 방면에서 두드러지게 나타났다. 마테오리치(1552~1610)나 아담샬(1591~1666)을 대표로 하는 예수회 선교사들이 동양문화를 인정하여 유교 문화에 대한 적응력과 개방성, 과학적 지식 등 다방면에 걸친 학식에서 우러나오는 교양, 선교를 위한 인내심과 친절한 성품 등으로 중국인들의 마음을 얻고 존경을 받았다. 더 나아가 조선의 연행사절이나 자제군관 등이 전도를 받아 한국에까지 천주교가 전파되기에 이른 것이다.

병상에서 신앙서적을 읽고 깨달음을 얻은 그가 생의 방향을 전환하고 순례의 길에 오르기 전 찾은 몬세랏. 밤새도록 그는 어떤 기도를 드렸을까? 에스파냐는 가톨릭의 본산지이며, 또한 개혁가톨릭의 원조가 되는 곳이다. 나는 이 나라의 넓고 깊고 두터운 종교성에 감탄과 놀람의 연속선 위에 있다. 몬세랏은 순례자든, 지구 반대편에서 날아온 이방인이든 신비하고 성스러운 감동에 휩싸이기에 충분한 지세와 형태를 띠고 있다. 버스를 타고 구절양장의 비탈길을 오르며 건너편 산 속의 마리아상을 발견했다는 동굴과 8C에 지어졌다는 수녀원을 보았다.

성지를 찾는 날, 비까지 내려 산봉우리는 구름 속에 감춰져 있고 처음 보는 풍광들은 신비로운 딴 세상이다. 산 정상까지 오르는 케이블카가 있다는데 오늘은 날씨 때문에 운행하지 않는단다. 대성당 문을 열고 들어가니 중앙에 마당이 있고 그 둘레 회랑을 통해 성전 안에 들어가도록 되어 있었다. 중앙 뜰 가운데 서서 하늘에 손을 뻗으면 전류가 통한다는 알듯 모를 듯한 말씀을 하시는 안내인.

오른쪽 회랑을 따라 쭉 들어가니 탐방객에게 알리는 안내글이 있는데 대여섯 문자의 끝에 한국어가 보인다. 세계 어느 곳에서나 보이는 현상이다. 나라에 감사한다. 우리 국민들에게 또한 감사한다. 수많은 동상, 벽화를 보며 성전 오른쪽으로 들어가니 계단을 통해 중앙의 검은 마리아상 앞에 닿는다. 잠시 멈춰 기도드린다. 줄지어 들어가기 때문에 머무를 수도 없다. 좁은 계단을 내려오면 마리아상 뒤편으로 조그마한 기도처소가 있었는데 많은 분들이 기도하는 모습이 너무도 거룩해서 사진 찍을 용기가 나지 않았다. 한참 후 다 나가신 뒤에 한 컷 찍었다.

성전 밖으로 나오는 문이 있어 일단 나왔다. 성전의 왼쪽 통로인 셈인데, 여기는 촛불을 켜서 봉헌하는 공간이다. 자유롭게 성금함에 돈을 넣고 초를 가져다가 불을 켜서 촛대가 아닌 계단식 단상에 둔다. 우리도 초를 사서 불을 켰다. 그리고 우리를 지키시고 인도하시는 분께 모든 것을 의지하며 기도를 올렸다. 이제는 성당 안으로 들어가 의자에 앉는다. 중앙제대의 맨 위에 '라모레네따'가 모셔져 있다. 그 아랫단 양쪽이 신부님의 강론 자리란다. 그리고 의자를 둘러 싼 전체 공간에 규모가 단순한 샹들리에가 늘어져 있는데 세계 모든 국가의 예술가들한테서 의뢰하여 받은 작품들이란다. 자유시간이 길어서 좋았다.

친지, 형제들, 조카들, 부모님, 자식들, 지원이와 은총이(지후), 우리 부부를 위해 기도를 드렸다. 머지않아 맞을 사윗감을 위해서도. 이름을 부르며 하고픈 말을 다하여 기도를 드리니 비로소 성지 순례객이 되었다. 모든 일이 감사했다. 내려오면서 이 높은 곳에 그 옛날, 온몸으로 건축 일을 하신 뭇 사람들에게 고마운 마음을 갖는다.

아! 사그라다 파밀리아

사진과 비디오를 통해 수없이 보았건만 앞에 서니 가슴에 차오르는 새로운 무엇이 또 전율케 한다. 성가족성당!

안토니오 가우디는 일찍이 "직선은 인간의 선이고 곡선은 신의 선, 즉 대자연의 선"이라고 하며 곡선을 건축에 도입했다고 한다. 그의 건축물들이 자연에서 영감을 받았고 지형 등을 훼손하지 않으려고 최대한 지세를 살려서 건물을 지었다는 사실은 익히 알려진 바다. 특히 성가족 성당의 첨탑은 여린 옥수수 모양에서 착안해서 디자인했다는데 성당의 안팎에서 자연물의 구상적인 아름다움을 만끽할 수 있다. 자연을 빚은 조물주를 인정하고 그분이 하나님과 예수 그리스도라고 고백하는 신앙이 놀라운 사실이었다.

우리는 자연과 구상에서 멀어지고 인공미와 추상으로 치닫는 것이 현대건축물과 현대예술이라는 편견을 갖는 것 같다. 그러나 시대를 막론하고 가장 자연적인 것이 가장 당대적인 것이라는 사실을 우리는 가우디에게서 배운다. 그의 7대 건축 예술품은 한결같이 천연적이고 구상적이었다.

1883년 11월 3일 공사를 시작하여 생을 마감하는 순간까지 16년 동안 건설 현장에서 숙식을 하며 건축하다가 후대인에게 미련 없이 나머지를 맡기고 떠난 천재 건축가의 숨결을 가까이서 느낀다. 이렇게 멋진 예술품이 바르셀로나의 여느 건물 사이에 서 있는 사실이 소박하기까지 하다.

몬주익(유태인의 산) 정상에서 성가족성당의 원경을 보고, 가우디 공원이라 불리는 근처의 작은 공원으로 이동해서 다시금 전경을 본 후 성당 앞에 섰다. 성당의 외관, 동쪽 '탄생의 문'을 바라보며 그의 신앙심에 놀란다. 복음서에 나타난 예수 탄생과 공생애 3년의 사건들을 그리도 상세하게 형상화할 수가 있다니. 그는 당시의 글을 모르는 이들도 예수님의 생애를 알 수 있도록 자세하고 세심하게 표현했다고 전해진다. 석재를 이렇게 조각할 설계를 어떻게 할 수 있을까? 아버지가 구리와 철 등의 세공 장인이었다더니 그 재능을 물려받았겠지.

성당 안에 들어간다. 사면의 스테인드글래스를 통해 들어온 무지개 빛 자연채광에 봄 숲 속에 들어온 듯 밝고 아늑하다. 나뭇가지 모양의 기둥과 잎들, 가장 쉽게 볼 수 있는 블로커리의 긴 줄기와 잎들의 망울망울을 본다. 그는 하나님의 창조와 인간에 대한 사랑과 섭리를 철두철미하게 믿고 그 핵심가치를 과녁 중앙을 꿰뚫듯 표현해냈다고 생각되었다. 그렇다. 하나님은 사랑이시고 '신앙은 생명의 확대와 강화가 본질'이라고 한 내 동생의 고백에 공감한다. 가우디의 성당은 평화롭고 따뜻하다. 햇빛 비치는 봄 숲속이다.

성당 전면에 예수님의 십자가 고상이 있다. 고개를 떨어뜨리고 무릎은 접힌 채 형틀에 매달려 있다. 숨이 멎고 나면 고개가 숙여질 수밖에 없고 인간의 생명이 다하면 사지는 펴지지 않는단다. 그러나 우리가 보아온 수많은 십자가 위의 예수님은 이런 형상이 아니었다. 고개는 약간 숙였지만 두 다리는 펴진 채 가지런히 모아져 못박혀있다. 인간들은 그 절명의 한 순간조차 예수님께 집중하지 못하고 저희들 마음대로, 관념에 머물러 고난을 표현했다. 그러니 생리의 기초적인 사실조차 외면해 왔던 것이다. 진정 부끄럽다. 주일이면 미사를 드린다는 성당 안을 기도하는 시간도 없이 눈으로, 카메라로 훑고 다닌다. 눈길이 닿는 곳마다 찬탄에 찬탄의 연발. 가슴이 터지는 경지가 있다면 터질 듯하다. 성당 뒤편은 달팽이처럼 구불구불한 계단으로 종탑에 이르게 설계했고 맨 뒷벽 앞에는 세계 각국의 문자로 주기도문의 "우리에게 일용할 양식을 주시옵고"의 구절을 적은 한글 문자판이 있었다.

지금까지 스페인의 유명한 성당을 순례하면서 느꼈던 안타까운 마음이 이곳에서는 꽉 채워지는 감동과 희열이 밀려온다. 지극히 화려하고 호화로운 성당들. 주인이 인간인 듯한. 예수님은 한쪽에 밀려난 채 성인들, 교황들, 헌금자들, 성가대원이 주인인 듯했던 지금까지의 성당들이었는데 이 성가족성당은 예수님이 주인 되신 성당, 창조주의 사랑 안에서 포근히 사는 인간들이 피조물임을 몸과 마음으로 체화되는 예배당이라는 느낌을 받았다. 더 귀한 것은 이 성당은 로마 교황청이나 어느 특정인, 시정부의 보조금이 아닌 바르셀로나 시민들의 기부금과 관광객이 낸 입장료 수입으로 지어지고 있다는 사실이다. 해서 '모든 이의 예배당'이 되었다. "내 집은 만민이 기도하는 집이라"는 주님의 뜻을 이룬 성당. 때로는 재정부족으로 건축이 중단되기도 했지만 지금은 원활히 진행되고 있으며 가우디 서거 100년이 되는 2026년에 완성을 목표로 삼았단다. 지원이, 지후, 진헌이, 주헌이랑 꼭 다시 와 보고 싶은 곳이다. 아가들에게 이 좋은 현장을 보여주고 싶다.

서쪽 문을 통하여 밖으로 나온다. '수난의 문'으로 명명한 이곳 파사드는 가우디 사후, 제자인 유명한 건축가 수비라츠에게 의뢰했는데 '탄생의 문'이 구상화적인 중세식의 조각이라면 이곳은 추상적인 느낌의 현대식인 조각들이다. 사랑하는 제자들의 배신으로 고통스런 표정의 예수님상은 표현의 방식은 달랐지만 와 닿는 진실성이 가슴을 저리게 한다. 어느 방향으로 더해도 33이 된다는 퍼즐을 붙여놓았는데 이는 예수님의 공생애 연수를 표기한다.

가우디가 후대인을 믿고 자신의 사후까지 계획한 건축에 대한 믿음을 후대인들은 기쁘고 충실하게 받들어나가는, 그것을 보는 이방 여행객의 마음도 흡족하다.

그래, 인간은 '믿는 대로 자란다'는 것이 자식교육에만 해당하는 것이 아니구나. 그것은 자기 확신이 먼저 있기에 타인을 사랑하고 믿는 마음으로 가능한 경지리라. 만고의 진리다.

성당 밖에 작은 부속 건물이 있다, 건설 현장사무소로 썼던. 이곳에서 가우디는 숙식을 하면서 벽돌 한 장을 아끼며 건축 진행상황을 지휘했단다. 그가 지은 아름다운 예술품들은 다 타인들에게 주고 자신은 그 좁고 불편한 곳에서 삶을 마감했지만 천재는 자신의 재능을 유감없이 발현하고 창조주와 사람들을 위해 불후의 명작을 헌정한 행복한 사람.

로마교황청은 가우디의 신앙심과 예술적 건축가로서의 능력을 인정하여 성인이 아닌 자로서 유일하게 시신을 성당에 안치하도록 허락했다고 한다. 신이 창조한 천재건축가 안토니오 가우디는 자신의 최대 걸작인 성가족성당의 지하 납골당에서 이 성당과 함께 영원히 찬미의 대상이 되리라.

환상의 플라멩꼬 감상

오늘 버스로 이동한 시간이 무려 6시간 30분가량이다. 마드리드 출발-꼰수에그라-꼬르도바-세비야까지 580㎞, 시내 주행까지 치면 족히 600㎞는 달렸다. 전주에서 서울을 왕복하고 다시 대전쯤까지 간 셈이다. 여행은 체력이 첫째 조건이라는 사실을 이번 여행을 통해 실감한다.

남부 안달루시아주의 주도이자 오페라 '카르멘', '세빌리야의 이발사'의 배경무대인 플라멩꼬의 본고장 세비야로 왔다. 세비야는 항구가 발달하여 콜럼버스, 마젤란의 항해 출발지이고 신대륙의 금은, 보화, 담배, 토마토, 감자, 고추, 향신료 등이 맨 처음 들어온 곳으로 이로 인해 크게 번성한 도시이다. 유럽 최초의 왕립담배공장 건물이 지금도 있어서 세비야대학 인문대 건물로 쓰인단다. 비제의 '까르멘'의 여주인공인 까르멘이 담배

공장의 최하층 노동자이고 안달루시아의 집시였다.

집시들의 춤, 플라멩꼬! 16세기경 인도 펀잡 지방에서 출발하여 튀르키예를 거쳐 이곳 세비야와 주변 마을에 전파되어 정착과 유랑을 거치면서 여러 대를 이곳에서 살았다. 한 곳에서 머무를 수 없는 피, 집시들의 운명적 삶을 노래와 춤으로 표현했다. 그래서 돌아다니는 사람을 뜻하는 아랍어 '플라멩꼬'라는 이름을 얻었으리라.

플라멩꼬의 춤과 노래판이 알려진 것은 프랑꼬 총통의 관광진흥 정책에 힘입은 바 크다. 노래, 기타연주, 춤으로 이뤄진 플라멩꼬가 스페인의 전통춤으로 인정받게 되자 항상 그늘에 있었던 집시문화와 집시들은 무대에 정식으로 진출하게 되었다. 국민의 사랑을 받고 관광객들도 좋아하는 플라멩꼬는 2010년 유네스코 인류무형 유산으로 등재되었다고 한다. 빠른 박자, 격렬한 춤사위의 작위적인 손, 발놀림, 무희의 강렬한 눈빛 등을 보며 나는 한국 고전무용과 비교하며 경박스러운 춤이라고 여겼다. 하지만 이곳에서 들은 구슬픈 노랫가락에는 집시들의 일상적인 삶, 불의, 사랑과 미움, 두려움과 한이 서려 있다는 설명을 듣고 춤을 보며 '경박스러움'이 아니고 '열정'이라는 생각으로 바뀌었다. 플라멩꼬는 악보 없이 즉흥적으로 연주된단다. 시간과 공간, 사람에 따라 달라지는 감흥을 관객과 나눈다는 점에서 우리의 판소리나 마당극과 통하는 면이 있다.

우리는 저녁식사와 더불어 와인을 마시며 플라멩꼬를 감상할 수 있었다. 하지만 맨 뒷자리라서 와인 한 잔만 마시더라도 앞자리, 무대 옆으로 앉을 수 있었더라면 하는 아쉬움이 컸다. 먼저 노래가 시작되고 이어 손뼉과 기타 연주가 따르고 마지막에 춤이 나오는데, 발에서 시작해 몸을 통해 팔과 손에 이르기까지 조화를 이룬다. 춤이 시작되면 무희는 눈을 감는 듯 살며시 내리깔고 고개를 든다. 얼굴엔 슬픔이 감돈다. 멈춤이 있는 순간, 모든 게 뭉쳐있다. 남자 무용수는 짧은 자켓과 허리춤이 높은 검정 혹은 회색의 양복을 입고 넓은 테 모자를 쓴다. 의상에 엑센트를 주기 위해 스카프를 메고 발 구를 때 소리가 잘 나도록 앞뒷축에 금속을 입힌 댄스부츠를 신는다. 망또나 지팡이를 들기도 한다. 더욱 화려한 여자 무희는 달라붙는 긴 미역귀 모양 4, 5단 레이스 원피스를 입는데 점박이 디자인에 빨강색이 전형적이다. 머리를 장식하는 빗, 꽃 등을 꽂고 큰 망또를 휘두르기도 한다. 세비야의 상징인 장미 무늬가 있는 것이 전통적인 거란다. 역시 밑창에 쇠못이 박혀있는 중간 높이의 구두를 신는다. 그리고 부채를 사용한다.

프로그램은 기본적인 독무의 플라멩꼬를 보여주더니 중간에는 '까르멘'의 '투우사의 노래'와 '스페인 무곡' 등을 선보이기도 했다. 군무로, 남여 혼성 댄스로 점점 무르익는 분위기 속에서 관객들은 추임새를 넣는데 '올~라'라고 했다. 우리말의 '얼씨구~', '잘한다' 등에 해당하겠지.

천한 계급의 집시들의 춤이었지만 지금은 정식 교육기관도 있고 공연장이 수도 없으며 스페인 클래식 음악 작곡가들이 이 춤곡에서 영감을 받는다고 한다. 무엇보다 국민들이 어려서부터 즐기는 바람에, 우리 버스 기사님 테오도 잘 춘다고 자랑했는데 볼 수 없어서 서운했다. 큰 키와 서글서글한 인상에 볼에 사탕을 문 것 같은 훈남이 플라멩꼬를 춘다면 언니들은 자지러졌을 텐데. 한 가지 빼놓을 수 없는 사실로, '화장실'이라는 한글이 영어, 프랑스, 일본어와 함께 어깨를 나란히 하고 있더이다.

기념품 가게마다 빨간 점박이 플라멩꼬 원피스가 있었는데 품질이 조금만 더 좋았더라면, 나는 흥이 많은 우리 지원 양을 위해 원피스를 사왔을 것이다. 아, 대책없는 할머니의 야무진 꿈이여.

잘차흐 강변마을에 내린 은총

모차르트의 고향으로 널리 알려진 잘츠부르크 관광은 영화 '사운드 오브 뮤직'의 '미라벨 정원'에서 시작되었다. 우리 일행은 1606년 볼프 디트리히 대주교가 잘츠부르크 성주의 딸인 살로메와 15명의 자녀를 위해 지은 이 저택에서 영화의 장면을 연상하며 장소에 발자국을 찍을 뿐이었다. 대주교가 어찌 결혼을 하고 어떤 재력으로 이 저택과 호화로운 정원을 지었을까하는 충격으로 꽃이, 아름다움이 미감으로 살아나지 못했다. 정원 한 켠에 있는, 잘츠부르크에서 가장 예뻐서 당대 최고의 실권자인 대주교가 애인을 삼았다는 살로메 석상을 유심히 바라보면서.

그리고 '사운드 오브 뮤직'은 음악 영화로 너무도 아름답기에 '음악' 이외에 간과한 것이 많았다는 것을, 다시 감상하며 깨달았다. 알프스의 웅장함과 잘츠부르크의 문화재와 자연의 아름다움은 도시 전체가 세계 문화유산으로 등재되기에 충분했다.

1756년 1월 27일 그 위대한 음악가 모차르트가 태어난 게트라이데 9번지 4층 건물 앞에서 많은 생각을 하며 사진을 찍었다. 독일의 작곡가이자 지휘자인 리하르트 슈트라우스는 모차르트에 관해 글을 쓰는 것을 일체 거부했다. 이유는 '그를 숭배할 뿐'이기 때문이라고. 모차르트의 고향, '잘츠부르크'에 다녀와서도 나는 한 줄도 써지지 않았다. 못 쓰는 이유는 너무 많은 이들이 그에게 찬사를 보냈기 때문이다. 다만 음악 전공의 여행 안내인이 설명한 대로 '모차르트는 신분고하, 가진 자와 못 가진 자의 구분 없이 좋은 음악을 한 자리에서 듣고 즐기기를 염원했다.'는 말을 새기며 그의 음악을 듣기 시작했다.

말들이 끄는 작은 마차, 흑마 위에 앉은 빨간 제복의 여성, 중세의 복장을 한 무리의 여성, 남성들과 어깨를 스치며 골목을 걷고, 잘츠부르크 대성당과 레지덴츠 광장을 지나며 보았던 아름다운 건축물보다 내가 새로이 알게 된 이야기를 쓰고자 한다.

알프스에서 흘러나온 잘자흐 강이 잘츠부르크의 구·신시가지를 가르는데 멀리 산 위에 있는 요새 호엔잘츠부르크 성이 보인다. 마카르트 다리에서 이 아름다운 풍광을 바라보았는데 몇 날이라도 묵으면서 제대로 감상하고 싶었다. 하지만, 아직은 여건이 허락하지 않는다. 아니 마음뿐이다.

상류 쪽으로 슈바르츠가 9번지에 지휘자 카라얀(1908~1989)의 생가가 있었다. 어찌 음악의 세계적인 위인들이 한 동네에서 태어나 인류의 마음과 정신을 흔들어 놓고 깊은 영향을 미쳤을까?

금세기 음악계의 황제로 군림했단다. 또 린처가세 9번지에는 오스트리아의 바리톤 명가수 리하르트 마이어(1877~1935)의 생가가 있다. 그는 잘츠부르크의 명문 출신으로 이곳에서 태어나 이곳에 묻혔다. 그리고 이곳에서 한 블록쯤 지나면 요제프 모어 신부의 생가가 있다. 우리에게 그렇게 가까이 쉽고 친근하게 불리는 그 노래, '고요한 밤 거룩한 밤'의 노랫말을 만든 분이 이 강가 마을에서 태어나다니. 다시 가슴이 벅차오른다. 잘차흐 강마을은 어떤 축복을 받았기에 모차르트, 카라얀, 마이어, 모어 신부같은 음악인을 배출했는가? 세계적인 음악인들을!

잘츠부르크에서 북쪽으로 약 25㎞ 떨어진 오베른도르프라는 작은 마을이 있단다. 그리고 나지막한 언덕에 팔각형으로 된 검은 지붕에 하얀 색 작은 예배당이 있는데 그곳에 얽힌 이야기이다. 팔각형의 지붕! 이 팔각의 8은 예수님 산상교훈의 여덟 가지 복을 의미하는 경우가 많다. 우리 전주신흥교회의 지붕도 팔각형이다.

1818년 겨울 성탄절을 일주일쯤 남긴 어느 늦은 밤, 성 니콜라스 교회의 오르간이 갑자기 고장이 나 버렸던 것이다. 성탄 준비를 하던 부사제 요제프 모어(당시 26세) 신부는 당황할 수밖에. 예수님 탄생 연극 공연을 위해 초청한 순회극단은 교회에서 공연하지 못하고 어느 가정에 모여서 연극을 보게 했다. 그러나 그 연극이 감명 깊어 많은 사람들이 감동을 받았다. 연극이 끝난 후 모어 신부는 마을 뒷산 작은 언덕에 올라

갔다. 그 언덕에서 내려다 본 마을은 참으로 아름다웠고 누가 복음에 나오는 예수님 탄생의 정경과 같은 고요하고 거룩함 자체였다. 멀리서 반짝이는 별, 세상이 잠든 듯 조용함. 마음이 스스로 정결해질 듯하다. 그에게서 시가 탄생하기 시작했다. 밤늦게 교회로 돌아온 신부는 조용히 종이에 옮겨 적었다.

> 고요한 밤, 거룩한 밤 어둠에 묻힌 밤
> 주의 부모 앉아서 감사기도 드릴 때
> 아기 잘도 잔다 아기 잘도 잔다.

그 시가 인류가 성탄절을 맞는 영원한 시가 될 줄은 그도 몰랐을 것이다. 다음날 아침 그는 성당의 오르간 연주자이며 교사인 프란츠 그루버(당시 31세) 선생을 찾아가 시를 보여주며 작곡해 달라고 부탁했다.

"오르간이 고장 났으니 선생께서 이 시로 작곡해서 성탄미사 때 기타로 연주하면 어떻겠습니까?"

성탄절 전야, 성도들은 교회에 모였으나 오르간은 수리되지 못했다. 그루버는 기타를 들고 나왔고, 기타 반주에 맞추어 모어 신부는 테너, 그루버 선생은 베이스로 이중창을 불렀다. 처음으로 듣는 이 성탄 노래가 끝난 후에 신도들은 한동안 감동으로 침묵하였다고 한다. 잠시 후 신도들은 박수를 치며 기뻐했고, 결국 모어 신부는 음악이 있는 크리스마스 미사를 드리게 된 것이었다.

빠르기는 안단테로, 단순하게 반복되는 차분하고 온화한 선율이 한없이 순결하고 성스러운 분위기를 자아낸다. 원래 독일어 가사는 6절까지였고 하나님의 아들이 사람의 몸으로 태어났다며 예수님 탄생의 기쁨을 노래하고, 앞으로 이 아기가 온 세상 사람들을 구원할 것이라고 찬양한 내용이다. 현재는 간결하게 개사된 4절 가사로 많이 불린다.

이듬해 봄이 되어 티롤지방에서 온 오르간 제조업자 마우라허에 의해 악보가 티롤지방에 전해졌고 애창되기 시작했다. 이 쉽고 아름다운 곡은 티롤의 봇짐장사들에 의해 독일 각지에 전해졌고 성가가 탄생한 지 13년 후인 1831년 라이프치히의 가톨릭교회에서 정식 성가로 채택되어 불리면서 오늘날 세계인의 사랑을 받는 성탄곡이 되었다. 2011년 유네스코 인류무형유산으로 등재되었다. 아기 예수가 태어난 고요하고 거룩한 밤의 정경을 그리며 부르는 이 성가는 언제 부르고 들어도 성스러움 자체다.

한편, 오베른도르프의 성 니콜라스 성당은 1899년 장마로 안타깝게 떠내려갔고 그 자리에는 이 찬송을 기념하는 작은 예배당이 있어 '고요한 밤, 거룩한 밤'을 사랑하는 세계인의 방문을 맞이하고 있다. 니콜라스 성당과 시를 쓰던 모어 신부와 기타를 연주하던 그루버 선생은 스테인드글래스의 그림으로 남아 있고.

사람의 심성은 산천과 지형을 닮는가? 옛 은사님과 문학기행을 갔을 때 들은 말씀이다. 산세가 험하고 협착한 지방의 사람들은 권력의지가 강하여 정계진출자가 많고, 들이 넓어 농토가 많은 지방의 사람들은 문화를 추구하고 구가하는 경향이 크다는 것이었다. 설득력이 있는 내용이다. 잘츠부르크는 인근의 암염광산 때문에 '소금(Salz)의 성(burg)'이라는 독특한 의미를 지닌 도시다. 광산에서 채취한 소금을 잘자흐 강을 통해 유통시켜서 부를 축적했고 그 경제력을 자양분 삼아 예술혼을 꽃피웠다. 그러나 음악에 있어서 천재적인 인물들이 이렇게 많이 배출되었다는 사실은 신이 잘자흐 강마을에 내린 특별한 은총이 아닐까. 영화 '사운드 오브 뮤직' 또한 이 잘츠부르크에 살았던 폰 트랍 대령 일가의 실제 이야기를 영화화 한 작품이니 음악은 이 도시 자체라 할 만하다.

이제 모차르트의 외가가 있는 잘츠 카머구트 질겐 마을로 향한다. 투명한 하늘에 만년설을 이고 있는 알프스는 구름과 대화하고, 눈이 시리도록 초원이 펼쳐지며 노란 민들레가 무리지어 피어있는 길이다.

홍 선생님께 보여 드리고 싶은 '태양의 길 박물관'

학생들은 선생님이 좋으면 그 과목을 좋아하고 공부도 열심히 한다. 여고생들은 특히 그렇다. 나도 그런 편일까.

에쿠아도르 수도 키토에 '적도(태양의 길)박물관'이 있다는 소식을 듣자 귀가 번쩍 뜨인다. 홍대용 선생님과 관련된, 천문지리에 관한 무슨 자료라도 건질 듯싶어서 자유여행 시간에 차를 달렸다. 사실 적도에 서 본다는 희열에 흥분을 감출 수 없었다.

남・북 위도 0도인 적도가 지나가는 이 나라. 홍보성이 짙은 박물관이건만 손님 맞을 준비는 되어 있지 않은 것 같았다. 나라 이름 '에쿠아도르'가 에스파냐어로 '적도'라는 뜻이니 일반명사를 고유명사로 만들어 버릴 만큼 '적도'를 중요시 했건만. 우버 택시 기사는 차를 엉뚱한 곳에 내려주고, 같은 지역의 일반 박물관 입장권을 잘못 끊은 외국인에게 미화 15$을 반환해주는 아량이 없었다. 게다가 지저분하였다.

하지만 호기심과 함께 그분의 관심사이니 돌진! 홍 선생님도 문지기를 매수하는 적극적인 범법으로까지 베이징의 관상대를 들어가지 않았던가. 그에 비하면 내가 겪은 여러 가지는 불평거리도 못되었다.

수도인 키토는 해발 2785m인 지대에 위치한 도시로 연중 살기에 좋은 나라이다, 원래 잉카문명 위에 스페인문화가 혼합되어 1978년에 세계문화 유산으로 지정된 도시이다. 단위 면적당 생물다양성이 가장 높고 기후 또한 다양한 나라이다.

이 나라의 유·무형유산을 야외의 민속촌과 함께 진열하고 마지막 코스에서 '적도'에 맞닿아 있는 자국의 지형을 자랑했다. 적도가 지나가는 지점에 큰 구두를 마련하고 그곳에 서게 함으로써 북반구와 남반구에 발을 걸치게 하는 귀여운 이벤트도 마련했다. 그리고 그 선의 한 지점에 못을 박아 놓고 생달걀을 못의 머리에 직선으로 세우는 실험을 하게 했다. 북반구에서는 원심력으로 인해 달걀이 시계의 반대 방향으로 쏠리게 되어 있고 남반구에서는 시계 방향으로 쏠린다. 이에 반해 적도에서는 수직으로 중력만 작용하므로 달걀이 똑바로 설 수 있다는 이론이다. 현지인 해설자는 달걀을 세워 보이고 관광객으로 하여금 실험을 하게 했다. 모두들 세우지 못했다. 내 차례가 되어 시도했으나 서지 않았다.

이때 난데없이 생각난 컬럼버스의 달걀 이야기. 초등학교 때인가 들은.

컬럼버스가 신대륙을 발견하자 유럽에서는 일대 센세이션이 일어났다. 경외심, 부러움과 시기와 질투까지…. 이 모든 것의 복합감정일 수 있겠다. 어느 날 컬럼버스를 불러서 달걀 세우기를 했단다. 모두들 세우지 못했는데 컬럼버스는 달걀에 압력을 가해 판 위에 '팍' 세웠다는. 물론 달걀은 깨졌지만 세운 것은 세운 것이어서 아무도 그를 비난하지 못했다는 발상의 전환으로 이룬 승리의 이야기가 떠올랐다. 나는 달걀을 옆으로 세웠다. 못의 머리에.

해설자는 이 원심력 실험을 똑같이 네모 난 도구에 물을 부어서 흘러 떨어지는 모양을 통해 남반구와 북반구의 차이를 보여줬다. 적도를 중심으로 50㎝도 안 되는 지점에서 실행했는데 뚜렷한 결과를 볼 수 있었다. 즉 적도 위에서는 위에서 부은 물이 수직으로 흘렀다. 북쪽 50㎝지점에서는 원심력이 작용하므로 시계 방향으로 나선형을 그리며 물이 흐르고 남쪽 지점에서는 시계 반대 방향으로 흐르는 것이었다. 달걀의 쏠림과는 반대 방향이다.

작은 차이에서 볼 수 있는 큰 결과였다. 또 다른 실험도 했는데 실험의 도구나 결과 치를 객관적으로 나타낼 수가 없는 것들이다.

그림자를 이용하는 여러 가지 형태의 해시계 등이 있었는데 그림자가 없이 항상 일정하다고 한다. 그러나 우리나라의 '앙부일구'에 비하면 구조가 단순했다. '혼천의' 같은 시계는 없었다.

있는데도 진열을 안 했을 리가 없다. 우리 조상들의 과학성과 천문지리에 대한 지식을 돋보이는 현장이 되고 말았다.

발길을 옮길 시간이었다. 한 남성이 전의 달걀 세우는 곳으로 올라갔다.

조용히, 달걀을 만지더니 세웠다는 것이다. 우리의 눈은 일제히 쏠리고 박수가 터져 나왔다. 해설자가 Egg Master!라고 외쳤다. 그는 나의 짝꿍이었다. 그리고 Abby추장으로부터 인증서를 받았는데 에스파냐어로 쓰인 문서를 번역하면 다음과 같다.

〈그는 태양박물관에 도착했고, 위도(Latitude) 0' 00' 00"의 적도선(the Equatorial Line)에 발을 딛고, GPS로 계산되고 태양에 의해 확인된 지구의 자기중심에 있는 달걀의 균형을 잡았습니다. 이것은 위도 0' 00' 000"에서 달걀의 균형을 맞춘 인증서입니다. 2024.07.03. Quito 추장, Abby.〉

남아메리카의 끝, 우수아이아에서

어제 깔라만때 비행장을 출발, 두 시간을 날아와 '세상의 끝'이라고 일컬어지는 우수아이아에 도착했다. 이 도시는 아르헨티나 최남단 티에라 델 피에고 섬 남쪽에 위치해 있다.

"땅 끝까지 이르러 내 증인이 되라"는 성경 말씀의 땅 끝은 에스파냐를 가리키고 한국의 땅 끝은 해남에 있다. 그런데 이곳 땅 끝은 어떤 의미일까? 아메리카의 끝이니 훨씬 아래로 내려온 것은 사실이다. 90년대 이곳을 배경으로 한 어느 영화 대사, "땅 끝에 와서 슬픔을 버리고 왔다."로 일약 유명해졌다는 이야기를 일행에게서 들었다. 더 정확한 위도 상의 땅 끝은 칠레의 피에르트 윌리암스라고 하는데 이곳 우수아이아가 세상의 끝이라는 선전전에서 승리했단다.

도시는 비교적 밝고 아름다우며 깨끗했다. 중심가에는 삼성의 휴대폰 상가가 있었고 머지않은 곳에는 가전제품 상점이 있어서 어찌나 반가웠던지. 우리 한국인들, 정말 대단하다.

우수아히아의 표식이 있는 바닷가에는 이곳을 지킨 여러분이 있는지, 무명용사의 탑이 있고, 주위에는 끊이지 않고 타오르는 불꽃이 보존되고 있었다. 그리고 멀지 않은 곳에 있는 '세상의 끝 박물관'에는 원주민들이 스페인 병사들로 보이는 군인들에게 핍박을 받는 사진과 그림들이 이곳의 역사를 말없이 웅변하고 있었다. 이곳의 원주민 야간족이 살던 평화로운 땅이었는데 19C에 영국인 선교사들에 의해 세계에 알려졌고, 이후 백인들의 도시가 되었다고 한다. 땅 끝 마을이기에 여느 도시처럼 감옥이 있었고 지금은 박물관으로 이용되고 있는데 그곳 원주민들의 표정은 체념, 무력감, 포기였다.

이곳 땅 끝이 어떤 이에게는 슬픔을 버리는 장소가 될 테고 어느 민족에게는 비극의 시작이 된 곳이니 인간사의 희비의 쌍곡선은 굵고 질기다. 다만 감옥박물관의 안내문에는 이렇게 쓰여 있었다.

"우리는 당신이 자유 안에서 행복하게 지내기를 희망합니다." 라고. 희망사항이다.

그런데 자유 안에서 행복하려면?

내 마음의 끝을 초월해야 것이다. 내 마음의 끝에는 어떤 경지가 있을까? 나의 한계를 인지하고 벗어나서 좀 더 큰 곳으로 나아가는 연습을 해야할 것이다.

앞으로의 과제다.

다시, 보랏빛 예찬

보랏빛 그리움을 지닌 경주와 부근의 군위군 삼국유사면을 찾았다. 근래 경주여행은 세 번째인데 그래도 가고 싶은 곳이 많으니 경주는 신라 천년의 아련한 보랏빛 도시다. 경주가 우리들에게 이토록 친근할 수 있는 것은 많은 부분, 『삼국유사』 때문이리라. 경산군 출신의 일연스님께서 발로 누비며 역사와 설화와 신앙을 기록했고 그 기록은 어느 사이 한국인의 의식과 정서와 기억을 지배하고 있는 것이다. 그 내용이 언뜻 보기에 황당한 듯하나 탐구할수록 당대의 사실과 진실에 부합해 있고, 공간 또한 실측한 내용과 같다는 결과가 유적 발굴을 통해 발표되고 있다. 내게 경주는 보랏빛 스케치인 양 항상 아련한 향수의 고장이다. 일연과 목월과 동리와, 도시 전체가 박물관이고 유적지여서 돌멩이가 이야기를 속삭이고 언덕이 신화를 들려주는 꿈같은 고을이다. 듣고 상상하는 보랏빛 공간이다.

눈에 한 가득 보라색을 담아왔다. 1004개의 섬으로 이뤄졌다는 천사섬 신안군의 보라색 나라를 아껴둔 보물을 꺼내보듯 찾아갔다. 압해도와 암태도를 잇는 연륙교 천사대교를 지나 안좌도에 도착하니 보라색이 나타나기 시작했다. 버스 승강장이 보이더니 코로나 방지용 포스터까지 보라색이어서 '코로나'라는 단어까지 다른 느낌으로 와 닿는다. 신안군의 섬으로 박지도와 반월도를 퍼플 아일랜드로 부르는데 보라색 나라를 만든 연유는 도라지, 콜라비 등을 많이 재배하고 들녘에 만개한 꿀풀 등에서 착안했단다. 그리고 주민이 30명 남짓 사는 박지도에서 평생을 살아온 한 할머니의 간절한 소망을 담아 보라색의 다리도 만든 곳이다. 주민들의 심성이 보라색일까? 이 보라색 나라에 오는 이는 동참할 준비를 해야 한다. 옷이든 머리색이든, 장신구라도 보라색을 지녀야 하고 이름이 '보라'이면 대환영이리라.

봄 아침의 하늘이 가을 하늘인 양 푸르고, 공기는 투명하여 쓰고 있던 마스크가 담벼락이다. 하늘과 갯벌 사이에서 멀리 앉아 있는 초록 산을 배경으로 펼쳐진 보라색의 나무다리. 한 걸음 한 걸음을 걸으며 보라색에 젖어들었다. 보랏빛 나무다리 밑으로 벌써 바닷물이 들어오고 있었다. 갯벌이지만 감태 자생지여서인지 물색이 청록빛이다. 청록색 물위의 보라색 다리를 건너 바가지 모양의 섬 박지도에 닿았다. 온갖 조형물들도 보라, 보라!

우리는 해안도로를 걸었다. 해안일주용 전동차가 있었지만 이 모든 것을 진하게 느끼기 위해서. 깨끗한 도로에 바다 쪽 도로면에 보라색 띠지를 붙인 듯 페인트를 칠했다. 산 쪽으로는 연보라색의 아스타 꽃밭이 길게 펼쳐져서 산들바람에 가는 몸을 서로 흔들며 보라 물결을 이루고 있었다. 아스타 꽃은 역시 함께해야 아름다움이 돋보이는 꽃. 큰 키, 가녀린 줄기에 보라색 작은 꽃잎 또한 올망졸망 모여서 송이를 이룬다. 꽃송이들이 하늘하늘 춤을 췄다. 새소리, 바다물결 소리, 내 발자국 소리만 들리는 한없는 평화를 만끽할 수 있었다.

좀 더 가니 언덕에 라벤더 정원을 조성했다. 진보라색의 라벤더꽃이 피어나고 있었다. 언덕에서 바라보이는 동네의 지붕들이 보라색. 기왓장 한장 한장에 보라색 페인트칠을 했을 분, 아니면 보라색 기와를 만들고자 색상을 조합한 기술자를 생각하며 상념에 젖었다. 다시 해안도로로 나와 청보라색과 분홍색의 꿀풀을 만났다. 꽃에 꿀이 많은 식물이어서 붙여진 이름으로 '하고초'라는 한약재이다. 줄기 위에 꽃이 층층이 모여달리며 앞으로 나온 꽃잎은 입술 모양이어서 이름만큼이나 앙증스러웠다. 역시 작은 꽃들이 모여 보라색 무더기를 이룬 모습이 장관이다. 눈이 닿는 곳마다 보라색 꽃에, 실바람에 흩날리는 꽃향기에 취한다. 참으로 오랜만에 누리는 이 평안함. 따스한 공기와 청정한 바다와 좋아하는 색깔과 좋은 사람까지, 지상의 낙원에 있었다.

박지도를 한 바퀴 돌아오니 반월도로 향하는 제2의 '퍼플교' 앞이다. '퍼플교', '문 브릿지'라는 이름, 반월도 상징물이 생 떽쥐베리의 『어린왕자』의 주인공들인 사실들이 내게는 어색한데 세계관광기구(UNWTO)에서 2021년의 세계 최우수 관광마을로 선정했다니 이미 세계화가 이루어진 곳인가. 최근에는 퍼플섬을 배경으로 패션쇼 영상을 제작해서 파리 패션위크에서 세계인들에게 알렸다. 한국의 전통미를 패션으로 승화한 옷을 입고 국내외 남녀 모델들이 퍼플교를 걸으며 아름다움을 뽐냈으니 이곳은 이미 우리만의 것이 아니었다.

반월도에서는 마을 주민들이 협동조합을 조성하여 운영한다는 식당에 들어갔다. 식당 안의 장식이나 직원 분들의 앞치마, 머릿수건 마스크는 말할 것도 없고 세면실의 비누까지 보라색으로 갖췄다. 그런데 더욱 놀란 것은, 밥. 보라색 밥은 말린 비트, 버섯, 치자 등 이곳 농작물과 약재를 우려내어 밥에 찰기와 윤기가 있고 꽃향이 났다. 반찬도 보라색 양파 초절임이 연보라색 접시에서 웃고 있었다.

보라색을 누구나 좋아하는 것은 아니다. 품위 있는 고상함과 함께 음울하고 외로움, 슬픔을 느끼게 하는 색이기에 분명 싫어하는 사람도 있을 것이다. 그러나 이곳 박지도와 반월도에서는 보라색의 농담에 따라 적절한 곳에 색을 입혀 우아함, 풍부함, 여유로움을 느끼게 해주었다. 무엇보다도 이곳 주민들이 보라색 속에서 사시사철 밤낮을 사시면서 그분들의 말씨나 음색, 표정에서 편안함과 화애로움을 느낄 수 있음이 신비로웠다. 마음을 모아 보라세상으로 만든 그 일체감이 더욱. 보라색이 주는 감수성을 조절하는 힘, 현명함과 영적인 에너지를 받고 사시기 때문인 듯하다.

발문

신뢰와 기대

정 철 성 (문학평론가)

1.

황숙 선생이 수상록을 두 권 연달아 내면서 중간에 나를 초대하셨다. 덕분에 이미 출판이 되어 나온 『보랏빛 예찬』과 함께 『가을꽃에 내린 은총』을 원고로 받아 읽는 영광을 누렸다. 사람을 먼저 알고 글을 나중에 읽으면 글에서 그분의 목소리가 들린다. 이번에도 황 선생의 글을 읽으면서 잔잔히 들리던 육성이 글에서 쉼 없이 흘러나오는 것을 느꼈다. 그렇지만 이렇게 모아놓은 글 속에서는 평소에 보지 못했던 깊이가 갑자기 불쑥 눈앞에 나타나기도 한다. 그것은 반갑고, 기쁘고, 때로는 처연하여 두려운 것들이었다.

몇 쪽 넘기지 않았는데 꽃들이 잔뜩 피어있다. 배꽃, 복숭아꽃, 등꽃, 청매, 홍매, 배롱나무, 수국, 족두리꽃, 봉숭아, 분꽃, 백목련, 벚꽃, 조팝나무, 백합, 글라디올러스, 국화, 목단, 작약 등등, 첫 글에 등장하는 꽃들만 모아놓아도 이 정도이다. 눈에 보이는 것이 온통 꽃이다. 이 꽃들은 선암리 별서를 중심으로 하나의 세계를 이루고 있다. 꽃대궐 속에서 황 선생은 할머니가 되었다. 충분히 준비를 하고 할머니가 되셨는가? 황 선생의 대답은 본인은 전혀 그렇지 못했다는 것이다. 삶이 대부분 지루한 반복의 연속처럼 보이지만 종류가 다른 반복의 연결은 전혀 예상할 수 없는 경우가 훨씬 더 많다. 조부모가 되는 일도 그러하다. 그래도 할머니가 된 일이 얼마나 큰 기쁨이었는가를 옆에서 들어도 충분히 느낄 수 있었다. 아이는 "호칭을 일시에 바꿔놓고 시계를 흔들어 놓았을 뿐 아니라" "수많은 언어로 채색을 하게 만들었다."

황 선생의 꽃나라에서 손자녀들이 무럭무럭 자라고 있다. "어린이날 선물"이라는 부제가 붙어 있는 「봄뜨락 꽃밭의 친구들」이라는 동화를 수필집에 끼워 넣은 것을 보고 나는 황 선생이 아이들을 위하여 동화의 나라를 하나 꾸미고 있다고 생각했다. 이 나라는 황 선생이 아이들을 위하여 만든 최고의 선물이 될 것이다. 내가 부탁하지 않아도 손자녀들이 할머니를 잘 돌보아 드릴 것이지만 한마디만 덧붙인다. 어린 나이에 아버지를 잃은 아이는 그날 유년의 문을 닫고 즉시 세상으로 나가야 한다. 황 선생은 본인이 "덜 영리하고 덜 예민하여 때때로 우둔한 것을 참으로 감사한다"고 했는데, 나는 오히려 세상을 견디기 위하여 얼마나 둥글게 몸을 웅크렸는지 그 성정이 드러나 보인다고 말하고 싶다.

『예찬』에 이런 문장이 있다. "아무리 좋은 생각, 표현이라도 문자로 고정해 놓지 않으면 아침 안개가 된다." 『예찬』의 글들은 먼 과거를 향하고 있다. 아버지와 어머니, 그리고 그분들보다 더 멀리 있는 분들을 기억하고 사랑하려는 뜻이 역력하다. 『은총』은 그 중심을 미래의 아이들로 옮긴다. 그래서 분위기가 밝고 읽기에도 편하다. 황 선생은 기독 신앙으로 과거와 미래를 연결한다. "자신이 스스로 태어나지 않았듯이 부모와 그 위의 조상을 깊이 생각하면 창조주를 알게 될 것이고, 그 뜻을 소중히 여길 것이다." 아브라함과 야곱과 이삭의 하느님이 나의 아버지, 어머니와 할아버지, 할머니의 하느님으로 바뀌었다. 어찌 보면 당연히 그렇게 불러야 할 것이다. 그래야 너의 하나님이 아니라 나의 하느님이 될 것이다.

2.

황 선생이 담헌 홍대용을 흠모하는 자세한 사연을 나는 알지 못한다. 글 속에서도 이것이라 꼽을 수 있을 만큼 분명한 연결

고리를 찾지 못했다. 조선 선비가 천주당을 찾은 것이 여러 번이었고, 더 적극적으로 천주교에 관심을 보인 분들도 있었다. 그러나 담헌이 연경의 남천주당을 방문하여 예수회 신부 두 사람을 만난 사건에 대하여 황 선생은 특별한 관심을 보인다. 이번에 나는 담헌에 대한 관심을 황 선생으로부터 물려받아 『을병연행록』을 읽었다. 그리고 담헌이 연경의 천주당을 여러 번 찾아간 정황을 상세히 알게 되었다.

두 신부는 유송령과 포우관이라는 이름으로 알려져 있다. 유 신부는 당시 합스부르크 제국의 통치를 받던 크라인 공국, 지금의 슬로베니아 출신이고, 본명이 페르디난드 아우구스틴 할러스타인이다. 포 신부는 독일 바바리아 출신으로 본명이 안톤 고가이슬이다. 두 신부는 담헌의 방문을 그리 탐탁하게 여기지 않았던 것처럼 보인다. 구경 차 방문했던 이전 조선인들의 행태도 문제였지만, 관상감 관원 이덕성과 동행한 담헌에게 청나라 흠천감의 관리가 정성껏 지식을 전수할 이유도 없었다. 나는 양측이 서로 상대가 이해할 수 있는 언어와 문자로 확실한 의사소통을 할 수 없었던 정황이 세계관의 차이가 만드는 불편함보다 더 큰 좌절을 안겨주었던 것은 아닌가라고 의심한다. 사실 당시의 동아시아 국제 질서 속에서 책력의 제작은 청의 황제에게 속한 권한이었다. 그런데 담헌이 사사로이 천문관측 기구를 제작했다는 이유로 큰 변을 당했다는 말은 없다. 이것은 소중화를 자부한 조선의 분위기가 어느 정도 조공 및 책봉의 위계에 틈을 만들었기 때문에 가능했을 것이다. 이러한 사정에도 불구하고 담헌의 용기는 무모하다고 여겨질 만큼 직선적이었다. 또한 담헌의 "천주에게 제사할 때 사용하는 풍류" 파이프 오르간 연주는 보기 드문 쾌거였다.

다시 만났을 때 담헌은 천주학문의 대강을 물었다. 유송령은 이렇게 대답한다. "천주의 학문은 사람을 가르쳐 천주를 사랑하고, 사람 사랑하기를 내 몸과 같이하게 하는 것입니다." 지금 들으니 당연한 말처럼 들리지만 당시에는 틀림없이 생경한 표현이었다. 지구라는 말이 자체 모순처럼 들리던 시절이었다. 하늘은 둥글고 땅은 모가 나서 균형을 이루고 있는데 땅이 둥글다면 어찌 되겠는가? 지금 사실로 밝혀져 있지만 그래도 이해할 수 없는 양자얽힘처럼, 담헌의 시대에 '지구'는 상식과 직관에 어긋나는 '표현'이었던 셈이다. 담헌은 이미 유리창에서 만난 상인에게서 천주서를 넘겨받아 읽어보았다. 담헌이 판단하건대 천주학은 "대강 불경에 가까운데 그 중 유가의 공부에 합하는 말이 또한 많았"으나 "날마다 예배하고 경을 읽어 후생의 복을 구하"는 것이 "기실은 불도와 다름이 없었다." 이 성급해 보이는 진단 속에 숨어 있는 담헌 특유의 통찰이 날카롭다.

담헌이 받아들인 우주의 모델은 우주의 중심에 지구가 있고, 달과 태양이 지구의 주위를 돌고, 나머지 행성들은 태양의 주위를 도는, 말하자면 천동설과 지동설의 절충형이었다. 모델이 불완전하니 생각도 불완전할 것이라고 추정하는 것은 모델에 대한 과도한 집착이다. 모델의 변화에 따라 생각을 더욱 사실에 가깝게 다듬는 것이 올바른 사고일 것이다. 담헌은 그가 습득한 천문학을 바탕으로 세계를 재해석한다. 담헌이 「의산문답」에서 "중국이나 오랑캐나 하나다"라고 선언한 것은 잘 알려져 있다. 이 말에 앞서 "하늘에서 보면 어찌 안과 밖의 구분이 있겠는가?"라는 질문이 있다. 이 질문의 앞에는 "하늘이 낳고, 땅이 기르는 바, 무릇 혈기가 있는 것은 모두 사람이다"라는 말이 있다. 이런 모자를 쓰거나 저런 모자를 쓰거나, 얼굴에 문신을 하거나 색칠을 하거나, 모두 같은 사람이라는 구체적인 예도 들고 있다.

담헌 서거 후 백 년이 채 지나지 않아 병인박해가 일어났다. 박해의 끝 무렵 신미년에 수원에서 원방지거라는 신자가 순교한다. 방지거는 프란치스코를 중국어로 음차한 이름이다. 그는 배교를 권하는 형리에게 이렇게 대답한다. "우리 성교회는 지극히 공변되고 지극히 거룩한 회라 존비귀천을 의론치 말고 하나도 용납지 못할 사람이 없삽고 천주는 만민의 대부모시라 연고로 배반치 못하나이다." 나는 만민과 만물을 보살피는 섭리의 존재와 사람과 사람 사이에 차등이 없는 평등의 정신 속에서 담헌과 방지거가 서로 만날 자리를 주선할 수 있을 것이라고 믿는다.

3.

서포 김만중을 찾아 떠난 여행지에서 쓴 황 선생의 문장이 행을 갈라 시로 삼아도 좋을 만큼 참 곱다. 나는 두 글자를 지우고 한 글자를 채워서 이렇게 읽었다.

포구에서 바라보는 노도
앞 바다 산그늘과
아침 햇살로 반짝이는 윤슬이
손을 마주 잡고 있다.
동백이 꽃망울로 봄을 기다리고
바닷물은 산빛을 품어 짙푸르다.
눈앞에 하늘과 산과 물만 보이는데
홀로 바람 앞에 선다.

여행을 떠나서도 황 선생은 누군가를 불러내어 "손을 마주 잡"는 관계를 만들고 있다. 내가 보기에 『예찬』과 『은총』에 실린 글들은 내면의 탐색이라기보다 관계의 설정에 더 몰두하고 있다. 그런 마음이 다음과 같은 고백을 만든다. "어수선한 마음을 붙들어 주는 실마리가 보이기 시작했어요. 이 끈으로 저는 올해를 뜨개질할 것이며 이 가느다란 끈의 궁극은 사랑하는 그분이라는 확신이 들기 시작했습니다. 그것은 사람과 사람 사이의 정입니다. 가까운 이부터 모든 것의 최우선에 정을 두고 바라보자는 것이지요." 그런 마음이 마을 주변의 역사를 돌아보게 만든다. 금구면은 나에게도 익숙한 곳이다. 어릴 때 버스를 타고 지나가던 금구면사무소 앞에는 커다란 정자나무가 있고 크고 흰 새들이 나무 위에 둥지를 틀고 있었다. 면사무소 바로 뒤가 초등학교인데 동헌 터에 학교가 들어선 것이라고 했다. 나중에 건너편에 있는 소박한 향교에도 가 보았다. 그렇지만 장태수 선생의 이야기는 처음 듣는다. 남강정사와 서강사도 가 보지 못했다. 황 선생에게 안내를 부탁해볼까?

멀리 여행을 떠나 스페인 광장의 채색 타일화를 보면서 황 선생은 "시민들의 휴식처를 이렇게 예술적으로 건설하는 심미성"에 놀란다. 그리고 "문화란 상하귀천이 평등하게 공유할 수 있을 때 비로소 '문화적'이라는 사실을 깨달았다." 담헌과 방지거의 정신이 여기에 통하고 있다. 그들과 공감한다면 우리는 소유를 근거로 또다시 신분을 구축하려는 어긋난 현실의 뼈마디를 다시 맞춰 놓아야 한다. 모차르트의 고향 잘츠부르크에서도 비슷한 경험이 등장한다. 아마도 그날의 여행 안내인은 음악을 전공하는 학생으로 관광 가이드가 부업이었던 모양이다. 안내인의 말을 황 선생은 그대로 옮기고 있다. "모차르트는 신분고하, 가진 자와 못 가진 자의 구분 없이 좋은 음악을 한 자리에서 듣고 즐기기를 염원했습니다." 황 선생은 그 말을 새기며 모차르트의 음악을 듣기 시작했다.

모든 인간의 공감이 보편적일 것이라는 신념에 따라 모차르트가 그렇게 음악 활동을 했을 것이라는 판단은 시대를 거슬러 올라가 당위를 재구성한 추정의 결과일 수 있다. 내가 보기에는, 경제적 교환을 뒷받침하는 시장의 확산에 따라 음악을 즐기는, 즐길 능력이 있는, 계층의 분화가 일어나고, 그것이 신분과 상관 없이 누구나 음악을 즐길 수 있다는 신념으로 이어졌을 것이다. 여하튼 모차르트가 자신의 음악을 알아줄 새로운 청중을 발견했다는 점이 중요하다. 이 새로운 대중은 변덕스럽고 순일한 통일성도 없었다. 그러나 음악을 그저 자신의 권세에 어울리는 장식으로 생각했던 귀족들과 달리 음악에 깊이 공감하며 눈물을 흘리는 심미안이 그들 가운데 더 많았다.

4.

황 선생과 초임 발령 면소재지 중학교 제자들 사이에는 오래 유지되고 있는 관계가 있다. 훈육을 빌미로 폭력이 허용되던 시절 자신들을 "인격적으로" 대해 주었던 선생님을 그들은 알아보았다. 그리고 잊지 않았다. 30년이 지나 그들은 선생님을 다시 초대했다. "사랑의 감정은 기억에서 나오고, 기억은 공유한 시간과 장소가 있을 때 생기는 것"이 맞다. 그러나 시간이 충분히 길고 장소도 반드시 그럴듯할 필요가 없음이 이 관계에서 선명하게 드러난다. 황 선생은 제자들의 근황을 하나씩 톺아보며 그들의 "땀과 눈물과 인내와 좌절에게까지 경의를 표한다." 사람에 대한 신뢰와 기대가 바로 이웃 사랑의 실천일 것이다. 나는 제자들에게 한 말을 황 선생에게 다시 돌려드리고 싶다. 『예찬』과 『은총』의 책갈피 속에서 모습을 잘 보이지 않는 황 선생의 땀과 눈물과 인내와 그리고 좌절에게 경의를 표한다.